SÉNÈQUE

LETTRES À LUCILIUS

LIVRES XIX et XX

COLLECTION DES UNIVERSITÉS DE FRANCE
publiée sous le patronage de l'ASSOCIATION GUILLAUME BUDÉ

SÉNÈQUE

LETTRES À LUCILIUS

TOME V

LIVRES XIX et XX

TEXTE ÉTABLI
PAR
FRANÇOIS PRÉCHAC

TRADUIT
PAR
HENRI NOBLOT

Septième tirage

PARIS
LES BELLES LETTRES
2022

Conformément aux statuts de l'Association Guillaume Budé, ce volume a été soumis à l'approbation de la commission technique, qui a chargé M. Alphonse Dain, d'en faire la révision et d'en surveiller la correction, en collaboration avec M. François Préchac.

Le quatrième tirage a été revu et corrigé par M. François-Régis Chaumartin.

95 boulevard Raspail, 75006 Paris
www.lesbelleslettres.com

Première édition 1964

ISBN : 978-2-251-01246-9
ISSN : 0184-7155

LIVRE[*] XIX - XX

[*] Voir l'Introduction aux *Lettres à Lucilius* de François Préchac, tome I, page XIV).

AVANT-PROPOS

Sur les quelque soixante-dix corrections proposées par F. Préchac, une seule (123, 3) a été retenue. De la traduction de H. Noblot ont été écartés des termes archaïques ou précieux. Les limites imposées par le temps et la mise en page ont exclu une refonte complète, à diverses reprises nécessaire.

F. R. Chaumartin

INDEX SIGLORVM
IN POSTERIORIBVS VOLVMINIBVS POSITORVM

Intr. [4], *Intr.* [1] = Introductio ad uol. IV, aut I.
u. = uide aut uersus aut uerbum.

CODICES :

B = Bambergensis V 14 (anterior medio IX saeculo).
A = Argentoratensis C VI 5 huius apographon fere aequale.
p = Parisinus n. 8540 (anterior ut uid. medio IX saeculo).
Q. = Quirinianus B.II.6 (IX-X saec.). — *q* = Quir. A.IV.4 (XIV saec.).
π = cod. Vniuersitatis Patauinae 852 (XIV saec).
cod. alter Vniuersitatis Patauinae 913 (XV saec.).
w = viennensis 123 (XII saec.) : partim excussit Fr. Giancotti.
Harl. = Harleyanus 2659 (XII saec.).
Velz. = Velzensis (XIV saec.).
codd. = codices uniuersi aut universi praeter nominatos.
dett. = codices deteriores aliqui uel alii.
det. = codex deterior quidam.

EDITIONES :

Mentel. = Anonyma sine anno quae dicitur Mentelina.
Auen. uel. *Au* = Auennica 1502 curante Marmita.
Érasme[1] = Ed. 1515.
Érasme[2] = 1529 (V. Intr. [1], p. xviii, n. 2).
Lipse = 1607 curante Nic. Fabro et 1652 curante Fromond.
Muret = 1587 curante Nic. Fabro.
D. Godefroi = 1590.
De Juges = 1628.
Gronov = 1659.
Ruhkopf = 1800, uol. III.
Matthiae = 1808.

Schweighaeuser = 1809, uol. IV.
Fickert = 1842, uol. I.
Haase = 1852, uol. III.
Hense[1] = 1898.
Hense[2] = 1914.
Hense Suppl. Quir. = in Supplemento Quiriniano 1921.
Beltrami[1] = 1927, uol. II.
Beltrami[2] = 1931, uol. II.
P. Thomas = Sénèque, Morceaux choisis, 1896.
Hauck = Seneca, Ausgewählte moralische Briefe : I Text, II Kommentar, 1910.
Summers = Select letters of Seneca, 1910.
Grummere = Seneca., Ad Lucilium epistulae morales with an english translation, 1917, uol. II et III.
Hess-Mücke = Senecae ad Lucilium Epistulae morales selectae : I Text, II Kommentar 1929.
C. Cardó = Sèneca. Lletres a Lucili, 1928, 1929...
F. et P. Richard = Lettres à Lucilius, Garnier, sine anno, uol. II et III.
Boella = Lettere a Lucilio, 1951.
Grimal = Sénèque, sa vie son œuvre, sa philosophie, 1948 (excerpta).
Bourgery = Sén. le Philosophe « Coll. Roma », sine anno (id.).
P. Couissin = Extraits des *Œuvres morales* et des *Lettres à Lucilius*, sine anno.
Morisset-Thévenot = Les Lettres lat., chap. XIII, Sén., sine anno.
edd. uett. = editiones ueterrimae.

Studia critica :

Princia : In omnia — Senecae scripta Fernandi Pinciani — Castigationes, 1536.
Mod. : Franz Modius siue François de Maulde Novantiquae lectiones, 1584.
Gronov : Ad L. et M. Annaeos Senecas notae, 1649.
Madvig : Aduersaria critica ad scriptores latinos, 1773, uol. 2.
Gertz : Studia critica in L. Annaei Senecae Dialogos 1874. — Senecae Dialogorum libri XII, 1886.
Rossbach : De Senecae philosophi librorum recensione et emendatione, 1888.
Bourgery : Sénèque prosateur, 1922.
Albertini : La composition dans les ouvrages philosophiques de Sénèque, 1923.
Axelson[1] *:* Senecastudien Kritische Bemerkungen zu Senecas « naturales questiones » 1933.
Axelson[2] *:* Der codex Argentoratensis C vi, 5, Handschriftliches und textkritisches zum späteren Teil der Senecas Briefe, 1937.
Axelson[3] *:* Neue Senecastudien, Textkritische Beitrage zu Senecas « espistulae morales », 1939.

Foerster : Handschriftliche Untersuchungen zu Senecas « Epistulae morales » und « Naturales questiones » (Würzburger Studien zur Altertumswissenschaft, 10tes Heft), 1936.
Barker : Seneca's letters to Lucilius translated by vol. I et II (« Readings » in uoluminis utriusque fine), 1932.
Pittet : Vocabulaire philosophique de Sénèque, 1937 (aberrare-computatio).
Alexander : Seneca's Epistulae Morales (XCIII-CXXIV), University of California Publications in Classical Philology XII (1933-1944), p. 175-216, University of California Press Berkeley and Los Angeles, 1944.

LIVRE XIX-XX

LETTRE 110 *

1 Je te salue de ma maison de Nomentum et te souhaite la santé de l'âme, en d'autres termes, la faveur de tous les dieux, — et ils sont doux et bienveillants pour quiconque trouve faveur auprès de lui-même. Oublie pour le moment l'opinion reçue de quelques-uns, selon laquelle à chacun de nous est attribué un guide, — dieu non de la première classe, mais d'humble espèce, à ranger parmi ceux qu'Ovide appelle « les dieux du commun ». Toutefois je voudrais que tu n'écartes pas cette croyance sans te souvenir que nos pères qui l'ont eue étaient, au fond, stoïciens ; en fait ils attribuaient à tout être humain son « Génie » ou sa « Junon ». **2** Nous verrons plus tard si les dieux ont le loisir de gérer les affaires des particuliers ; en attendant, sache bien ceci : que nous soyons confiés à leur garde ou livrés à nous-mêmes et à la Fortune, tu ne peux proférer contre un homme d'imprécation pire que de lui souhaiter d'être mal avec lui-même. Au reste, tu n'as pas sujet d'appeler sur qui te paraît punissable l'inimitié des dieux : il les a contre lui, je te l'assure, lors même qu'ils paraissent favoriser sa réussite.

3 Mets à l'œuvre ton sens critique ; considère ce que sont les choses humaines, non comment on les nomme : tu reconnaîtras que nos maux sont des aubaines plus souvent que des avanies. Que de fois une brillante fortune n'a-t-elle pas eu pour cause et point de départ ce qu'on appelait un désastre ; que de fois une « situation » accueillie avec transports de reconnaissance n'a-t-elle pas été un acheminement méthodique au palier d'où l'on dégringole ; n'a-t-elle pas soulevé un personnage haut placé plus haut

* *Sommaire.* — Soyons sages ; chacun par là sera son bon génie (1-2). « Sénèque constate les erreurs de jugement que commettent les hommes sur le bonheur et le malheur, sur les dangers à craindre, sur

LIBER XIX-XX

<SENECA LVCILIO SVO SALVTEM> 110

1 Ex Nomentano meo te saluto et iubeo habere mentem bonam, hoc est propitios deos omnis, quos habet placatos et fauentes quisquis sibi se propitiauit. Sepone in praesentia quae quibusdam placent, unicuique nostrum paedagogum dari deum, non quidem ordinarium, sed hunc inferioris notae ex eorum numero quos Ouidius ait « de plebe deos ». Ita tamen hoc seponas uolo ut memineris maiores nostros, qui crediderunt, stoicos fuisse : singulis enim et Genium et Iunonem dederunt. **2** Postea uidebimus an tantum dis uacet ut priuatorum negotia procu*r*ent : interim illud scito, siue adsignati sumus siue neglecti et fortunae dati, nulli te posse imprecari quicquam grauius quam si inprecatus fueris ut se habeat iratum. Sed non est quare cuiquam quem poena putaueris dignum optes ut infestos deos habeat : habet, inquam, etiam si uidetur eorum fauore produci.

3 Adhibe diligentiam tuam et intuere quid sint res nostrae, non quid uocentur : et scies plura mala contingere nobis quam accidere. Quotiens enim felicitatis e*t* causa et initium fuit quod calamitas uocabatur! quotiens magna gratulatione excepta res gradum sibi

Exp. 110 *salutationis formulam om. B.*

1 sepone *pr. B* : -net *m. rec. B* || quae quibusdam placent *codd.* : quod quibusdam placet *Matthiae* || notae ex : notaex *sed* e *pusillam supra* ae *add. B* || ait *B : habet per compend. q* || de plebe deos *codd.* : de plebe deo Ov. *M.* 1, 595.

2 priuatorum : pri * uat- *B* || procurent *dett. Muret* : -urarent *B dett. q* « *an* procurarint*?* » *Beltrami*[1].

3 et causa *Schweighaeuser* : est causa *B* causa *q Pincia* [« *uel. lect.* »] *Muret.*

encore comme s'il était resté à une hauteur d'où l'on tombe sans risque ?

4 Après tout, cette chute même n'est aucunement un malheur, si l'on considère le point extrême passé lequel la nature ne précipite personne. Il est proche le terme de tout ce qui existe, oui il est proche, l'espace d'existence d'où l'heureux alors se voit déloger, celui que le malheureux quitte délivré, mais, dans les deux cas, nous l'étendons et par nos espoirs, nos craintes, nous l'allongeons. Mais, si tu es sage, mesure tout à ta condition d'homme ; réduis du même coup l'espace de la joie comme celui de la crainte. Il vaut la peine d'abréger toute joie, afin que soit abrégée toute crainte. **5** Mais pourquoi veux-je restreindre ce mal de la crainte ? Tu n'as sujet de croire aucune chose au monde digne de te l'inspirer. Il n'y a que chimère en tout ce qui nous émeut, nous consterne. Nul de nous n'a passé tout cela au crible ; et la peur s'est transmise de l'un à l'autre. Nul n'a eu le courage d'aller tout près de l'épouvantail, de connaître la nature et la valeur morale de sa crainte. Voilà comme une représentation fausse et vaine trouve encore crédit, pour n'être pas percée à jour. **6** Prenons la peine de bien regarder : tout de suite nous verrons ce qu'il y a de passager, d'incertain, de rassurant dans l'objet de nos craintes. Le désordre de notre esprit est tel que l'a vu Lucrèce : « Comme les enfants tremblent et s'effraient de tout dans les profondes ténèbres, ainsi avons-nous peur en plein jour. » **7** Eh quoi ! Ne sommes-nous pas plus insensés que le premier enfant venu, nous qui prenons peur en plein jour ? Mais tu te trompes, Lucrèce, ce n'est pas en plein jour que nous avons peur : nous nous sommes fait de tout des ténèbres. Nous ne voyons rien, ni le nuisible ni le profitable. Nous galopons, toute notre vie, heurtant à tout, sans, pour cela, faire halte ni regarder plus attentivement où pose notre pied. Or, vois-tu comme c'est chose folle qu'une ruée dans les ténèbres ? Eh bien, ma foi, ce faisant nous n'allons qu'à ce résultat : force sera de nous ramener de plus loin ! Et quand nous ne savons où cet élan

les objets à désirer (2-10). Il faut arriver à mépriser non seulement le superflu, mais même le nécessaire ; c'est ce que prêchait Attale (11-10) » (Albertini).

struxit in praeceps et aliquem iam eminentem adleuauit etiamnunc, tamquam adhuc ibi staret unde tuto cadunt! **4** Sed ipsum illud cadere non habet in se mali quidquam, si exitum spectes ultra quem natura neminem deiecit. Prope est rerum omnium terminus, prope est, inquam, et illud unde felix eicitur, et illud unde infelix emittitur : nos utraque extendimus et longa spe ac metu facimus. Sed si sapis, omnia humana condicione metire; simul et quod gaudes et quod times contrahe. Est autem tanti nihil diu gaudere ne quid diu timeas. **5** Sed quare istuc malum adstringo? Non est quod quicquam timendum putes : uana sunt ista quae nos mouent, quae attonitos habent. Nemo nostrum quid ueri esset excussit, sed metum alter alteri tradidit; nemo ausus est ad id quo perturbabatur accedere et naturam ac bonum timoris sui nosse. Itaque res falsa et inanis habet adhuc fidem quia non coarguitur. **6** Tanti putemus oculos intendere : iam apparebit quam breuia, quam incerta, quam t*u*ta timeantur. Talis est animorum nostrorum confusio qualis Lucretio uisa est :

> Nam ueluti pueri trepidant atque omnia caecis
> In tenebris metuunt, ita nos in luce timemus.

7 Quid ergo? non omni puero stultiores sumus qui in luce timemus? Sed falsum est, Lucreti, non timemus in luce : omnia nobis fecimus tenebras. Nihil uidemus, nec quid noceat nec quid expediat : tota uita incursitamus nec ob hoc resistimus aut circumspectius pedem ponimus. Vides autem quam sit furiosa res in tenebris impetus. At mehercules id agimus ut longius reuocandi simus, et cum ignoremus quo feramur, uelociter tamen

nam ueluti — timemus Lucr. 2, 55 *s.*

5 perturbabatur *B Mentel. Schweighaeuser* : -urbatur *uulg. olim.*
6 tuta *q uulg.* : *ex* tota *B m. rec* || animorum *ex* -monorum *B.*
7 nobis *om. pr. B m. corr. ut uid., add.*

nous porte, nous ne laissons pas d'aller, vite et sans arrêt, où nous nous dirigeons. **8** Cependant, si nous le voulions, le jour poindrait! mais on ne le verra poindre qu'à condition d'avoir acquis, par connaissance adéquate, la science des choses humaines et divines; à condition de n'en avoir pas pris une teinte superficielle, mais de s'en être pénétré; d'avoir recommencé, pour autant qu'on les tînt, à méditer ces notions, de s'en être fait souvent l'application à soi, de s'être demandé ce qui est bien, ce qui est mal, ce qui porte faussement l'un ou l'autre nom, de s'être demandé ce qu'est l'honnête et son contraire, — et la providence. **9** Et de fait la pénétration de l'esprit humain ne s'arrête pas à ces limites. Il se complait à étendre sa vue [1] par delà l'univers même, à considérer où son mouvement le porte, d'où il a surgi, vers quelle fin court ce flux vertigineux des choses. Mais ayant distrait notre intelligence de ces contemplations divines, nous l'avons tirée, enfoncée en de grossiers et bas objets pour l'asservir à la cupidité, pour faire que sans plus songer à l'univers, à ses limites, aux souverains modérateurs de toutes choses, elle fouille le sol et se demande quoi en extraire de malfaisant non contente de ce qu'il lui offrait. **10** Tout ce qui devait servir à notre bien, Dieu notre père [2] l'a mis à notre portée. Devançant nos investigations, il nous a spontanément pourvus; le nuisible fut placé par sa main au plus profond de la terre. Nous ne pouvons nous plaindre que de nous-mêmes. La nature s'obstinant à nous cacher les instruments de notre perte, nous les avons produits bel et bien à la lumière. Nous avons adjugé notre âme au plaisir, complaisance volontaire qui est à l'origine de tous les maux; nous l'avons livrée poings liés à l'ambition, à la renommée, aux autres idoles sans exception, non moins trompeuses et vaines.

11 Que vais-je donc, en cet état de choses, te conseiller? Rien de nouveau, car ce n'est pas pour des maladies

1. *Prospicere — in quem exitum tanta rerum uelocitas properet*, cf. 94, 56; *De Ot*, 5, 4 sq.

2. *Parens noster*, rapproché de 74, 20 *placeat homini quidquid deo placuit* évoque le « Notre Père » du chrétien, remarque J. de Maistre, *Soirées de St-Pétersbourg, Entretien IX*.

illo quo intendimus perseueramus. **8** Sed lucescere, si uelimus, potest. Vno autem modo potest, si quis hanc humanorum diuinorumque notitiam scientia acceperit, si illa se non perfuderit, sed infecerit, si eadem, quamuis scia*t*, retractauerit et ad se saepe rettulerit, si quaesierit quae sint bona, quae mala, quibus hoc falso sit nomen adscriptum, si quaesierit de honestis et turpibus, de prouidentia. **9** Nec intra haec humani ingenii sagacitas sistitur : prospicere et ultra mundum libet, quo feratur, unde surrexerit, in quem exitum tanta rerum uelocitas properet. Ab hac diuina contemplatione abductum animum in sordida et humilia pertraximus ut auaritiae seruiret, ut, relicto mundo terminisque eius et dominis cuncta uersantibus, terram rimaretur et quaereret quid ex illa mali effoderet non contentus oblatis. **10** Quidquid nobis bono futurum erat, deus et parens noster in proximo posuit. Non expectauit inquisitionem nostram et ultro dedit : nocitura altissime pressit. Nihil nisi de nobis queri possumus : ea quibus periremus, nolente rerum natura et abscondente, protulimus. Addiximus animum uoluptati, cui indulgere initium omnium malorum est ; tradidimus ambitioni et famae, ceteris aeque uanis et inanibus.

11 Quid ergo nunc te hortor ut facias ? nihil noui — nec enim nouis malis remedia quaeruntur — sed hoc

perseueramus *B Fickert cf. auctore Beltrami Caes. De B. g.* 3, 14, 2, *Suet. Vesp.* 6, 2 : p. ire *q dett.* i. p. *uulg. olim* pergere perseueramus *Hermes* properare p. *Koch.*

8 notitiam scientia *B. dett. Auen. Érasme*[1] *Hense* : notitiam *uulg.* n. scientiam *ed. Rom. a.* 1475 *nonnullae aliae teste Fickert* n. scientiamque *Mentel. Schweighaeuser qui aliter* scientiam || sciat *q* : *ex* scias *B* sciens *Velz.* || saepe rettulerit *ex* saepe perett- *B* || de prouidentia. nec *Bq dett.* : de prouidentia <et fortuna> nec *simil. prop. Buecheler.*

9 libet *B* : l. quaerere [quer-] *q* licet *Velz. Gertz* || quaereret *ex* quaeret *B.*

10 possumus *ex* possimus *B.*

11 nouis *ex* noui *B* || remedia quaeruntur *B* : r. quaerunt *Q bis.*

nouvelles qu'il s'agit de trouver les remèdes : avant toutes choses, tu dois distinguer, à part toi, le nécessaire et le superflu. Le nécessaire se présentera partout à ta main, tandis que la recherche du superflu exige un perpétuel effort de l'âme tout entière. **12** Tu n'as pas à te féliciter outre mesure d'être arrivé au mépris des lits dorés, d'un mobilier fait de pierrerie [1] ; quelle vertu y a-t-il, en effet, à mépriser le superflu? Attends, pour t'admirer, d'être parvenu à mépriser le nécessaire. Que fais-tu de si beau en te montrant capable de subsister sans un faste royal, en ne regrettant pas les sangliers de mille livres, les plats de langues de flamants [2] et toutes les monstruosités d'un luxe qui, dégoûté de la pièce entière, choisit certaine partie en chaque animal. J'attendrai pour t'admirer, que tu sois parvenu à mépriser le pain bis, à croire vraiment qu'en cas de nécessité urgente, l'herbe ne croît pas seulement pour les bêtes, mais pour l'homme, à savoir que des pousses d'arbres garnissent fort bien ce ventre où nous entassons ainsi les mets coûteux, comme s'il recevait pour garder toujours! Remplissons-le sans faire les difficiles. Qu'importe ce qu'on lui donne, puisqu'il est destiné à perdre tout ce qu'on lui donnera? **13** Tu aimes à voir en stricte ordonnance gibier de terre, gibier de mer, celui-ci que l'on goûte d'autant plus s'il arrive de là-bas, tout frais, sur la table; celui-là si longtemps alimenté et par force à l'engrais, il est fondant de graisse et crève d'embonpoint; tu aimes le luisant qu'un art raffiné lui donne. Et pourtant, grands dieux! ces pièces de choix dénichées avec beaucoup de peine et soumises à mille assaisonnements, une fois entrées dans le ventre seront ramenées à un amalgame immonde [3]. Veux-tu mépriser la bonne chère? Regarde où elle aboutit.

14 Je me rappelle ces paroles d'Attale qui transportait d'admiration tout son auditoire : « Longtemps la richesse

1. *Suppellectilem* : mobilier ou vaisselle taillée en pierre précieuse, — comme la fluorine, — ainsi les vases « murrhiens ». *De Ben.*, 7, 9, 3, *ep.* 123, 7; infra § 14.

2. *Linguas* (cf. 78, 24 *in repositorio — pectora auium*, donc *certa membra* 110, 12). Mets loué (cf. Plin. 10, 133; Mart. 13, 71), et préparation enseignée par Apicius? (*De Arte coquin*, 6, 7).

3. Voir sur le cynisme annéen Albertini, p. 309, n. 4.

1. Sur la petite dissertation d'Attale, v. I. Heinemann, *Poseidonios*

primum ut tecum ipse dispicias quid sit necessarium, quid superuacuum. Necessaria tibi ubique occurrent : superuacua et semper <et> toto animo quaerenda sunt. **12** Non est autem quod te nimis laudes si contempseris aureos lectos et gemmeam supellectilem; quae est enim uirtus superuacua contemnere? Tunc te admirare cum contempseris necessaria. Non magnam rem facis quod uiuere sine regio apparatu potes, quod non desideras milliarios apros nec linguas phoenicopterorum et alia portenta luxuriae iam tota animalia fastidientis et certa membra ex singulis eligentis : tunc te admirabor si contempseris etiam sordidum panem, si tibi persuaseris herbam, ubi necesse est, non pecori tantum, sed homini nasci, si scieris cacumina arborum explementum esse uentris in quem sic pretiosa congerimus tamquam recepta seruantem. Sine fastidio implendus est; quid enim ad rem pertinet quid accipiat, perditurus quicquid acceperit? **13** Delectant te disposita quae terra marique capiuntur, alia eo gratiora si recentia perferuntur ad mensam, alia si diu pasta et coacta pinguescere fluunt ac uix saginam continent suam; delectat te nitor horum arte quaesitus. At mehercules ista sollicite scrutata uarieque condita, cum subierint uentrem, una atque eadem foeditas occupabit. Vis ciborum uoluptatem contemnere? exitum specta.

14 Attalum memini cum magna admiratione omnium haec dicere :

et toto *dett.* : tot *BQ*.

12 contemnere : com/t- *B* || admirare *Q* : *ex* -rari *B* || cum contempseris *B* : cum quo tempseris *Q* || regio *d dett.* : recto *BQ* || milliarios *Q* : mil * iar- [*eras.* l] *B* || phoenicopterorum [foenic-] *B* poenicopier- *Q* || portenta luxuriae *B* : -tente [*ex* -nta] luxoriae *Q* || etiam *Q* : et tam *B* || sordidum *Q* : -idum * *B* || herbam *Q* : -bam * *B*.

13 Delectant te *B* : Delectante *pr. Q* || eo *B* : ego *Q* || alia si *B* : alias*Q* || nitor *QB Auen Érasme Ax*³. 213 : nidor *q Pincia* « *ex omnibus scriptis codd.* » *uulg.* || scrutata : *ex* scruta *B* scruta *Q* | uarieque *B* : ua/riaeque *Q* || occupabit : *ex* -auit *B* -auit *Q*.

m'en a imposé [1]. J'étais fasciné lorsque j'en voyais briller de ci de là une parcelle. Je pensais que le fond qui m'était caché ne démentait pas ces dehors. Mais un jour de cérémonie, je vis tous les trésors de Rome, des objets ciselés dans l'or et l'argent et dans les matières dont le prix surpasse à présent celui de l'or et de l'argent ; nuances fort rares de couleurs ; tissus importés de plus loin que nos frontières, que celles même de nos ennemis ; un double troupeau, symétrique, d'esclaves mâles et femelles qui se laissaient voir dans tous les attraits de leur parure et de leur beauté ; et tout ce qu'étalait dans une revue générale de ses richesses la fortune du plus grand empire. **15** Cela, me disais-je, revient-il à autre chose qu'à irriter les passions déjà si vives de l'être humain ? Que signifie cette pompe triomphale de l'or ? Est-ce pour apprendre la cupidité que nous sommes venus de toutes parts ici ? Mais, ma foi, j'emporte de ce lieu moins de désirs que je n'en avait apporté ; et mon mépris des richesses tient non pas à leur inutilité seulement, mais à leur futilité [2]. **16** As-tu vu, comme il a suffi de peu d'heures pour qu'un défilé cependant bien lent, bien ordonné, achevât de s'écouler ? Et nous remplirons notre vie entière de ce qui n'a pu remplir une journée ? Une autre chose qui m'apparut encore : la superfluité qui est en ces richesses, tant pour leur possesseur que pour le spectateur. **17** Voilà donc ce que je me dis chaque fois que pareilles choses m'auront donné dans les yeux, que se présente sur mon chemin une somptueuse demeure, une cohorte d'esclaves en élégante tenue, une litière portée par des valets de belle mine : qu'est-ce que tu admires ? qu'est-ce qui te tient ébahi ? une pompe qui se déroule [3] ! Ce sont là choses dont il y a montre en fait, non possession ; qui plaisent et passent dans le même temps. **18** Tourne-toi bien plutôt vers la vraie richesse. Apprends à te contenter de peu ; écrie-toi

metaphysische Schriften, I, p. 163. — Sur le cours d'Attale v. 108, 3 sq. ; 13 sq. Albertini, p. 207, n. 2, *s. f.*

2. *Pusillae* (*diuitiae*) cf. § 16 *superuacuae*. Le sage est le « taxateur » impartial de toutes choses (donc de la richesse).

3. *Pompa est* : bon pour les enfants, cf. Cic. *De Fin*, 5, 18 *uidemusne ut pueri — pompa ludis eiusmodi spectaculis teneantur* ;

Diu, inquit, mihi inposuere diuitiae. Stupebam ubi aliquid ex illis alio atque alio loco fulsera*t*; existimabam similia esse quae laterent his quae ostenderentur. Sed in quodam apparatu uidi totas opes urbis, caelata et auro et argento et *i*is quae pretium auri argentique uicerunt, exquisitos colores et uestes ultra non tantum nostrum, sed ultra finem hostium aduectas; hinc puerorum perspicuos cultu atque forma greges, hinc feminarum, et alia quae res suas recognoscens summi imperii fortuna protulerat. **15** Quid hoc est, inquam, aliud inritare cupiditates hominum per se incitatas? quid sibi uult ista pecuniae pompa? ad discendam auaritiam conuenimus? At mehercules minus cupiditatis istinc effero quam adtuleram. Contempsi diuitias non qua superuacuae, sed qua pusillae sunt. **16** Vidistine quam intra paucas horas ille ordo quamuis lentus dispositusque transierit? Hoc totam uitam nostram occupa*bit* quod totum diem occupare non potuit? Accessit illud quoque : tam superuacuae mihi uisae sunt habentibus quam fuerunt spectantibus. **17** Hoc itaque ipse mihi dico, quotiens tale aliquid praestrinxerit oculos meos, quotiens occurrit domus splendida, cohors culta seruorum, lectica formonsis imposita calonibus : quid miraris? quid stupes? pompa est. Ostenduntur istae res, non possidentur, et dum placent, transeunt. **18** Ad ueras potius te conuerte diuitias; disce paruo esse contentus

14 fulserat *dett.* : -ram *QB* || caelata *QBeltrami iam Rossbach coniecerat* : -tas [*ex* -ta] *B uulg. i. e.* « *opes* » || et — et *Q Hense* : ex — ex [*ex* et — et] *B non prima m.* ex — et *uulg.* || iis *Hense* : hiis *B* his *Q uulg.* îs *Beltrami* || auri *B* : -ro *Q*.

15 inritare *BQ cf. Axelson*[3] 146 *ss.* : nisi irritare *q dett. uulg.* || qua *bis B* : quia *Q*.

16 occupabit *Muret -uulg.* : -auit *QB Auen. Érasme Hense.*

17 tale *Q* : *ex* atale *B* || quotiens *B* : -ties *Q et sic mox* || praestrinxerit *BQ* [-nex- *Q*] : -nxit *Madvig coll.* occurrit *uerbo excipiente, neglegens studium uarietatis annaeanum* || occurrit *BQ* : -rrerit *Waldaestel u. quod modo monuimus* || lectica *B* : relictica *pr. Q* || formonsis *B* : -osis *Q*.

18 contentus *B* : -emptus *Q*.

avec toute la fierté d'une grande âme : ayons seulement de l'eau, de la polente[1] ; rivalisons de félicité avec Jupiter même ! » De grâce, rivalisons avec lui, quand même elles nous manqueraient. Il est immoral de fonder son bonheur sur l'or et sur l'argent ; il ne l'est pas moins de le fonder sur de l'eau et de la polente. **19** « Que dois-je donc faire si je n'ai pas ces deux choses ? » Tu veux savoir le remède à la disette ? La faim termine la faim. Autrement, qu'il s'agisse de beaucoup ou de peu de chose, où est la différence, si l'objet fait de toi son esclave ? Qu'importe le degré d'exiguïté de ce que la Fortune peut te refuser ? **20** L'eau et la polente[1] dont nous parlions dépendent, elles-mêmes, d'un bon plaisir extérieur à toi. Or l'homme libre est celui non pas qui laisse peu de prise à la Fortune sur soi, mais qui ne lui en laisse aucune. C'est ainsi : il faut que tu sois exempt de tout besoin, si tu veux défier Jupiter, qui n'a besoin de rien.

Ce qu'Attale nous disait, la nature l'a dit à tous les hommes. Si tu veux bien méditer souvent cette leçon, tu te mettras à même d'être heureux au lieu de le paraître, et donc de paraître tel non pas aux autres, mais à toi.

LETTRE **111***

1 Tu me demandes comment s'appellent en latin les « sophismata ». De divers côtés quelque appellation équivalente fut essayée ; nulle ne s'est imposée. Sans aucun doute, comme la chose n'était ni reçue chez nous, ni dans

* *Sommaire.* — Pour le terme *sophismata*, Sénèque propose à Lucilius la traduction cicéronienne *cauillationes.* Il condamne les subitilités dialectiques, — passe-temps permis, il est vrai, à un esprit désœuvré, — mais qui ne donne pas à l'âme (qui n'a pas une minute à perdre pour les acquérir) les seules choses nécessaires dans la vie : constance, grandeur, mépris de la vie.

pour les filles que leurs mères conduisent aux Dionysies cf. Plaute, *Cist.* 90 *mater pompam me spectatum duxit.*

1. « L'eau et la polente » : tout ce qu'il faut au sage selon Épicure (25, 4) pour rivaliser de félicité avec Jupiter, — qui n'a pas de besoin, cf. 119, 7 ; 18, 10 ; 21, 10.

et illam uocem magnus atque animosus exclama : habeamus aquam, habeamus polentam, Ioui ipsi controuersiam de felicitate faciamus. Faciamus, oro te, etiam si ista defuerint. Turpe est beatam uitam in auro et argento reponere, aeque turpe in aqua et polenta. **19** — Quid ergo faciam, si ista non fuerint? — Quaeris quod sit remedium inopiae? Famem fames finit. Alioquin quid interest magna sint an exigua quae seruire te cogant? quid refert quantulum sit quod tibi possit negare fortuna? **20** Haec ipsa aqua et polenta in alienum arbitrium cadit : liber est autem non in quem parum licet fortunae, sed in quem nihil. Ita est : nihil desideres oportet si uis Iouem prouocare nihil desiderantem.

Haec nobis Attalus dixit, natura omnibus dixit; quae si uoles frequenter cogitare, id ages ut sis felix, non ut uidearis, et ut tibi uidearis, non aliis. VALE.

SENECA LVCILIO SVO SALVTEM **111**

1 Quid uocentur Latine sophismata quaesisti a me. Multi temptauerunt illis nomen inponere, nullum haesit; uidelicet quia res ipsa non recipiebatur a nobis nec

animosus *B* : -osos *Q* || habeamus *bis BQq dett. uulg.* : -emus *bis A Usener ad Epic. fr.* 602 *Beltrami* || ipsi controuersiam : ipsi quam pauper eras tu seneca qui ista dixisti controuersiam *BQ cum additamento ex archetypi margine illapso* || felicitate *Qq dett.* : facilit- *ex* fecilit- *B* || auro *Q* : *ex* auaro *B*.

19 quod sit *B* : quid sit *Q* || fames *B* : -mis *Q*.

20 ita est *Qq dett.* : ista est *B* || Iouem *B* : *ex* diou- *Q* || natura omnibus dixit *Qq dett. Beltrami iam Hense*[2] *coll. Ad Marc.* 17, 6 *Ep.* 91, 18 [*u. etiam Ax*[3] 117] : *om. B Hense*[1] n. d. o. *dett. Auen. Érasme* n. o. *Muret, Hense*[2] *dub.* || ages *dett. Érasme*[2] : agis *BQq*.

Ep. 111. **1** nomen *ex* non *B m. antiqua* : non *Q* || inponere *B* : pon- *Q*.

nos usages, le terme qui la désigne a trouvé résistance, lui aussi. **2** Toutefois le mot le plus juste, à mon gré, est celui que Cicéron emploie. Il nomme cela des ergotages, *cauillationes*. Quiconque s'y attache combine en vérité de petites questions artificieuses, de nul profit, d'ailleurs, pour la conduite de sa vie : il n'en devient ni plus énergique, ni plus retenu, ni plus noble. Par contre, qui a cherché dans la pratique de la philosophie un remède à son état acquiert une générosité sublime, une assurance parfaite, une hauteur insurmontable et qui croît à mesure qu'on l'approche. **3** Il en va de même des hautes montagnes : à les voir de loin en se rend pas compte de leur élévation; que l'on vienne auprès et l'œil découvre la verticalité de ces sommets. Tel est, mon cher Lucilius, le vrai philosophe et dont la sagesse est réalité, non artifice. Il se tient sur un sommet, admirable, noble et d'une grandeur vraie. Il ne se dresse pas sur les pieds, il ne marche pas sur leur pointe à la façon de ceux qui fraudent pour avantager leur stature et paraître plus développés de taille qu'ils ne le sont. Sa grandeur propre le contente. **4** Comment ne s'estimerait-il pas content d'être monté jusqu'où n'atteint plus la main de la Fortune [1] ? Le voilà donc supérieur aux événements humains, égal d'autre part à lui-même en n'importe quelle situation, que sa vie avance d'un cours paisible ou que, ballotée des orages, elle ne rencontre que traverses et difficultés. Une telle constance ne nous est pas donnée par ces ergotages dont je parlais tout à l'heure. L'âme s'y divertit sans en être plus avancée et ils délogent la philosophie du faîte où elle réside, pour la mettre au niveau ordinaire. **5** Et, au demeurant, je ne t'interdirai pas de vaquer, le cas échéant, à ces exercices, mais ce sera quand tu seras résolu à ne rien faire. Ils ont, malgré tout, ceci de très mauvais, qu'ils dégagent un certain charme et

1. *Quo manus fortuna non porrigit*, variante de l'épithète *supra fortunam* (*sapiens*) ; cf. 82, 5 *in insuperabili loco — animus*. Les « longs bras de la Fortune » n'existent plus 82, 5, même quand « ses bras sont les hommes puissants du monde » (*De Const.s.* 8, 3. — *Secundus cursus* est l'εὔροια, cf. *De V. b.* 3 et 4. — Les *cauillationes* en toutes circonstances sont à la *constantia* ce que seraient dans le défilé des Thermopyles les syllogismes d'un Léonidas *Ep.* 82, 21.

in usu erat, nomini quoque repugnatum est. **2** Aptissimum tamen uidetur mihi quo Cicero usus est : cauillationes uocat. Quibus quisquis se tradidit, quaestiunculas quidem uafras nectit, ceterum ad uitam nihil proficit, neque fortior fit neque temperantior neque elatior. At ille qui philosophiam in remedium suum exercuit, ingens fit animo, plenus fiduciae, inexsuperabilis et maior adeunti. **3** Quod in magnis euenit montibus, quorum proceritas minus apparet longe intuentibus ; cum accesseris, tunc manifestum fit qu*o* in arduo summa sint : talis est, mi Lucilli, uerus et rebus non artificiis philosophus. In edito stat admirabilis, celsus, magnitudinis uerae. Non exsurgit in plant*a*s nec summis ambulat digitis eorum more qui mendacio staturam adiuuant longioresque quam sunt uideri uolunt ; contentus est magnitudine sua. **4** Quidni contentus sit eo usque creuisse quo manus fortuna non porrigit ? Ergo et supra humana est et par sibi in omni statu rerum, siue secundo cursu uita procedit, siue fluctuatur et *it* per aduersa ac difficilia : hanc constantiam cauillationes istae, de quibus paulo ante loquebar, praestare non possunt. Ludit istis animus, non proficit, et philosophiam a fastigio suo deducit in planum. **5** Nec te prohibuerim aliquando ista agere, sed tunc cum uoles nihil agere. Hoc tamen habent in se pessimum : dulcedinem quandam sui faciunt et animum specie

2 nectit *B* : *om. Q* || temperantior *B* : -atior *Q* || ille qui *Q* : *ex* ille *B m. corr.*

3 in magnis *Q* : *ex* inmaginis *B* || quo in arduo *Windhaus* : quam in arduo *dett. uulg.* quod in arduo *BQq* || summa sint *B* : summa sit *Q* || talis est *B* : *ex* talis *Q m. antiqua* || -tas *m. corr. BQ* -tes *pr. B.*

4 manus *B Haase* : -num *ex* -nu *Q m. rec, q uul.olim* || non *Q* : *ex* nori *B* || fortuna *Q* : *ex* -nic *B ut* -nae *esse paene uideatur* || porrigit *QB in quo supra* it *puncta duo deleta sunt quasi correctori* manus *legenti legendum* porriguntur *primo succurrisset* || est et *B* : esset *per compend. Q* || rerum *B* : *ex* rerem *Q* || et it per *Rossbach* : et per *BQ* per *uulg. olim* || a fastigio *B* : *ex* adfast- *Q* « *an* ab fastigio ? » *Beltrami* || suo *B Schweighaeuser* : *om. Qq uulg.*

5 se *B* : *om. Q.*

que leur spécieuse finesse, ayant attiré l'âme, la captive, l'amuse, quand un si vaste labeur la réclame, quant tout le temps de la vie suffit à peine pour nous former simplement au mépris de la vie. « Et la conduite de la vie ? » dis-tu. Ce n'est que notre second labeur, car nul ne la conduit bien s'il n'a commencé par l'avoir en mépris.

LETTRE **112** *

1 Je voudrais assurément que ton ami reçoive une formation selon tes désirs et qu'il se laisse dresser ; mais on le prend bien endurci, disons, — et ce n'est que plus fâcheux, — on le prend bien amolli, depuis longtemps détraqué au train des habitudes mauvaises. Je vais te faire une comparaison que j'emprunte à mon métier. **2** Toute vigne n'admet pas la greffe : vieille et crevassée, faible et fluette, elle ne pourra, soit recevoir le rejeton, soit le nourrir ; elle ne se l'adaptera pas, elle ne s'identifiera point à sa qualité, à sa nature. Aussi avons-nous coutume de couper la vigne hors de terre, afin que, si cela n'a pas rendu, on puisse tenter la chance une seconde fois, en renouvelant, sous terre, l'opération. **3** L'homme sur qui ta lettre attire mon attention est sans vigueur : il s'est laissé aller au vice. Du même coup il s'est étiolé, durci ; rendu impropre à recevoir en lui la raison, impropre à lui communiquer sa sève. « Mais c'est chose qu'il désire de lui-même. » N'en crois rien. Je ne prétends pas qu'il te mente : il croit à la sincérité de son désir. Il en a gros sur le cœur contre la mollesse ; mais il rentrera vite en grâce auprès d'elle. « Mais il se dit écœuré de la vie qu'il mène ». Je n'en disconviendrais pas. Qui ne connaît semblable écœurement ? Les hommes ont tout à la fois, à l'égard de leurs vices, de l'amour et de l'aversion. Nous ne jugerons donc pas notre homme avant d'avoir obtenu de lui la

* *Sommaire.* — Lucilius s'intéresse à la conversion d'un de ses amis. S. vigneron, exprime son opinion sur l'état moral de cet ami. Que L. n'ait pas d'illusion : on ne « greffe » pas la vertu sur un vicieux.

subtilitatis inductum tenent ac morantur, cum tanta rerum moles uocet, cum uix tota uita sufficiat ut hoc unum discas, uitam contemnere. « Quid regere ? » inquis. Secundum opus est ; nemo illam bene rexit nisi qui contempserat. VALE.

SENECA LVCILIO SVO SALVTEM **112**

1 Cupio mehercules amicum tuum formari ut desideras et institui ; sed ualde durus capitur, immo, quod est molestius, ualde mollis capitur et consuetudine mala ac diutina fractus. Volo tibi ex nostro artificio exemplum referre. **2** Non quaelibet insitionem uitis patitur : si uetus et exesa est, si infirma gracilisque, aut non recipiet surculum aut non alet nec adplicabit sibi nec in qualitatem eius naturamque transibit. Itaque solemus supra terram praecidere, ut, si non respondit, temptari possit secunda fortuna et iterum repetita infra terram inseratur. **3** Hic de quo scribis et mandas non habet uires : indulsit uitiis. Simul et emarcuit et induruit ; non potest recipere rationem, non potest nutrire. « At cupit ipse. » Noli credere. Non dico illum mentiri tibi : putat se cupere. Stomachum illi fecit luxuria : cito cum illa redibit in gratiam. **4** « Sed dicit se offendi uita sua. » Non negauerim ; quis enim non offenditur ? Homines uitia sua et amant simul et oderunt. Tunc itaque de illo

tenent *ex* tenet *BQ*.

Ep. 112. **1** desideras *B* : *ex* -res *Q* || fractus *Qq dett. Auen. Érasme uulg.* : fruc- *B*.

2 et exesa *B* : exesa *pr. Q* || supra *B* : *ex* super *Q* || temptari *Q* : *ex* -tatori *B*.

3 emarcuit *Q* : *ex* -acuit/*desin. pagina B* [*non ead. m. sed correctoris*].

garantie qu'il a rompu avec la mollesse. Pour l'instant ils sont en difficulté [1].

LETTRE 113 *

1 Tu désires que je t'exprime mon avis sur cette question débattue dans notre école : est-ce que la justice, le courage, la prudence et les autres vertus sont des animaux? Ces subtilités, mon bien cher Lucilius, nous ont donné l'air de gens qui font travailler l'esprit dans le vide et qui usent leur loisir en disputes sans le moindre profit éventuel [2]. Je ferai ce que tu désires, je t'exposerai l'opinion de nos philosophes. Mais ma façon de penser n'est pas la leur, je le déclare. Selon moi il y a de certains raisonnements qu'il faut laisser à qui porte phécases et manteau grec. Voici donc les problèmes qui ont agité nos vieux maîtres, ou, si tu préfères, les problèmes que nos vieux maîtres ont agités.

2 Il est bien certain, disent-ils, que l'âme est animal, vu que c'est elle qui fait que nous sommes animaux, vu que tout être animé a emprunté d'elle le nom d'animal. Or la vertu n'est autre chose que l'âme disposée d'une certaine manière; elle est donc animal. De plus la vertu agit. Agir suppose dans tous les cas un élan. Si elle a l'élan, faculté propre à l'animal, elle est animal. **3** « Mais, dit-on, étant animal, la vertu possède en elle la vertu ». Et pourquoi ne se posséderait-elle pas elle-même? Le sage fait tout par la vertu; la vertu tout par elle-même. « Ainsi donc, dit-on, tous les arts sont des animaux, toutes nos pensées, tout ce que notre intelligence embrasse. Il s'ensuit que des

* *Sommaire.* — Lucilius harcèle Sénèque de questions concernant le sens et la portée de tel ou tel apophtegme stoïcien (cf. par ex., 102, 3 sq.; 109; 113). Les vertus sont-elles des êtres vivants? Oui de telles questions sont vaines (1). Exposé des arguments de l'ancien Portique à qui les vertus semblaient être des animaux (2-5). Réfutations de ces arguments (6-25), ponctuée d'indignation (15), de réflexions ironiques (21), de haussements d'épaule (23 fin), d'éclats de rires (26). Il est beaucoup plus utile d'enseigner ce qu'est le courage (26-28); l'empire sur soi-même (29 sq); la justice, qui suppose l'abnégation (31 sq.).

1. Cf. *litigant* 22, 10.
2. V. I. Heinemann, *op. cit.*, I, pp. 197 sq.

feremus sententiam cum fidem nobis fecerit inuisam iam sibi esse luxuriam : nunc illis male conuenit.

VALE.

SENECA LVCILIO SVO SALVTEM **113**

1 Desideras tibi scribi a me quid sentiam de hac quaestione iacta<ta> apud nostros : an iustitia, fortitudo, prudentia ceteraeque uirtutes animalia sint. Hac subtilitate effecimus, Lucili carissime, ut exercere ingenium inter inrita uideremur et disputationibus nihil profuturis otium terere. Faciam quod desideras et quid nostris uideatur exponam ; sed me in alia esse sententia profiteor. Puto quaedam esse quae deceant phaecasiatum palliatumque. Quae sint ergo quae antiquos mouerint uel quae sint quae antiqui mouerint dicam. **2** Animum constat animal esse cum ipse efficiat ut simus animalia, cum ab illo animalia nomen hoc traxerint ; uirtus autem nihil aliud est quam animus quodammodo se habens ; ergo animal est. Deinde uirtus agit aliquid ; agi autem nihil sine impetu potest ; si impetum habet, qui nulli est nisi animali, animal est. **3** « Si animal est » inquit « uirtus, habet ipsa uirtutem. » Quidni habeat se ipsam ? quomodo sapiens omnia per uirtutem gerit, sic uirtus per se. « Ergo » inquit « et omnes artes animalia sunt et omnia quae cogitamus quaeque mente complectimur. Sequitur ut multa millia

Ep. 113. **1** iactata *q Auen. Érasme* : -cta *BQ* [/iacta *B*] tacta *ed. Ven.* 1490 *f° LV*[v] *teste Beltrami* || effecimus *dett. Gronov* : effic- *BQq Muret* || uideremur *B Gronov* : -mus *Q* uideamur *Pinc.* [« *exempl. schol.* »] *Muret* || terere *B* : terrere *Q* || quaedam *codd. uulg.* : quidem *corr. Beltrami* enim quaedam *Castiglioni superuacuo uterque* || phaecasiatum *codd. uulg.* : « petasatum *al.* » *Érasme*[1] *mg.* || faciam *BQ uulg.* : f. tamen *Beltrami* | uel quae sint quae antiqui mouerint *B Buecheler* : *del. m. rec. B om. Qq dett. uulg. olim.*

2 cum[2] *B Hense* : et cum *Qq dett. uulg.* || animali *Q* : *ex* -mal *B m. correctoris.*

3ipsa *Q* : -sam *B* [*ex* -sa] *m. rec.* || millia : *ex* milli *m. corr. B* milia *Q.*

milliers d'animaux logent dans les étroites limites de notre cœur, que chaque individu est un composé d'animaux multiples ou enferme en lui de multiples animaux. » Tu demandes ce que l'on répond à cela? Chacune de ces choses sera animal et il n'y aura pas collectivité d'animaux. Par quelle raison? Je vais le dire pourvu que tu appliques à mon propos la finesse de ton entendement, ta capacité d'attention.

4 Chaque animal doit avoir sa substance particulière; tous n'ont qu'une âme; ils peuvent donc compter chacun pour un, non pour des êtres multiples. Je suis animal et homme, sans que tu puisses dire que je sois deux. Pourquoi? Parce qu'il faudrait pour cela qu'il y eût séparation. Entends-moi bien : l'un doit être distinct de l'autre pour qu'ils fassent deux. Tout ce qui est multiple dans un unique objet relève d'une même et unique nature : partant il est un. **5** Mon âme est animal; je suis animal; cependant nous ne sommes pas deux. Pourquoi? parce que mon âme est une partie de moi-même. Ne comptera par soi que ce qui subsistera par soi; ce qui demeurera portion intégrante de quelque chose ne pourra être regardé comme une autre chose. Et la raison en est que pour être une autre chose, il faut être soi, constituer une individualité, un tout, un être complet en lui-même.

6 J'ai pris, comme je l'ai déclaré, une autre position. Si l'on admet, en effet, le principe, seront animaux non seulement les vertus, mais encore les vices et les passions qui leur sont opposés, colère, crainte, affliction, méfiance. La conséquence s'étendra plus loin : toutes les opinions, toutes les pensées seront animaux; ce qu'on ne doit nullement admettre, car tout ce qui est le fait de l'homme n'est pas homme. **7** « Qu'est-ce que la justice[1]? » me dit-

1. *Iustitia — animus quodammodo se habens — Haec — habitus animi*. Cf. § 2 *uirtus — nihil aliud — quam animus quodam modo se habens*. Précieuse logomachie qui nous vaut la définition de l'*habitus animi*, un des équivalents du mot *uirtus*. Cet *habitus* qui suppose d'ailleurs le *iudicium* (v. t. IV, p. 76 n. 1 et ep. 71, 32) s'oppose à l'*usus* la mise en pratique de la vertu (id. ibid.). Celle-ci est une disposition constante. Cf. Cic. *De Inu.*, 2. 160 *iustitia est habitus animi communi utilitate conseruata suam cuique tribuens dignita-*

animalium habitent in his angustiis pectoris, et singuli multa simus animalia aut multa habeamus animalia. » Quaeris quid aduersus istud repondeatur? Vnaquaeque ex istis res animal erit : multa animalia non erunt. Quare? dicam si mihi accommodaueris subtilitatem et intentionem tuam. **4** Singula animalia singulas debent habere substantias; ista omnia unum animum habent; itaque singula esse possunt, multa esse non possunt. Ego et animal sum et homo, non tamen duos esse nos dices. Quare? quia separati debent esse. Ita dico : alter ab altero esse diductus ut duo sint. Quicquid in uno multiplex est, sub unam naturam cadit; itaque unum est. **5** Et animus meus animal est et ego animal sum, duo tamen non sumus. Quare? quia animus mei pars est. Tunc aliquid per se numerabitur cum per se stabit; ubi uero alterius membrum erit, non poterit uideri aliud. Quare? dicam : quia quod aliud est, suum oportet esse et proprium et totum et intra se absolutum.

6 Ego in alia esse me sententia professus sum. Non enim tantum uirtutes animalia erunt, si hoc recipitur, sed opposita quoque illis uitia et adfectus, tamquam ira, timor, luctus, suspicio. Vltra res ista procedet : omnes sententiae, omnes cogitationes animalia erunt. Quod nullo modo recipiendum est; non enim quicquid ab homine fit homo est. **7** « Iustitia quid est? » inquit.

quare? *Q et B* || accommodaueris B [cc *litteris conligatis*] : *ex* acom- *Q*.

4 singulas debent habere *Qq Auen. Érasme alii, Beltrami clausulae gratia* : singulas habere debent *B Fickert Hense* || diductus *B* : ded- *Q* || in uno *B Schweighaeuser* : in unum *Qq* unum *Muret.*

5 meus *Q* : *ex* metus *B* || pars : *ex* par *BQ*.

6 sententia *B* : -iam *Q* || procedet *B* : praec- *Q* || sententiae *Q* : sentiae [*uirgulam m. rec. supra pos.*] *B*.

on. C'est l'âme disposée de certaine manière. « Eh ! bien, si l'âme est animal, la justice l'est aussi. ». Pas du tout. Cette justice est une disposition de l'âme, une de ses facultés. La même âme se modifie sous diverses formes ; elle n'est point un autre animal chaque fois qu'elle passe à un autre ouvrage. D'autre part, ce qui est œuvre de l'âme n'est pas non plus animal. **8** Si la justice, si le courage, si les autres vertus sont animaux, cessent-elles de l'être pour le redevenir à différents moments ou le sont-elles toujours ? Les vertus ne peuvent cesser d'être vertus. Il faut donc qu'il y ait un grand nombre, que dis-je ? une infinité d'animaux grouillant dans cette âme ! **9** « Ils ne forment pas nombre, me réplique-t-on : ils tiennent à un seul, ils sont parties et membres d'un seul. » Ainsi nous nous figurons l'âme à l'image de l'hydre aux cent têtes, dont chacune combat pour son compte et pour son compte exerce sa malfaisance. Or, aucune de ces têtes n'est un animal ; c'est une tête de l'animal, — de l'hydre, qui constitue elle seule l'animal. Personne n'a prétendu que dans la Chimère le lion ou le dragon fût un animal : ils en étaient les parties ; or les parties ne sont point des animaux. Qu'est-ce qui t'autorise donc à conclure que la justice est animal ? **10** « Elle agit, me dit-on ; elle est utile ; or ce qui agit, ce qui est utile a du mouvement et ce qui a du mouvement est animal. » Cela est vrai, si ce mouvement lui est propre ; mais il est emprunté, il vient de l'âme. **11** Tout animal demeure jusqu'à sa mort ce qu'il a commencé d'être. Jusqu'à l'instant de la mort l'homme est homme, le cheval est cheval, le chien est chien. Ils ne sauraient se transformer en autre chose. La justice, c'est-à-

tem. Enfin *habitus* aussi *in animo*, mais contraire, la *uitiositas* : Cic., *Tusc.*, 4, 29 *habitus aut adfectio in tota uita inconstans et a se ipsa dissentiens.* La *uitiositas* est détaillée au §6 de cette lettre, selon la tradition (Cic. *De Fin.*, 3, 40).

Animus quodam modo se habens. « Itaque si animus animal est, et iustitia. » Minime ; haec enim habitus animi est et quaedam uis. Idem animus in uarias figuras conuertitur et non totiens animal aliud est quotiens aliud facit ; nec illud quod fit ab animo, animal est. **8** S*i* iustitia animal est, *si* fortitudo, si ceterae uirtutes, utrum desinunt esse animalia, subinde aut*em* rursus incipiunt an semper sunt ? desinere uirtutes non possunt. Ergo multa animalia, immo innumerabilia in hoc animo uersantur. **9** « Non sunt » inquit multa, quia ex uno religata sunt et partes unius ac membra sunt. » Talem ergo faciem animi nobis proponimus qualis est hydrae multa habentis capita, quorum unumquodque per se pugnat, per se nocet. Atqui nullum ex illis capitibus animal est, sed animalis caput : ceterum ipsa unum animal est. Nemo in Chimaera leonem animal esse dixit aut draconem : hae partes erant eius ; partes autem non sunt animalia. Quid est quo colligas iustitiam animal esse ? **10** « Agit » inquit « aliquid et prodest ; quod autem agit et prodest impetum habet ; <quod autem impetum habet> animal est. » Verum est si suum impetum habet ; <suum autem non habet> sed animi. **11** Omne animal donec moriatur id est quod coepit : homo donec moriatur homo est, equus <equus, canis> canis ; transire in aliud non potest.

7 modo *Q* : *ex* homo *B* || habens *B* : -ent *Q* || minime *Qq dett.* : minme/*B* [*pr.* m *expunct.*] || et *QB* [*in hoc expunct.*] || aliud[1] *Q* : -ius *B*.

8 si *bis suppl. Muret* [*recte utrobique*] *post* (e)st [cf. 121, 20 *sq.* est *p* si *B ambo recte*] : si — et *Beltrami* || si ceterae *Muret* : sic ceterae *BQ* [siccet- *B*] || autem rursus *Hense* : aut rursus *B* ut r. *Q* ac r. *Érasme*[2] *uulg.* || incipiunt *BQ* : -piant *q dett. Fickert Beltrami* [*post* ut rursus].

9 habentis : *ex* -tes *BQ* || capita *Q* : *ex* -te *B* || unumquodque : *ex* -quoque *BQ*.

10 quid est quo *B* : q. e. quod *Q* || quod autem agit et prodest *B* : *om. Q* || quod autem impetum habet *q dett. uulg.* : *om. BQ* si impetum habet *malit Hense coll.* § 2 s. i. h. (uirtus) || impetum habet *B* : impetum *Q* || suum autem non habet *dett. fere uulg.* : suum/non habet *q. om. BQ* sed non suum habet *Buecheler.*

11 id est *B* : homo est id est *Q* || homo est equus *B* : equus *Q* || equus[2] canis[1] *dett. Mentel. Schweighaeuser* : *om. BQ.*

dire l'âme disposée d'une certaine manière, est animal? Je le veux croire : partant, animal que le courage, c'est-à-dire l'âme disposée d'une certaine manière. Mais quelle est cette âme? Celle qui tout à l'heure était justice? Elle est renfermée dans le premier animal; passer dans un autre animal lui est impossible : c'est dans celui où elle a commencé d'être qu'elle doit poursuivre son existence. **12** Au surplus une seule âme ne peut appartenir à deux animaux, bien moins encore à plusieurs. Si la justice, le courage, la modération et les autres vertus sont des animaux, comment n'auront-elles qu'une seule âme? Il faut que chacune d'elles ait la sienne, ou elles ne sont point animaux. **13** Un seul corps ne peut appartenir à plusieurs animaux [1]. Nos gens eux-mêmes en conviennent. Le corps de la justice, quel est-il? l'âme. Et le corps du courage, quel est-il? la même âme. Cependant un seul corps ne peut appartenir à deux animaux. **14** « C'est, réplique-t-on, la même âme qui revêt les formes de la justice, du courage, de la modération ». Cela serait possible, si dans le temps qu'elle est justice, elle n'était pas courage; si dans le temps qu'elle est courage, elle n'était pas modération. En fait toutes les vertus existent simultanément [2]. Comment donc représenteront-elles chacune autant d'animaux, alors qu'il n'y a là qu'une seule âme, laquelle ne peut constituer qu'un seul animal? **15** Enfin il n'y a pas d'animal qui soit partie d'un autre animal. Or, la justice est partie intégrante de l'âme. Ce n'est donc pas un animal. Il me paraît ici que je perds ma peine à démontrer une vérité claire comme le jour; de pareilles fadaises appellent non la discussion, mais l'indignation.

Nul animal n'est pareil à un autre. Examine-les dans leur physique à tour de rôle; il n'en est point qui n'ait sa couleur propre, sa silhouette, ses proportions à lui. **16** Entre les raisons qui font si admirable le génie du divin ouvrier, je compte encore ceci : même en cette masse

1. S. aurait-il oublié qu'en la lettre 106 il a établi que les vertus sont des corps? (Albertini, p. 134).

2. Elles cohabitent en l'âme du sage (115, 3); il y a entre elles affinité, 109, 10, *De Cl.* 1, 5, 3; union étroite, 67, 10.

Iustitia, id est animus quodammodo se habens, animal est. Credamus : deinde animal est fortitudo, id est animus quodammodo se habens. Quis animus? ille qui modo iustitia erat? Tenetur in priore animali, in aliud animal transire ei non licet : in eo illi in quo primum esse coepit perseuerandum est. **12** Praeterea unus animus duorum esse animalium non potest, multo minus plurium. Si iustitia, fortitudo, temperantia ceteraeque uirtutes animalia sunt, quomodo unum animum habebunt? singulos habeant oportet, aut non sunt animalia. **13** Non potest unum corpus plurium animalium esse; hoc et ipsi fatentur. Iustitiae quod est corpus? « animus ». Quid? fortitudinis quod est corpus? « idem animus ». Atqui unum corpus esse duorum animalium non potest. **14** « Sed idem animus » inquit « iustitiae habitum in*d*uit et fortitudinis et temperantiae. » Hoc fieri posset si quo tempore iustitia esset fortitudo non esset, quo tempore fortitudo esset temperantia non esset; nunc uero omnes uirtutes simul sunt. Ita quomodo singulae erunt animalia cum unus animus sit, qu*i* plus quam unum animal non potest facere? **15** Denique nullum animal pars est alterius animalis; iustitia autem pars est animi; non est ergo animal. Videor mihi in re confessa perdere operam. Magis enim indignandum de isto quam disputandum est.

Nullum animal alteri par est. Circumspice omnium corpora : nulli non et color proprius est et figura sua et magnitudo. **16** Inter cetera propter quae mirabile diuini artificis ingenium est, hoc quoque existimo *esse* quod in

13 plurium *Q* : *ex* -rimum *B* || idem *B* : id est *Q* || atqui *B* : autqui *ex* autquia *Q*.

14 induit *q dett. Érasme* : inbu- *B* imbu- *Q* || iustitia [-icia] esset *B* : -tia [*ex* -tiae] esse *Q* || singulae *B* : -la *Q* || qui plus *q dett.* : quis plus *BQ*.

15 alterius *QB in quo nulla adiacet rasura* || n. animal *Q uulg.* :nullum aninterimal [inter *per notam m. corr. supra u.*] *B* | alteri par *Q det. Haase* : a. pars *B* alterius p. *q dett. uulg. olim.*

16 mirabile *B* : -/bili *Q* || esse quod *Pincia Schweighaeuser Beltrami* [*qui mox* incidis *corr.*] : et quod [/et *B*] *BQ Érasme*[2] *sic uel* quod et *Hense* quod *q dett. Muret durius omnes.*

prodigieuse d'ouvrages, jamais il ne s'est répété [1]. Même les choses qui paraissent semblables présentent, quand on les compare, des contrastes réels. De tant d'espèces de feuilles qu'Il a faites, pas une qui ne porte sa marque caractéristique; de tant d'animaux, pas un dont les proportions soient exactement celles d'un autre : une différence existe toujours. Il s'est astreint à mettre, en tout ce qui était autre, dissemblance et disparité. Toutes les vertus, vous le dites, sont pareilles. Donc elles ne sont pas animaux [2].

17 Il n'y a point d'animal qui n'agisse à soi seul; or la vertu ne fait rien à elle seule, mais avec la collaboration de l'homme. Tous les animaux sont ou raisonnables, comme les hommes, comme les dieux, ou irraisonnables, comme les bêtes sauvages ou domestiques. Les vertus, à n'en pas douter, sont raisonnables; or elles ne sont ni hommes, ni dieux; donc elles ne sont pas animaux. **18** L'animal raisonnable ne fait rien sans qu'une image quelconque l'y ait excité d'abord; puis il se meut, puis le mouvement est confirmé par l'assentiment. Qu'est-ce que l'assentiment? Voici. Il faut que je me promène : je me dis cela, j'approuve mon idée; c'est alors seulement que je me promène. Il faut que je m'asseye : après mêmes préliminaires, je m'assieds. **19** Dans la vertu cet assentiment n'existe pas. Supposons qu'il s'agisse de la prudence. Comment donnera-t-elle son assentiment à cette proposition : « Il faut que je me promène »? Sa nature ne le comporte pas; car la prudence prévoit pour celui qui la possède, non pour elle : elle ne peut ni se promener ni s'asseoir. Elle n'a donc pas l'assentiment : ce qui n'a pas l'assentiment n'est pas animal raisonnable [3]. La vertu, si elle est animal, est raisonnable; or elle n'est pas un être raisonnable; donc elle n'est pas animal. **20** Si la vertu est

1. « Jamais il ne s'est répété », V. Pline, *N. h.* 8, 1 (note de Baillard).

2. Ce § 16 sur l'infinie variété qui règne dans la nature finit avec mesquinerie.

3. Le paragraphe 19 et le précédent où la belle doctrine stoïcienne de l'*adsensio* (v. Cic. *De Fato*, 42, *adsensionem uiso commoueri*) sert à prolonger d'oiseuses subtilités où l'auteur (v. plus haut) se contredit, justifient peut-être, pour une part, la formule appliquée à S. par Quintilien (10, v. 1) *in philosophia parum diligens*.

tanta copia rerum numquam in idem incidit; etiam quae similia uidentur, cum contuleris, diuersa sunt. Tot fecit genera foliorum : nullum non sua proprietate signatum; tot animalia : nullius magnitudo cum altero conuenit, utique aliquid interest. Exegit a se ut quae alia erant et dissimilia essent et inparia. Virtutes omnes, ut dicitis, pares sunt; ergo non sunt animalia.

17 Nullum non animal per se agit; uirtus autem per se nihil agit, sed cum homine. Omnia animalia aut rationalia sunt, ut homines, ut dii, <aut inrationalia, ut ferae, ut pecora> ; uirtutes utique rationales sunt; atqui nec homines sunt nec dii; ergo non sunt animalia. **18** Omne rationale animal nihil agit nisi primum specie alicuius rei inritatum est, deinde impetum cepit, deinde adsensio confirmauit hunc impetum. Quid sit adsensio dicam. Oportet me ambulare : tunc demum ambulo cum hoc mihi dixi et adprobaui hanc opinionem meam; oportet me sedere : tunc demum sedeo. **19** Haec adsensio in uirtute non est. Puta enim prudentiam esse : quomodo adsentietur « oportet me ambulare »? Hoc natura non recipit. Prudentia enim ei cuius est prospicit, non sibi; nam nec ambulare potest nec sedere. Ergo adsensionem non habet; quod adsensionem non habet, rationale animal non est. Virtus si animal est, rationale est; rationale autem non est; ergo nec animal. **20** Si uirtus animal est, uirtus autem

incidit *codd. uulg.* || foliorum *Érasme*[2] : fil- *BQ* || erant *B* : -runt *Q*.

17 per se agit *B Hense* : per se aliquid agitur *Q* per se aliquid agit *q dett. uulg.* || dii — dii *Qfere uulg. recte cf., auctore Beltrami, clausulam* : dii — di *B* di — di *Fickert Hense* || aut inrationalia ut ferae, ut pecora *q dett. Mentel Schweighaeuser* [a. i. ut pecora *uulg. olim*] : *om. BQ* || nec[2] *ex* nec/nec [*desin. pag.*] *B m. corr.*

18 agit *B* : ait *ex* agit *m. rec. Q* || cepit *q dett.* : coep- *BQ* || adsensio *B* : -ntio *Q et sic deinde* || ambulo *B* : *add. i. mg. m. antiqua Q* || dixi et *Q* : *ex*/dixitt *B*.

19 adsensionem non habet quod adsensionem non habet *Qq* [habet[2] *om. Q*] *Auen. Érasme* : adsensionem non/habet *B*.

20 animal? est *distinx. Hense* : animal est *BQ* [est *B sed uox expuncta*] animal est. *distinx. uulg. Beltrami* [*supra legens* autem bonum <omne>, omne bonum].

animal, si d'autre part le bien est vertu, tout bien ne sera-t-il pas animal? Il est animal! Nos philosophes en conviennent expressément. Sauver son père est un bien; opiner sensément au sénat est un bien; rendre de justes décrets est un bien; donc l'action de sauver son père est un animal, l'action d'opiner prudemment au sénat est un animal. Cette prolification est telle qu'on ne peut se tenir de rire : se taire sensément est un bien, sagement souper est un bien; ainsi se taire et souper sont des animaux.

21 Pardieu, je ferai durer ce chatouillis et l'amusement que je tire de cette cuistrerie scolastique. Si la justice et le courage sont des animaux, ce sont, à coup sûr, des animaux terrestres. Tout animal terrestre a froid, a faim, a soif; donc la justice a froid, le courage a faim, la clémence a soif. **22** Et quoi encore? Ne demanderai-je pas aux philosophes quelle figure ont ces animaux? celle d'un homme, d'un cheval, d'une bête sauvage? Leur donneront-ils comme à Dieu, la forme ronde [1]? Je voudrai savoir si la cupidité, la mollesse, la démence sont rondes pareillement, car elles aussi sont des animaux. Les voici à leur tour devenues rondes? Je demanderai alors si une promenade bien sage est animal : logiquement ils sont tenus de le reconnaître; partant, de déclarer que la promenade est un animal; qui plus est, un animal de forme ronde.

23 Ne va pas croire du reste que parmi les nôtres je sois le premier qui ne répète pas la formule inscrite au tableau et qui aie mon opinion à moi : Cléanthe et Chrysippe, son disciple, ne sont pas d'accord sur ce que c'est que la promenade. Cléanthe dit : « C'est une inspiration qui passe du siège de l'âme jusqu'aux pieds » [2]. Selon Chrysippe,

1. Cette « forme ronde », souvenir de la citrouillification annéenne de Claude (*Apocol.* 8), est dans le ton du passage.

2. Tiré de Cléanthe définissant la marche. Les Maîtres, puis S. firent donc bon marché parfois de la *diligentia* (la rigoureuse orthodoxie) ou peut-être la mirent au point par passe-temps? Voici ce *principale* ou siège de l'âme : ἡγεμονικὸν δ' εἶναι τὸ κυριώτατον τῆς ψυχῆς, ἐν ᾧ αἱ φαντασίαι καὶ αἱ ὁρμαὶ γίνονται καὶ ὅθεν ὁ λόγος ἀναπέμπεται ὅπερ εἶναι ἐν καρδίᾳ (D. L. 7, 159), — d'où le *spiritus* (πνεῦμα) « passe aux pieds », quand nous marchons, comme il passe à la gorge διατεῖνον μέχρι φάρυγγος (Aet. *Plac.* 4, 21, 4) quand nous parlons. Voici les « indifférents » *cena, ambulatio* (Sén. 92, 11) devenus animaux (113, 20, 22), ce qui est beaucoup moins sérieux.

bonum, non omne bonum animal? est. Hoc nostri fatentur. Patrem seruare bonum est, et sententiam prudenter in senatu dicere bonum est, et iuste decernere bonum est; ergo et patrem seruare animal est et prudenter sententiam dicere animal est. Eo usque res exegit ut risum tenere non possis : prudenter tacere bonum est, <cenare bene bonum est> ; ita et tacere et cenare animal est.

21 Ego mehercules! titillare non desinam et ludos mihi ex istis subtilibus ineptiis facere. Iustitia et fortitudo, si animalia sunt, certe terrestria sunt. Omne animal terrestre alget, esurit, sitit; ergo iustitia alget, fortitudo esurit, clementia sitit. **22** Quid porro? non interrogabo illos quam figuram habeant ista animalia? hominis an equi an ferae? Si rotundam illis qualem deo dederint, quaeram an et auaritia et luxuria et dementia aeque rotundae sint; sunt enim et ipsae animalia. Si has quoque conrotundauerint, etiam nunc interrogabo an prudens ambulatio animal sit. Necesse est confiteantur, deinde dicant ambulationem animal esse et quidem rotundum.

23 Ne putes autem <me> primum ex nostris non ex praescripto loqui, sed meae sententiae esse : inter Cleanthen et discipulum eius Chrysippum non conuenit quid sit ambulatio. Cleanthes ait spiritum esse a principali usque in pedes permissum, Chrysippus ip-

CLEANTHES *fr.* 43 *Pearson* || CHRYSIPP. *fr. phys.* 836 *Arnim.*

ergo et patrem *Qq dett. uulg.* : ergo ut/patrem *B* || et prudenter sententiam dicere *B Mentel. Schweighaeuser* : et prudentiam dicere *Q* et prudenter d. *fere uulg. olim* || res exegit *BQ Hense* : res exigitur *Gertz uel* exigetur *Rossbach* res excedet *Érasme*[2] *fere uulg. olim* rest exibit *Fikert* res exiit *idem dubitanter* res exiet *Haase* || cenare [coen-] bene bonum est *Pincia* [« *uet. lectio* »] *dett. Ruhkopf Schweighaeuser, iam Muret* [*sed* et cen-] : *om. BQq* frugaliter *uel simil. exspectabat Hense.*

21 Ego *B* : *ex* Ergo *Q*.

22 rotundam *Q et sic mox* : *ex* rut- *B et sic mox* || animalia *B* : amalitia *Q* || conrotundauerint *B* : cum rot- *Q* || sit *B* : si *Q*.

23 me primum *q dett. uulg.* [*exciderit me post* (aut)em] : primum *BQ* primum me *Hermes* || quid *dett.* : quod *BQ*.

c'est l'âme elle-même. Quelle raison empêche donc chacun, suivant l'exemple du maître Chrysippe, de se rendre indépendant et de se rire de cette infinité d'animaux que tout l'univers ne saurait contenir ?

24 « Les vertus, déclare-t-on, ne représentent pas une multiplicité d'animaux et sont cependant des animaux. Un homme sera poète et orateur et il n'est cependant qu'un seul homme. Ainsi ces vertus sont des animaux, mais non une collectivité d'animaux. C'est chose identique que l'âme et l'âme juste, et prudente, et courageuse, — modifiée respectivement par rapport à chacune des vertus. » **25** Bon ! nous voilà d'accord. Moi aussi, je déclare provisoirement que l'âme est animal, — avec l'intention de préciser ultérieurement ma position sur ce sujet ; — mais que ses actions soient des animaux, je le dénie. Autrement toutes nos paroles seront animaux, tous les vers des poètes. Si un propos sensé est un bien, si d'autre part tout bien est un animal, un propos est un animal. Un vers plein de sens est un bien, or tout bien est animal ; le vers est donc animal. Ainsi

Je chante les combats et ce héros...

est un animal ; et l'on ne peut dire, « de forme ronde » : il a six pieds de long [1] !

26 — Ma foi ! diras-tu ; toile d'araignée que l'objet présent de nos débats [2]. — Je me tiens les côtes quand je me figure que solécisme, barbarisme, syllogisme sont des animaux et que j'assigne à chacun, comme fait le peintre, un physique approprié. Et c'est de cela que nous dis-

1. Les six pieds de long d'*Arma uirumque cano* marquent un *crescendo* du ton de bouffonnerie.

2. « Ma foi... ! toiles d'araignée... » Cri de la ménagère ? cf. Plaute, v. App. *ad l. Asin.*, 425 (*iussus*) *columnis deici operas araneorum.* L'exclamation prêtée à Lucilius est dans la tradition de l'École : « Les raisonnements dialectiques ressemblent, disait Ariston de Chios, aux toiles d'araignée, qui, bien qu'elles paraissent tissues avec un certain art, ne sont bonnes à rien. » D. L. 7, 161. Il s'y prend, d'ailleurs, quantité d'insectes — les *animalia* !

sum principale. Qu*i*d est ergo cur non ipsius Chrysippi exemplo sibi quisque se uindicet et ista tot animalia quo*t* mundus ipse non potest capere derideat?

24 Non sunt, inquit, uirtutes multa animalia, et tamen animalia sunt. Nam quemadmodum aliquis et poeta est et orator, et tamen unus, sic uirtutes istae animalia sunt, sed multa non sunt. Idem est animus et animus et iustus et prudens et fortis, *ad* singula*s* uirtutes quodammodo se habens. » **25** Sublata <controuersia>, conuenit nobis. Nam et ego interim fateor animum animal esse, postea uisurus quam de ista re sententiam feram : actiones eius animalia esse nego. Alioqui et omnia uerba erunt animalia et omnes uersus. Nam si prudens sermo bonum est, bonum autem omne animal est, *sermo animal est.* Prudens uersus bonum est, bonum autem omne animal est ; uersus ergo animal est. Ita

Arma uirumque cano

animal est, quod non possunt rotundum dicere cum sex pedes habeat.

26 « Textorium, inquis, totum mehercules ! istud quod cum maxime agitur. » Dissilio risu cum mihi propono soloecismum animal esse et barbarismum et

arma-cano VERG. *Aen.* 1, 1.

quisque *B* : quisquis *Q* || tot : *ex* tota *B* tota *Q* || quot *q dett.* : quod *BQ*.
24 istae *Q* : -te *B* || est animus et animus et *BQ Hense* : est animus et animus *Buecheler* est animus et *uulg.* et unus est animus et *Beltrami* || ad singulas *Pincia ex suo « famil. cod. », Muret* : at singulae *BQ* || se habens *B Pincia ex famil. eodem, Muret* : se habent *Q*.
25 sublata controuersia *C. Brakman coll. De Ben.* 3, 7, 7 [*cf.* C *pro* controuersia *teste Cappelli in epig. Xiana et uocem seq.* con(uenit)] : sublata *BQ* sublata est quaestio *q Erasme*[2] *uulg.* s. contentio est *Gertz* s. lis est *Bartsch* s. lite *Hermes* s. lis est, ita *Buecheler* || sermo animal est *suppl. Hense* : *om. BQq sermo ergo a. e. uulg.* || uersus ergo *B* : uersus autem *Q* || Ita [/Ita *B*] *Schweighaeuser* : Itaque *Q uulg. olim* || rotundum *ex* rut- *B* || possunt *B pr. Q uulg.* : -ssum *m. rec Q.*
26 meherc- *Q uulg.* uehercules *BA* : || syllogismum *uulg.* : -logisimum *Q* synlogismum *B* [*ex* synlong-] *Hense.*

cutons, sourcils contractés, tout renfrognés! Je ne saurais dire ici avec Célius [1] : « Tristes inepties » : elles sont comiques!... Dès lors, que n'entamons-nous plutôt quelque discussion qui nous soit utile et salutaire? que ne cherchons-nous comment il nous est possible d'atteindre à la vertu, quelle route nous y conduit [2]? **27** Apprends-moi, non si le courage est un animal, mais qu'aucun animal n'est heureux sans le courage et s'il ne s'est fortifié contre toutes les misères fortuites; si, avant de recevoir leur assaut, il n'a déjà dompté, par l'entraînement de son âme, toutes les disgrâces. Qu'est-ce que le courage? Le rempart de l'humaine faiblesse, rempart inexpugnable qui permet à celui qui a pu s'en couvrir de tenir, sans alarme, jusqu'au bout, dans une vie toujours battue en brèche; c'est qu'alors il met en service ses propres forces, ses propres engins de guerre. **28** Je veux te rapporter ici une maxime de notre Posidonius : « Ne t'imagine pas que les armes de la Fortune soient jamais pour toi une protection. C'est avec les tiennes qu'il te faut combattre. La fortune ne fournit pas d'armes contre elle-même, ce qui fait que muni contre les ennemis, on est contre elle sans défense ».

29 Alexandre portait chez les Perses, chez les Hyrcaniens, chez les Indiens — chez toutes les races dont le Levant étale la succession jusqu'à l'Océan, — la dévastation, la déroute. Mais lui-même, après le meurtre d'un ami, après la perte d'un autre ami [3], s'ensevelissait dans les ténèbres, déplorant tantôt son crime, tantôt son affection brisée; et le vainqueur de tant de rois et de tant de nations succombait à la colère et au chagrin. C'est qu'il avait travaillé à se rendre maître de l'univers, non de ses passions. **30** Oh! dans quel réseau d'illusions sont pris les hommes qui veulent porter leur domination par delà les

1. Célius semble être l'homme d'esprit, ami de Cicéron.

2. On trouve cette idée chez François de Sales (*L'esprit de St Fr. de Sales* d'après Mgr Camus, éd. Taffin-Lefort, Lille 1899, p. 45) : « La charité est la voie pour aller à elle-même. » *Quae — uia adducat* : cf. 89, 8 *studium uirtutis* (*philosophia est*), *sed per ipsam uirtutem*; *nec uirtutis studium* (*esse potest*) *sine ipsa*; *ad uirtutem uenitur per ipsam.* Tel est le chemin, *uia* 113, 26; *iter* 89, 8.

3. « L'ami », Clitus; « l'autre ami », Héphestion.

syllogismum et aptas illis facies tamquam pictor adsigno. Haec disputamus attractis superciliis, fronte rugosa? Non possum hoc loco dicere illud Caelianum : « o tristes ineptias! ». Ridiculae sunt. Quin itaque potius aliquid utile nobis ac salutare tractamus et quaerimus quomodo ad uirtutes peruenire possimus, quae nos ad illas uia adducat? **27** Doce me non an fortitudo animal sit, sed nullum animal felix esse sine fortitudine, nisi contra fortuita conualuit et omnis casus, antequam exciperet, meditando praedomuit. Quid est fortitudo? Munimentum humanae imbecillitatis inexpugnabile, quod qui circumdedit sibi securus in hac uitae obsidione perdurat; utitur enim suis uiribus, suis telis. **28** Hoc loco tibi Posidonii nostri referre sententiam uolo : « Non est quod umquam fortunae armis putes esse te tutum : tuis pugna. Contra ipsam fortuna non armat; itaque contra hostes instructi, contra ipsam inermes sunt. » **29** Alexander Persas quidem et Hyrcanos et Indos et quicquid gentium usque in oceanum extendit oriens uastabat fugabatque, sed ipse modo occiso amico, modo amisso iacebat in tenebris, alias scelus, alias desiderium suum maerens, uictor tot regum atque populorum irae tristitiaeque succumbens; id enim egerat ut omnia potius haberet in potestate quam adfectus. **30** O quam magnis homines tenentur erroribus qui ius domi-

aptas *Q Muret Pincia* : -tans [*m. corr. ex* -tas] *B Érasme*[1-2] || facies *B* : *ex* ci/as *Q* || attractis *B* : et tractis *Q* || illud *B* : *ex* illi *m. tec. in Q* || caelianum [/cael- *B*] *codd.* [*i. e. M. Caelii Rufi oratoris, de quo Cic. Br.* 273, 297, *cuius sunt ad Cic. epp. XVII, ad quem Ciceronis epp. IX*] *Buecheler Hense* : caecilianum [*i. e. C. Caecilii Statii poetae*] *corr. uulg. malit Warmington in Rem. of old lat.* I, p. 561, n. 276 || peruenire *B* : uenire *B* || uia *uulg.* uias *BQ*.

27 non *BQ* [on *primo expunctum in B, deinde puncta deleta*] || casus *dett. uulg.* : causas *BQ* || praedomuit *BQ* : perd- *Windhaus* || obsidione *B* : *ex* -nem *Q*.

28 te tutum : *ex* te totum *B* secutum *Q* [*obuersante gloss.* securum *? cf.* securus *supra*] || fortuna *B* : *ex* -nam *Q* || armat *B pr. Q*.

29 amico *B* : animo *Q*: irae *Q* i : *ex* ira et *B*.

30 qui ius *m. rec. in B Mentel. Érasme*[2] : quibus *pr. BQ* || si multas *Qq dett. uulg.* : simu/latas *B*.

mers et se croient au comble de la félicité quand ils occupent, par la soldatesque [1], force provinces; quand ils en grossissent encore le nombre par de nouvelles usurpations; ne sachant où consiste cette souveraineté grandiose qui nous égale aux Dieux : l'empire sur soi-même est le plus grand de tous les empires [2]. **31** Enseigne-moi, d'autre part, la sainteté de la justice, qui n'a en vue que le bien d'autrui, qui n'exige de soi que la mise en pratique d'elle-même. Qu'elle n'ait rien à voir avec l'ambition et l' « opinion ». Qu'elle se plaise à elle-même. Avant tout que chacun se dise avec foi : « Je dois être juste sans intérêt. » Ce n'est pas assez; encore une vérité que chacun doit se dire : il faut que ma joie soit d'aller plus loin pour une vertu si belle, voire jusqu'au sacrifice de ma personne; que mon intérêt particulier soit loin, bien loin de chacune de mes pensées. » Tu n'as pas à t'occuper de ce que rapporte un acte de justice [3] : une action injuste rapporte davantage! **32** J'insiste, pénètre-toi de ce principe que j'énonçais tout à l'heure : le nombre de ceux qui te savent équitable n'importe pas. Qui veut que sa vertu soit connue du public travaille non pour la vertu, mais pour la gloire. Tu refuses d'être juste sans gloire? Mais, par Hercule! plus d'une fois tu devras l'être au prix de ton renom. Et alors, si tu es sage, ce discrédit noblement encouru aurait bien sa douceur.

1. « par la soldatesque » : nous savons l'aversion de S. pour toute guerre. V. 95, 30 sq.; 94, 61.

2. L'empire sur soi est le plus grand empire : cf. *V. T. Prov.* 16, 32 *melior est patiens uiro forti*; *et qui dominatur animo suo, expugnatore urbium* (note de Baillard), *Par-dis regnum*, souligne S. avec une piété non feinte. Cette pensée le hantait alors v. *N. q.* 3, *pr.* 10 *Innumerabiles — qui populos, qui urbes habuerint in potestate, paucissimi qui se*; *ep.* 90, 34 fin. Néron hélas! projettera une expédition vers les portes Caspiennes avec une armée digne d'Alexandre (Suét. *Ner.*, 19).

3. *Non est quod spectes quod sit iustae rei praemium* : cette vertu est à elle-même sa récompense (Cic. *De Leg.* I, 48). Cf. supra *me iustum esse oportet*; ... *iuuet*; *De Ira* 3, 41, 1 *conscientiae satisfiat.*

nandi trans maria cupiunt permittere felicissimosque se iudicant si multas [pro] milite prouincias obtinent et nouas ueteribus adiungunt ignari quod sit illud ingens parque *d*is regnum : imperare sibi maximum imperium est. **31** Doce *autem* me quam sacra res sit iustitia alienum bonum spectans, nihil ex se petens nisi usum sui. Nihil sit illi cum ambitione famaque : sibi placeat. Hoc ante omnia sibi quisque persuade*a*t : me iustum esse gratis oportet. Parum est. Adhuc illud persuadeat sibi : me in hanc pulcherrimam uirtutem ultro etiam impendere iuuet; tota cogitatio a priuatis commodis quam longissime auersa sit. Non est quod spectes quod sit iustae rei praemium : maius iniustae est. **32** Illud adhuc tibi adfige quod paulo ante dicebam : nihil ad rem pertinere quam multi aequitatem tuam nouerint. Qui uirtutem suam publicari uult, non uirtuti laborat sed gloriae. Non uis esse iustus sine gloria? at mehercules saepe iustus esse debebis cum infamia, et, tunc, si sapis, mala opinio bene parta delectet. VALE.

[pro] milite *Buecheler* : pro milite *BQ Haase dub., Baehrens* [*obscurius*] : per milites *q uulg.* per militem *Windhaus* || ingens *B* : *ex* ingnens *Q* || parque dis *cod. Lipsii, dett.* [*uel* diis] *Gronov cf. mg. Érasme*[2] parque coelis [*quod ipsum fort. sanum erat dans ansam compendio* celis = ctis*? unde* dis] : parqueris *B* [R *fuerat pro* D *an* r(equire) *supra steterat in archet ?*] p(ar) *uel* p(er) quiris [*ex* -queris] *m. rec. Q* || imperare *B* : *ex* -rat *Q*.

31 doce autem me *Beltrami dubitanter* : doceat me *B uulg. olim Hense* [*sc.* imperare sibi] *subobscurum* doce me *Haase* || spectans *B* : expectans *Q* || famaque *B* : fanaque *pr. Q* || persuadeat *dett. q uulg. Hense* : -det *BQ* deto *Buecheler* || me *Q etiam B* || iuuet *B* : iubent *Q* || a *B* : *om. Q* || iniustae *B Haase iam Fickert dub.* : iniusta *Q* in iusto *Érasme*[1-2] *Madvig superuacuo* in ipsa *aliter Fickert.*

32 iustus *Qq dett. uulg.* : intus *B fort. ex* i'tus *prioris* us *syllabae compendio* || at mehercules *B* [adme —] : admeherculem *pr. Q* [at mehercule *m. rec.*].

LETTRE 114*

1 Par quelle raison, dis-tu, un genre corrompu d'éloquence [1] s'est-il produit à certaines époques ? Et comment une vicieuse tendance des esprits a-t-elle mis en vogue tantôt la boursouflure dans le développement, tantôt les brisures, sur le modèle d'un chant de théâtre ? Pourquoi s'est-on épris, à tel moment, de pensées dont l'élan grandiose passait la vraisemblance, à tel autre de sentences coupées net donnant à réfléchir et suggérant plus qu'elles n'expriment ? Pourquoi s'est-il vu un temps où le droit de métaphore s'exerce sans retenue ? La raison, tu l'entends de toutes parts alléguer ; elle est dans ce mot passé chez les Grecs en proverbe : telles les mœurs de l'homme, tel son style. **2** Or de même qu'il y a ressemblance entre les actes et le langage individuels, de même il arrive que le langage d'une époque représente ses mœurs quand la société a perdu de sa tenue morale, s'est plongée dans le plaisir. C'est un indice de la dissolution générale que l'afféterie du discours, pour peu qu'elle se rencontre en plus d'un ou deux cas, qu'elle soit agréée généralement et reçue. **3** Il est impossible que l'esprit ne réfléchisse pas la couleur de l'âme. Est-elle bien portante, réglée, sérieuse, tempérante, l'esprit pareillement est dispos et mesuré. Le vice qui gâte l'un ne laisse pas d'être contagieux pour l'autre. Ne vois-tu pas, si l'âme est en langueur, que l'on traîne ses membres, qu'on meut les jambes paresseusement ? Si l'âme est efféminée, la démarche aussi du corps manifeste de la mollesse. Si l'âme est vive, fougueuse, le pas prend de l'accélération. Si elle est en démence, ou, ce qui y ressemble bien, si elle est en colère, les mouvements du corps se désordonnent ; il n'avance pas, il est emporté. Combien, à ton sens, ces effets ne sont-ils pas plus

* *Sommaire.* — Lucilius veut savoir pourquoi le style se corrompt à certaines époques. C'est que le style est en rapport avec les mœurs ;

1. Corruption de l'éloquence : Summers cite opportunément à ce propos Quint. 8, 3, 56 et au sujet de S. écrivain le même Quint. 10, 1, 129. — *Cantici* : cf. § 15 et Tac. *Dial.* 26, v. sur la *corrupta oratio*

SENECA LVCILIO SVO SALVTEM **114**

1 Quare quibusdam temporibus prouenerit corrupti generis oratio quaeris, et quomodo in quaedam uitia inclinatio ingeniorum facta sit, ut aliquando inflata explicatio uigeret, aliquando infracta et in morem cantici ducta? quare alias sensus audaces et fidem egressi placuerint, alias abruptae sententiae et suspiciosae in quibus plus intellegendum esset quam audiendum? quare aliqua aetas fuerit quae translationis iure uteretur inuerecunde? Hoc quod audire uulgo soles, quod apud Graecos in prouerbium cessit : talis hominibus fuit oratio qualis uita. **2** Quemadmodum autem uniuscuiusque actio dicen*t*i similis est, sic genus dicendi aliquando imitatur publicos mores s*i* disciplina ciuitatis laborauit et se in delicias dedit. Argumentum est luxuriae publicae orationis lasciuia, si modo non in uno aut in altero fuit, sed adprobata est et recepta. **3** Non potest alius esse ingenio, alius animo color. Si ille sanus est, si compositus, grauis, temperans, ingenium quoque siccum ac sobrium est : illo uitiato hoc quoque adflatur. Non uides, si animus elanguit, trahi membra et pigre moueri pedes? si ille effeminatus est, in ipso incessu apparere mollitiam? si ille acer est et ferox, concitari gradum? si furit aut, quod furori simile est, irascitur, turbatum esse corporis motum nec ire, sed ferri? Quanto hoc magis accidere ingenio putas,

Ep. 114. **1** ut *B* : *ex* ut et *Q* || inflata *B* : et inflata *Q*.
2 dicenti *q dett. uulg.* : -ndi *BQ* || sic *B* : si *Q* || si *det.* : sic *BQ* || laborauit *BQ* : labauit *uel* (disciplina ciuitas) laborat *prop. Stangl superuacuo*.
3 sanus est *B* : sanus *Q* || Non uides *Q* : *ex* Nouides *B m. correctoris* || trahi *B* : -hit *Q* || furit *Q* : *ex* fuerit *B m. corr.* || quod furori *B* : furori *Q*.

considérables dans l'esprit, que pénètre tout entier l'âme! Elle le façonne, il lui obéit, il prend d'elle sa loi.

4 On connaît trop, pour qu'il soit besoin à cette heure de la raconter, la façon de vivre de Mécène, son allure à la promenade, ses raffinements, son désir de se faire voir [1], sa répugnance à tenir cachés ses vices. Eh! bien, son langage n'accuse-t-il pas autant de relâchement que sa tunique sans ceinture [2]? Les expressions n'ont-elles pas le même voyant que sa tenue, sa suite, sa maison, sa femme? C'était un homme d'un beau génie s'il lui eût donné plus saine direction, s'il n'avait fui le risque d'être entendu, étalé, même en écrivant, son laisser aller total. Aussi, vois son style — celui d'un homme ivre! — embrouillé, divagant, plein de licence. **5** Quoi de plus pitoyable que « cette rivière dont la berge est coiffée de forêts »! Vois comme « ils labourent de leurs barques son lit et, retournant son onde, font s'y réfléchir les jardins. » Mais que penser du galant « qui se crispe le visage de clins d'yeux à sa maîtresse, la pigeonne de baisers et commence avec des soupirs, tels les rois de la forêt qui, le col harassé, exercent leur frénésie »! « L'irrémédiable faction est à l'affût des mets et de la bouteille, hante nos demeures et passe sa mort à espérer. » Un Génie, témoin falot de sa propre fête. Un cierge montrant la corde. Ce gâteau de sel craquetant.

il porte l'empreinte du relâchement moral (1-3). C'est vrai pour les individus comme le prouve l'exemple de Mécène. [Sénèque s'élève une fois de plus (cf. L. 19, 9) contre la mollesse de Mécène et les vices de son style (4-8).] C'est vrai aussi pour les générations : quand le luxe a gâté les mœurs on cherche dans l'expression la nouveauté à tout prix (9-12). Sénèque passe en revue toutes sortes de défauts de style : affectation d'archaïsme ou de la trivialité; style haché, heurté

Wilamowitz-Moellendorf *Letture greche* (Zuretti) II, p. 358 n. col. 2 Néron orateur et la *corrupta eloquentia*. — *Suspiciosae* : v. la définition de ce mot 59, 5 en la définition même du style de Lucilius (cf. Summers, p. 341).

1. « Se faire voir » : le vice est ostentatoire : cf. 94, 70 et 71; t. IV, p. 86, n. 2; p. 87, n. 1. V. aussi §21 s. f.

2. « Sans ceinture »; cf. 92, 35 fin *ingenium et grande et uirile nisi illud secundis discinxisset*; 19, 9 *Ingeniosus ille uir fuit, magnum exemplum Romanae eloquentiae daturus, nisi illum eneruasset felicitas, immo castrasset* : l'épithèthe *discinctus* prise au figuré en vient à signifier « amolli, sans ressort moral ». Elle apparaît ailleurs, par ex. §6, au sens propre « ceinture ou baudrier défait ».

quod totum animo permixtum est? ab illo fingitur, illi paret, inde legem petit. **4** Quomodo Maecenas uixerit notius est quam ut narrari nunc debeat quomodo ambulauerit, quam delicatus fuerit, quam cupierit uideri, quam uitia sua latere noluerit. Quid ergo? non oratio eius aeque soluta est quam ipse discinctus? non tam insignita illius uerba sunt quam cultus, quam comitatus, quam domus, quam uxor? Magni uir ingenii fuerat si illud egisset uia rectiore, si non uitasset intellegi, si non etiam in oratione difflueret. Videbis itaque eloquentiam ebrii hominis inuolutam et errantem et licentiae plenam. [Maecenas de cultu su*o*]. **5** Quid turpius « amne siluisque ripa comantibus? » Vide ut « alueum lintribus arent uersoque uad*o* remittant hortos ». Quid? si quis « feminae cinno crispat et labris columbatur incipitque suspirans ut ceruice lassa fanantur nemoris tyranni. » « Inremediabilis factio rimantur epulis lagonaque temptant domos et spe mortem exigunt. » « Genium festo uix suo testem. Tenuisue cerei fila et crepacem molam. Focum mater aut uxor

amne — inuestiunt MAECEN. *fr.* 11 *Lunderstedt*

4 ambulauerit *B* : -runt *Q* || uideri *Q* : *ex* -re *B* || uir : *ex* uiri *Q uiri B* || si *B* : *ex* sed *Q* || egisset *Q* : *ex* egesset *B* || uitasset *B* : uita esset *Q* || ebrii *Q* : *ex* ebri *B m. antiqua* || Maecenas de cultu suo *secl. Grüter, Lunderstedt* et plerique.

5 lintribus *Q* : lyntr- *B* || uado *dett.* : *ex* uade *Q m. rec.* uada *B* || remittant *Q* : *ex* -ttunt *B ead. m.* || cinno *BQq Schweighaeuser cf. Lunderstedt op. cit.* p. 76 : cincinno *dett.* cincinnos *Haase* cirro *uulg. olim* || crispat *B* : -pa *Q* || columbatur *BQ uulg.* : *in B supra* atur *script.* r. *m. corr. atramento pallidiore i. e.* require*? an ut legatur* colubratur [ἅπαξ εἰρημένον *item*] *cf. Plin. N. H.* 10, 169*?* || ceruice lassa *B Érasme*[2] : -cem lasse *Q* -ce laxa *dett. Muret cf. Pers. Sat.* 1, 98 || fanantur *B Mentel. Schweighaeuser* : san- *Q Auen. Érasme*[1-2] || lagonaque *B* : -naquae *B m. rec.* lagenaque *m. rec. Q ex* lagon. || festo *pr. B* : -tum *Q in B supra* festo *esti m. tec. fort. ut legatur* festi || aut uxor *B* : et uxor *Q* [et *aut* uel *aut* ue *optauit Harder Ueber die fr. des Maec. fr.* 8].

Un foyer qu'enrobent la mère ou la femme. » **6** En lisant de pareilles choses, ne songeras-tu pas aussitôt : voilà celui qui toujours s'avançait dans Rome en tuniques dénouées (oui, même alors qu'il suppléait César absent, il donnait, ainsi débraillé, le mot d'ordre) ; voilà celui qui au tribunal, aux Rostres, en toute réunion officielle ne paraissait que la tête enveloppée d'un manteau d'où ressortait une paire d'oreilles, tels exactement qu'on voit, dans le mime, les esclaves fugitifs du richard [1]. Voilà celui qui au moment où grondaient le plus les guerres civiles, quand Rome anxieuse était sous les armes, se faisait escorter officiellement de deux eunuques, malgré tout plus hommes que lui ; voilà celui qui n'ayant jamais eu qu'une femme l'a épousée un nombre infini de fois [2] ? **7** Ces constructions si aventurées, jetées si négligemment, ces termes ordonnés au mépris absolu de l'usage montrent bien qu'en lui les mœurs n'eurent pas moins d'étrangeté, de dépravation provocante. Un très grand mérite qu'on lui accorde est celui de la clémence : il ménagea le glaive, il s'abstint de verser le sang [3] et toute licence fut la seule marque visible de ce qu'il pouvait. Ce mérite même qui lui revient, par les mignardises de son style monstrueux il l'a détruit. Elles révèlent en effet un caractère non pas doux, mais mou.

ou musical ; disjonction de mots outrée ; multiplication des clausules cicéroniennes, des pensées puériles ou cyniques ; goût du « fleuri » qui charme ou de la sonorité creuse (13-16) : tous effets littéraires de quelque écrivain en renom, comme Salluste. La mode régna, un jour, de l'imiter. Elle n'est pas l'indice d'un mal moral généralisé (17-19). Effet certain, au contraire, de l'immoralité individuelle sur le style de l'individu, chez un Mécène par exemple (20-21). Le langage comme tout l'extérieur de l'être humain traduit l'état de l'âme (22). On corrigera le style en remettant de l'ordre dans l'âme (23-25). On ne s'ingéniera pas à multiplier les jouissances, si l'on songe souvent à la brièveté de la vie (26 sq.). — Aux échantillons du langage de Mécène (§ 5) s'ajoutent ceux qui sont chez S. (92, 35 ; 101, 11) ou chez Quint. (9. 4. 28).

1. « Du richard » : le *diues* n'était guère absent des mimes (Cic. *Phil.* 2, 65, Juv. 13, 110), remarque finement Summers.
2. Traduction de Simon Goulard. Cf. *De Prou.* 3, 10, *amoribus anxio et morosae uxoris cotidiana repudia deflenti.* V. Suét. *Aug.* 66,D. C. 54, 3.
3. « Il s'abstint de verser le sang » : tel Caton le jeune.

inuestiunt. » **6** Non statim, cum haec legeris, hoc tibi occurret, hunc esse qui solutis tunicis in urbe semper incesserit? — nam etiam cum absentis Caesaris partibus fungeretur, signum a discincto petebatur —, hunc esse qui <in> tribunali, in rostris, in omni publico coetu sic apparuerit ut pallio uelaretur caput exclusis utrimque auribus, non aliter quam in mimo diuit*i*s fugitïui solent? hunc esse cui tunc maxime ciuilibus bellis strepentibus et sollicita urbe et armata comitatus hic fuerit in publico, spadones duo, magis tamen uiri quam ipse? hunc esse qui uxorem milliens duxit cum unam habuerit? **7** Haec uerba tam improbe structa, tam neglegenter abiecta, tam contra consuetudinem omnium posita ostendunt mores quoque non minus nouos et prauos et singulares fuisse. Maxima laus illi tribuitur mansuetudinis : pepercit gladio, sanguine abstinuit nec ulla alia re quid posset quam licentia ostendit. Hanc ipsam laudem suam corrupit istis orationis portentosissimae deliciis; apparet enim mollem fuisse, non mitem.

6 legeris *B* : -gens *Q* || in tribunali *q dett. uulg.* : tribunali *BQ* || diuitis *Lipse* [*sc.* (*serui*) a diuite domino (*fugitui*)] *cf. Com. rom. fr.* p. 383 *Ribb.*[2] : -tes *BQ* -te *Lipse aliter sed dubitanter, Ruhkopf ad mimi titulum spectantes, sed, nimirum uox* solent *uix eo spectare sinit* prodeuntes *Beltrami*[1] *non apte ad codd.* || milliens *pr. Q cf.* 95, 73 : mili- *B sed u. infra* § 26 || duxit *codd.* : -xerit *Windhaus.*

7 tam[2] *B supra u. Q* || portentosissimae *B* -me *pr. Q.* -tentecosissime *m. rec. Q* || deliciis *B* : dil- *pr. Q* || mollem *B* : *ex* malle *ead. fort. m. Q.*

8 Voilà ce que ces phrases entortillées, ces mots qui arrivent sans crier gare, ces pensées que souvent je puis bien trouver grandes, mais que l'expression énerve, rendront sensible à tout lecteur : l'excès de prospérité [1] lui avait porté à la tête, vertige qui est tantôt d'un homme, tantôt du siècle.

9 Lorsque la prospérité a propagé au large la mollesse, la mise de la personne d'abord en devient davantage minutieuse. Ensuite on s'inquiète du mobilier. Ensuite c'est à l'habitation même que vont tous les soins. On veut qu'elle s'étende aux dimensions d'une campagne [2] ; on veut que ses murailles resplendissent de marbres importés d'outre-mer ; on veut des toitures nuancées d'or ; on veut qu'il y ait correspondance entre l'état du parquet et celui des lambris. De là le luxe passe aux choses de la table. Sur ce point on tâche à se distinguer par l'étrangeté, et par un renversement complet de l'ordre habituel : de la sorte, ce qui d'ordinaire termine le souper sera présenté au début ; ce qui se donnait aux convives entrants se donnera au départ [3]. **10** Lorsque l'âme a pris le pli de rebuter ce qui existe par tradition et de tenir pour des pauvretés les pratiques de l'usage, elle en vient à chercher l'étrangeté dans le langage. Tantôt ce sont des termes antiques et surannés qu'elle fait revivre et met en honneur ; tantôt même elle crée des néologismes ou des acceptions nouvelles ; tantôt, — mode répandue depuis peu, — on regarde comme une élégance l'audace et l'accumulation des métaphores [4]. **11** Certains écourtent leur phrase et comptent

1. « L'excès de prospérité » dont l'effet triste est noté plus d'une fois par S. pensant à Mécène — et à Néron ? Cf. 36, 1 *Felicitas — mouet cerebrum non in uno genere... : alios inflat, alios mollit.*

2. « Dimensions d'une campagne ». La Maison dorée du César faisait penser à une ville et à une campagne.

3. « Au départ » : ce renversement des services, au souper, une μετακόσμησις d'où proviendront des maladies étranges [Plut. *Mor.* 75e] et la surprise de Martial 13, 15 devant laitue pour entrée (Muret). — § 10 « néologismes », cf. Cic. *De Or.* 154 *uersutiloquus.*

4. Celles de Lucilius, sans offrir rien de trop hardi, ont couru bravement leur chance 59, 6.

8 Hoc istae ambages compositionis, hoc uerba transuersa, hoc sensus mihi magni quidem saepe, sed eneruati dum exeunt, cuiuis manifestum facient : motum illi felicitate nimia caput. Quod uitium hominis esse interdum, interdum temporis solet.

9 Vbi luxuriam late felicitas fudit, cu*l*tus primum corporum esse diligentior inc*ipit*; deinde supellectili laboratur; deinde in ipsas domos inpenditur cura ut in laxitatem ruris excurrant, ut parietes aduectis trans maria marmoribus fulgeant, ut tecta uarientur auro, ut lacunaribus pauimentorum respondeat nitor. Deinde ad cenas lautitia transfertur et illic commendatio ex nouitate et soliti ordinis commutatione captatur ut ea quae includere solent cenam prima ponantur, ut quae aduenientibus dabantur exeuntibus dentur. **10** Cum adsueuit animus fastidire quae ex more sunt et illi pro sordidis solita sunt, etiam in oratione quod nouum est quaerit et modo antiqua uerba atque exsoleta reuocat ac profert, modo fingit et ignota ac deflectit, modo, id quod nuper increbruit, pro cultu habetur audax translatio ac frequens. **11** Sunt qui sensus praecidant et hoc

8 istae *B* : -te *Q* || mihi *BQ Érasme* [*u. simil. datiu.* 75, 1 tibi, 101, 9 cui, 114, 13 illis, 118, 6 ei, 118, 7 uulgo] : *om. Muret uulg.* miri *Buecheler* inibi *Beltrami*[1] *uterque, ut mihi uid, et durius et superuacuo* || cuiuis *B* : cui uix *Q* || caput *Q* : *ex* cupit *B* || interdum *bis B semel Q.*

9 cultus *Muret* : luxus *BQq dett.* [*fuerit olim in quopiam exemplari* luctus *pro* cultus *et uocem illam absurdam, obuersante supra « luxuria », aliquis in luxus immutauerit* || incipit *ex* incepti *m. rec. B* : incepit *indidem m. rec. Q* || domos *B* : -mus *pr. Q* || inpenditur *B* : inped- *pr. Q* || ruris *Q* : *ex* puris *B per* R *corr.* urbis *Cornelissen coll. De Ben.* 7, 10, 5 [*uide quid Tac. et Suet. de domo aurea rettulerint quod cum* ruris *uoce occurrente facit, cum* urbis *faceret si occurreret* || excurrant *ex* -rrent *BQ* || parietes *ex* -iet/tes *B m. corr.* || nitor *ex* -tos *Q* || ea quae aeque *Q.*

10 fastidire *Q* : *ex* -dere *B* || illi *B* : illis *Q* || exsoleta *dett.* [exol-] : exsolita *Q* exolita *B* || et ignota *codd.* : ignota *Schweighaeuser Castiglioni* || increbruit *B* : -buit *Q.*

11 praecidant *B* : -dicant *Q* || et hoc *BQq Érasme*[1-2] *Hense*[2] *coll.* 117, 6 : et hinc *Pincia « uet. lectio » uulg.* ex hoc *Madvig Hense*[1].

qu'on leur saura gré, si le sens en reste indécis pour ne se laisser qu'entrevoir de l'auditeur. Certains la font durer et l'étendent complaisamment. Certains ne vont pas jusqu'à la faute de goût, écueil inévitable à qui vise au grand, mais ils ont pour le mauvais goût des tendresses. Et ainsi partout où l'on verra accréditée une langue corrompue, il n'y aura pas à douter d'une déviation survenue dans les mœurs. De même que le somptueux raffinement des festins, de même que celui des habits sont l'indice d'une société malade, la licence du langage, si du moins elle se généralise, atteste que dans les âmes, d'où procède le verbe, affaissement tout pareil s'est produit. **12** Tu n'as pas, naturellement, à t'étonner que la corruption du goût trouve de l'accueil non seulement dans un auditoire à mise grossière, mais dans le ramas de nos gens du bel air; car c'est la toge [1], non la qualité du jugement qui différencie, en ces milieux. Étonne-toi plutôt qu'on applaudisse non seulement les productions vicieuses, mais les vices mêmes. Eh! oui, cela s'est vu de tout temps : point de talent qui pour plaire n'ait eu besoin d'indulgence. Cite-moi tel auteur fameux que tu voudras : je te dirai ce que sa génération lui a passé, ce qu'elle a, sciemment, chez lui dissimulé. Je t'en citerai un bon nombre à qui leurs défauts n'ont pas fait tort, d'aucuns à qui ils ont servi. Je te citerai, oui, des écrivains de la plus haute renommée, proposés comme de merveilleux modèles, dont, après censure, rien ne subsiste : défauts et qualités y sont charpentés [2] ensemble de telle sorte que le mauvais emporterait avec lui le reste.

13 Ajoute que les questions de style ne comportent pas une règle absolue : la mode, dont l'idéal est toujours instable, la fait changer. Beaucoup empruntent leur vocabulaire à une autre époque; ils parlent l'idiome des

1. « La toge ... différencie, en ces milieux »; la sévérité de S. pour les gens du commun (*uulgus, populus*) porte sur toute la société, sans distinction de classes.

2. « Charpentés... » *immissa*, terme du bâtiment, s'applique aux poutres engagées dans le mur, aux entraits etc. et s'oppose à *proiecta*, les parties de l'édifice jetées en avant comme les balcons. La correction *immixta* (cf. *V. beata*, 7, 2 *si uirtuti se uoluptas immiscuisset*), si séduisante, est à écarter. V. le style comparé à un édifice *ep*. 100, 6, cf. Tac. *Dial*. 22.

gratiam sperent si sententia pependerit et audienti suspicionem sui fecerit ; sunt qui illos detineant et porrigant ; sunt qui non usque ad uitium accedant — necesse est enim hoc facere aliquid grande temptanti — sed qui ipsum uitium ament. Itaque ubicumque uideris orationem corruptam placere, ibi mores quoque a recto desciuisse non erit dubium. Quomodo conuiuiorum luxuria, quomodo uestium aegrae ciuitatis indicia sunt, sic orationis licentia, si modo frequens est, ostendit animos quoque a quibus uerba exeunt, procidisse. **12** Mirari quidem non debes corrupta excipi non tantum a corona sordidiore sed ab hac quoque turba cultiore ; togis enim inter se isti, non iudiciis distant. Hoc magis mirari potes quod non tantum uitiosa sed uitia laudentur. Nam illud semper factum est : nullum sine uenia placuit ingenium. Da mihi quemcumque uis magni nominis uirum : dicam quid illi aetas sua ignouerit, quid in illo sciens dissimulauerit. Multos tibi dabo quibus uitia non nocuerint, quosdam quibus profuerint. Dabo, inquam, maximae famae et inter admiranda propositos, quos si quis corrigit, delet ; sic enim uitia uirtutibus inmissa sunt ut illas secum tractura sint.

13 Adice nunc quod oratio certam regulam non habet : consuetudo illam ciuitatis, quae numquam in eodem diu stetit, uersat. Multi ex alieno saeculo petunt uerba, duodecim tabulas locuntur. Gracchus illis et Crassus et Curio nimis culti et recentes sunt, ad

pependerit *B* : -derint *Q* || illos *Qq dett. Érasme*[2] *uulg.* : illo *B* || detineant [*ex* detineat] *B m. corr.* : quodetineant *Q* plus aequo d. *Beltrami dubitanter* || temptanti *B* : -ndi *Q* || ibi *B* : ubi *Q* || desciuisse *B* : desiu- *Q*.

12 a corona *Q dett. q. uulg.*: corona *B* || quoque turba *B Schweighaeuser* : turba quoque *Q uulg. olim* || iudiciis *B* : -cii *pr. Q* || potes *B* : -test *Q* || uenia *Q* : uenta *B* || uirum *Q* : utrum *B* || illi *B* : illis *Q* || sua *B* : sui *pr. Q* || sciens *Q* : *ex* scies *B* || nocuerint *B* : -runt *per compend. Q* || inmissa *BQ Hense* : inmixta *q dett. uulg. olim Axelson*[3] 154.

13 petunt *B* : *ex* petit *Q* || nimis *B* : minus [*ex* nimis] *m. rec. Q* || gracchus *ex* grechus/*B design. pag.*

Douze Tables. Gracchus, Crassus, Curion leur paraissent trop polis, trop modernes ; Appius. Coruncanius [1], voilà jusqu'où ils remontent. Quelques-uns, au contraire, pour ne rien vouloir que de rebattu et d'usagé, tombent dans le trivial. **14** Ces deux excès opposés marquent la corruption du goût autant, ma foi ! que la manie de n'employer que des termes pompeux, éclatants et poétiques en évitant les mots indispensables, établis dans l'usage. Des deux côtés, dirai-je, on est fautif : ici trop de toilette ; là trop de négligence ; l'un s'épile jusqu'aux jambes, l'autre ne s'épile même pas l'aisselle [2].

15 Passons à la composition de la phrase. Que de variétés je te ferai voir en la façon d'offenser le goût ! Tantôt on la veut hachée, heurtée ; de propos délibéré on la bouscule quant elle s'écoulait paisiblement ; ils veulent en tout joint un ressaut ; ils ne jugent viril et fort qu'un assemblage raboteux, secouant l'oreille. Tantôt ce n'est plus une phrase, c'est un air de musique, tant le rythme y est caressant, tant elle est filée avec douceur. **16**. Que dire de cette autre, avec décalage de mots que longtemps attendus nous récupérons tout juste à la clausule ? Et cette autre, période lente à se dénouer comme celles de Cicéron, qui suivent leur pente, vous tiennent mollement suspendus [3] et par la même formule habituelle reproduisent leur cadence accoutumée. Dans le choix des pensées il y a vice non seulement si elles sont mesquines ou puériles, ou trop osées, d'un dévergondage outrancier ; mais encore si elles sont fleuries, doucereuses, si elles aboutissent au vide total et restent sans aucun effet appréciable que celui de leur sonorité.

1. Appius Claudius Caecus consul en 307 et en 296 ; Tib. Coruncanius, juriste remarquable du IIIe siècle et grand pontife. — *Supra* Tib. et C. Gracchus, les grands tribuns de 133 et de 123 ; C. Licinius Crassus (140-91) l'orateur et le maître de Cicéron ; C. Scribonius Curio consul en 76, orateur célèbre.

2. « Même pas l'aisselle ». Souvenirs de l'établissement de bains ? v. 56, 2. Ni le réalisme ni le cynisme n'étaient étrangers à S.

3. « Mollement suspendue » : après *affluxit* § 15, image de la mer cf. 23, 8 *molliter unda detinuit.* — « avec décalage », abus sans doute de la légitime disjonction, qui servait à « souligner » (J. Marouzeau) ;

Appium usque et Coruncan*i*um redeunt. Quidam contra, dum nihil nisi tritum et usitatum uolunt, in sordes incidunt. **14** Vtrumque diuerso genere corruptum est, tam mehercules quam nolle nisi splendidis uti ac sonantibus et poeticis, necessaria atque in usu posita uitare. Tam hunc dicam peccare quam illum : alter se plus iusto colit, alter plus iusto neglegit ; ille et crura, hic n*e* alas quidem uellit.

15 Ad compositionem transeamus. Quo*t* genera tibi in hac dabo quibus peccetur? Quidam praefractam et asperam probant ; disturbant de industria si quid placidius affluxit ; nolunt sine salebra esse iuncturam : uirilem putant et fortem quae aurem inaequalitate percutiat. Quorundam non est compositio, modulatio est : adeo blanditur et molliter labitur. **16** Quid de illa loquar in qua uerba differuntur et diu expectata uix ad clausulas redeunt? Quid illa in exitu lenta, qualis Ciceronis est, deuexa et molliter detinens nec aliter quam solet ad morem suum pedemque respondens? Non tantum in genere sententiarum uitium est si aut pusillae sunt et pueriles aut improbae et plus ausae quam pudore saluo licet, <sed> si floridae sunt et nimis dulces, si in uanum exeunt et sine effectu nihil amplius quam sonant.

Coruncanium : -cantum *B* choriscantium [t *expunct.*] *Q*.

14 nolle nisi *B* : nollent si *Q* || alter[1] *B* : inter *Q* [*fuit* tter *in archet.?*] || plus iusto *bis B Mentel. Schweighaeuser* : plus iusto — iusto plus *Q Beltrami chiasmi gratia* [*sed iteratio uerborum eodem ordine crebra ap. Sen. est*] iusto plus *bis uulg. olim* || ne alas quidem *edd. duce Schweighaeuser* : nec alas quidem *BQ uulg. olim* [*sic crebro* nec *in BQ, in Nazariano De Ben.* 1, 4, etc.] || uellit *B* : uelit *Q*.

15 quot *dett.* : quod *BQ* || disturbant *Q* : -rpant *B* || affluxit *Q Beltrami hoc uerbum aduerbio* placidius *concinere uidens* : effluxit *Bq dett. uulg.* || fortem quae *B* : -mque *Q* || et molliter labitur *B* : *om. Q*.

16 illa *B* : illo *Q* || in qua *B pr. Q* : in quo *Q m. rec.* || quid illa *B* : qui illa *Q* || deuexa *B* : diu- *Q* || ad morem *B* : a morem *pr. Q* ad modum *Vat. Rom.* 2207 *teste Fickert* || suum pedemque *B* : suum pedemque suum *Q* || licet <sed> *Muret* : licet *codd. Érasme Schweighaeuser*.

17 Pour introduire ces défauts, il suffit d'un contemporain faisant autorité en matière de beau langage [1] : les autres imitent et se passent l'exemple. Ainsi, quand florissait Salluste, les pensées tronquées, les chutes brusquées, une obscure concision tenaient lieu d'élégance. L. Arruntius [2], à qui l'on doit une histoire de la guerre punique, — un homme d'une rare austérité de caractère —, tenait pour Salluste! et s'évertuait à prendre sa manière. Il y a chez Salluste : « L'argent lui fit une armée », c'est-à-dire avec de l'argent il leva une armée. Arruntius s'est épris de cette locution et l'a mise à chaque page. Il dit en certain endroit : « Ils firent les nôtres prendre la fuite »[3]. Ailleurs : « Hiéron, roi de Syracuse, fit le conflit surgir ». Ailleurs encore : « Ces nouvelles firent se rendre aux Romains les gens de Panorme. » **18** J'ai voulu te donner quelque échantillon; de ces façons de dire tout l'ouvrage est tissu; clairsemées chez Salluste, elles se multiplient chez Arruntius et y reviennent presque continuellement. Chose bien explicable : l'un les trouvait sur sa route; l'autre, lui, les allait cherchant. **19** Or tu vois ce qui se produit, quand d'un travers on se fait un modèle [4]. Salluste a parlé des « eaux hivernales. » Dans le premier livre de sa guerre punique, Arruntius appuie : « Brusquement le temps fut hivernal. » Ailleurs voulant dire que l'année avait été froide, il y revient : « Toute l'année fut hivernale. » Et plus loin : « De là il fit partir soixante transports légers, outre les hommes de troupe et l'équipage indispensable, sous un vent du nord hivernal. » C'est un mot qu'il s'entête à fourrer partout, Salluste dit quelque part : « Dans les guerres civiles il visa aux renommées du

abus qu'on a relevé ici ou là chez Cicéron, v. *Verr.* 4, 67 *quis — hominum arbitretur?* — « Leur cadence accoutumée » : v. 100, 7 *Lege Ciceronem...*

1. Autorité en matière de beau langage » : cf. Quint. 10, 1, 25 (*hi*) *uitia* magnorum (*consequentur*).

2. L. Arruntius florissait en 31 av. J.-C. : Vell. 2, 86, 2 *prisco grauitate celeberrimus.*

3. « Ils firent les nôtres prendre la fuite » : hellénisme (τροπὴν αὐτῶν ἐποίησαν Summers), que Riemann a relevé chez Tite-Live.

4. « D'un travers on se fait un modèle » : cf. Quint. 1.1 *accidit his ut deteriora imitentur.*

17 Haec uitia unus aliquis inducit sub quo tunc eloquentia est, ceteri imitantur et alter alteri tradunt. Sic Sallustio uigente anputatae sententiae et uerba ante exspectatum cadentia et obscura breuitas fuere pro cultu. L. Arruntius, uir rarae frugalitatis, qui historias belli Punici scripsit, fuit Sallustianus et in illud genus nitens. Est apud Sallustium : « exercitum argento fecit », id est, pecunia parauit. Hoc Arruntius amare coepit : posuit illud omnibus paginis. Dicit quodam loco : « fugam nostris fecere ». Alio loco : « Hiero, rex Syracusanorum, bellum fecit. » Et alio loco : « quae audita Panhormitanos dedere Romanis fecere. » **18** Gustum tibi dare uolui : totus his contexitur liber. Quae apud Sallustium rara fuerunt apud hunc crebra sunt et paene continua, nec sine causa ; ille enim in haec incidebat, a*t* hic illa quaerebat. **19** Vides autem quid sequatur ubi alicui uitium pro exemplo est. Dixit Sallustius : « aquis hiemantibus. » Arruntius in primo libro belli Punici ait : « Repente hiemauit tempestas. » Et alio loco cum dicere uellet frigidum annum fuisse ait : « totus hiemauit annus. » Et alio loco : « Inde sexaginta onerarias leues praeter militem et necessarios nautarum hiemante aquilone misit. » Non desinit omnibus locis hoc uerbum infulcire. Quodam loco dicit Sallustius : « dum inter arma ciuilia aequi bonique

exercitum — fecit SALL. *Hist. fr. inc.* 33 *Kr.* || fugam — fecere ARRVNTIUS in *His. rom. fr.* 1-3 *p.* 238 *seq. Peter* || hiemauit — famas ARRVNTIVS *in Hist. fr.* 4-7, p. 238 *sq. Peter* || inter arma — petit SALL. *Hist. fr.* I 90 *p.* 41 *Maurenbrecher.*

17 anputatae *B pr. Q* : amp- *m. rec. Q* || L. arruntius *B* : Larruntius *Q* [*in B punctum addidit corrector*] || rarae : rare *pr. Q* || frugalitatis *B* : fragil- *pr. Q* || dedere *BQ* : sededere *dett.* dedere se *Rossbach.*
18 Gustum *ex* Cust- *B* || rara *B* : rare *Q* || paene B : pene *ex* pena *Q* || at [ad] *BQ* : *om. Windhaus ut dittogr.* || hic *B* : huc *Q*.
19 aquis hiemantibus *BQ* : SALL. *habet* hiemalibus aquis *Iug.* 37, 4 *cf. Maurenbrecher* II *app. p.* 211 || misit *Q* : mistit/*B* [*adstat* z *in mg.*] *fort. fuit in archet.* misl *per compend. et supra u.* it || inter arma *B uulg.* : dum i. a. *Qq dett. Beltrami sed u. Axelson*[3] *p.* 119.

citoyen juste et de l'homme de bien. » Arruntius n'a pu se défendre de mettre dès son premier livre : « Régulus était le sujet d'immenses renommées[1]. ».

20 Or donc ces vices de style, et d'autres semblables, empreints en nous par l'imitation, ne sont pas symptômes de relâchement, ni de corruption d'âme : il faut qu'ils soient personnels, nés de l'homme même, pour te donner la mesure de l'état passionnel de quelqu'un. Un homme violent a l'expression violente. Est-il très émotif ? elle sera vibrante. Efféminé ? elle sera mièvre et lâche. **21** C'est à un penchant de telle nature qu'obéissent, tu le constates, les élégants qui s'épilent la barbe ou en conservent quelques bouquets, qui, dégageant par trop et rasant le bord des lèvres, gardent et laissent croître le reste du poil ; qui adoptent les manteaux d'une couleur excentrique, ou encore une toge en tissu transparent, obstinés à ne rien faire qui permette aux regards de ne pas s'arrêter sur eux. Ils les provoquent, les attirent sur leur personne ; ils veulent bien qu'on les blâme, pourvu qu'on les voie. Tel est le style d'un Mécène, de tous ceux qui donnent dans le faux non par malchance, mais le sachant et le voulant. **22** Cette attitude suppose une profonde altération de l'âme. Dans la beuverie, la langue ne s'embarrasse pas avant que la raison n'ait succombé sous la charge, été chavirée ou noyée : de même ce qu'il faut bien appeler l'ivresse du langage ne travaille jamais qu'une âme déjà chancelante.

Soignons donc notre âme. D'elle proviennent les pensées ; d'elle proviennent les paroles ; nous tenons d'elle le maintien, la physionomie, la démarche. Saine et vigoureuse, elle communique au style robustesse, force, mâle fierté. Si elle s'effondre, tout la suit dans sa ruine. **23** « Tant que le roi se conserve fort, tous n'ont qu'un même esprit. On le perd : le pacte est brisé ». Notre roi, c'est notre âme. Tant qu'elle garde sa force, tout demeure dans le devoir,

1. Il y a une parenté entre les jugements de S. sur Mécène et sur les imitateurs de Salluste et les opinions d'Auguste rappelées par Suétone (*Aug.* 86) : l'intermédiaire a pu être Sénèque le Père. — Salluste avant S. avait dit, *Cat.* 11 extr., *secundae res sapientium animos fatigant*, cf. supra §8.

famas petit. » Arruntius non temperauit quo minus primo statim libro poneret ingentes esse « famas » de Regulo.

20 Haec ergo et eiusmodi uitia, quae alicui inpressit imitatio, non sunt indicia luxuriae nec animi corrupti ; propria enim esse debent et ex ipso nata ex quibus tu aestimes alicuius adfectus : iracundi hominis iracunda oratio est, commoti nimis incitata, delicati tenera et fluxa. **21** Quod uides istos sequi qui aut uellunt barbam aut interuellunt, qui labra pressius tondent et adradunt seruata et summissa cetera parte, qui lacernas coloris improbi sumunt, qui perlucentem togam, qui nolunt facere quicquam quod hominum oculis transire liceat : inritant illos et in se a<d>uertunt, uolunt uel reprehendi, dum conspici. Talis est oratio Maecenatis omniumque aliorum qui non casu errant sed scientes uolentesque. **22** Hoc a magno animi malo oritur : quomodo in uino non ante lingua titubat quam mens cessit oneri et inclinata uel perdita est, ita ista orationis quid aliud quam ebrietas nulli molesta est nisi animus labat. Ideo ille curetur : ab illo sensus, ab illo uerba exeunt, ab illo nobis est habitus, uultus, incessus. Illo sano ac ualente oratio quoque robusta, fortis, uirilis est : si ille procubuit, et cetera ruinam secuntur.

23 Rege incolumi mens omnibus una est :
Amisso rupere fidem.

Rex noster animus : hoc incolumi cetera manent in

Rege — fidem Verg. *G.* 4, 212.

20 aestimes *ex* exaest- *Q* | commoti *B* : con mitti *Q*.

21 quod uides *BQ* : quot uides *Mentel. Fickert haud insulse* || interuellunt *B* : *ex* -llant *Q* || tondent *B* : tund- *pr. Q* || adradunt *Q Hense* : abrad- [*ex* adrad-] *m. recentiore B dett. uulg.* || improbi *B* probi *Q* || aduertunt *dett. Erasme uulg.* : auert- *BQ Auen. Pincia alii* || maecenatis *B* : mecaen- *Q*.

22 perdita *q det. Ruhkopf alii i. e.* « pessumdata » : prod- *BQ uulg. olim et Hense* : perd- *q dett. Ruhkopf alii* || orationis *Q iam Buecheler coniec.* : oratio. nisi *B* [*punctum correctoris est*] oratio *q dett. uulg.* || ab illo *B* : ab illa [*ex* ab illo] *m. rec. Q*.

obéisant, soumis. Si elle chancelle tant soit peu, tout se déconcerte. Mais, a-t-elle cédé au plaisir? Ses talents du même coup, son activité se paralysent; il n'y a que langueur, inconsistance toujours, sous ses tentatives d'effort [1].

24 Puisque j'ai introduit cette comparaison, continuons-la. Notre âme est tantôt roi, tantôt tyran. Roi, quand ses visées tendent au bien, et que, veillant à la conservation du corps remis à sa garde, elle ne lui commande rien qui soit turpitude, qui soit vilenie. Mais, si elle se montre violente, cupide, sensuelle, un autre nom devient le sien, abominable, sinistre : elle se fait tyran. Alors les passions effrénées la happent au passage et la poussent en avant, joyeuses d'abord, à vrai dire, comme la populace qui, aux jours de largesses se gorge dangereusement sans s'assouvir et fourre les doigts en ce qu'elle ne peut s'ingérer. **25** Ensuite quand de progrès en progrès le mal a dévoré les forces de l'être, quand la sensualité a pénétré dans la moelle et dans les muscles, — la vue de pratiques, auxquelles l'intempérance de ses appétits a rendue l'âme inhabile, faisant sa joie, — elle n'a pour tous plaisirs personnels que le spectacle de ceux des autres, pourvoyeuse et contemplatrice de débauches dont elle s'est retranché l'usage à force de s'en gaver; et l'agrément ressenti devant l'afflux des délices ne compense pas l'amertume qu'elle éprouve à ne pouvoir faire passer par le palais et par le ventre tous ces apprêts, à ne pouvoir elle-même se vautrer avec un ramassis de mignons et de femmes; et, pensée désolante, une grande part de sa félicité exclue par l'appauvrissement de ses facultés physiques est annulée [2].

26 En vérité, mon cher Lucilius, cette aberration ne tient-elle pas à ces deux causes [3] : nul d'entre nous ne

1. Comparaison traditionnelle. (V. Virg. *G.* 4, 212 : parabole déjà de cette royauté chez S. (*De Cl.* I, 4, 1) et chez Ovide *Fast.* 3, 555 : *Diffugiunt Tyrii quo quemque agit error ut olim/Amisso dubiae rege uagantur apes.*

2. Misère de cette goinfrerie, de ces beuveries, de cette anormale sensualité cyniquement rappelées par le moraliste 89, 22; *N. q.*, 1, 16, 1-9.

3. Les « deux » points de ce sommaire s'ordonnent par chiasme dans le développement.

officio, parent, obtemperant : cum ille paulum uaccillauit, simul dubitant. Cum uero cessit uoluptati, artes quoque eius actusque marcent et omnis ex languido fluidoque conatus est.

24 Quoniam hac similitudine usus sum, perseuerabo. Animus noster modo rex est, modo tyrannus : rex cum honesta intuetur, salutem commissi sibi corporis curat et illi nihil imperat turpe, nihil sordidum; ubi uero inpotens, cupidus, delicatus est, transit in nomen detestabile ac dirum et fit tyrannus. Tunc illum excipiunt adfectus inpotentes et instant, qui initio quidem gaudent, ut solet populus largitione nocitura frustra plenus et quae non potest haurire contrectans. **25** Cum uero magis ac magis uires morbus exedit et in medullas neruosque descendere deliciae, conspectu eorum quibus se nimia auiditate inutilem reddidit laetus, pro suis uoluptatibus habet alienarum spectaculum, subministrator libidinum testisque quarum usum sibi ingerendo abstulit. Nec illi tam gratum est abundare iucundis quam acerbum quod non omnem illum apparatum per gulam uentremque transmittit, quod non cum omni exoletorum feminarumque turba conuolutatur, maeretque quod magna pars suae felicitatis exclusa corporis angustiis cessat.

26 Numquid enim, mi Lucili, in hoc furor *non* est quod nemo nostrum mortalem se cogitat, quod nemo

uaccilauit *B Hense* [« *ut Lucretius* »] : uacill- *Q* || dubitant *codd. edd. plerique* : nutant *Pincia* titubant *Lipse* || cum *ex* eum *ead. m. B* : eum *Q*.

24 sibi *B* : *om. Q* || commissi *ex* -isi *B* || contrectans *q det. Haase Beltrami coll.* 115, 18 *ubi sim. structura* « *magnus — et sibi placens* » : -ctat *BQ uulg.*

25 exedit *B* : exced- *Q* || conspectu : -tum *BQ* || acerbum *B* : aceruum *pr. Q* || exoletorum *B* : exolot- *Q* || maeretque *B* : mer-. *Q*.

26 in hoc furor non *q dett. quaedam Pinciani exemplaria Schweighaeuser cf.* ror<non> *et Intr.*[4] p. 10 *dr* r *et* n *sim. litt.* : in hoc furor [/in *B*] *BQ Hense* non in hoc furor *Beltrami* hic furor *alia Pinc. exempl. Erasme*[1-2] *alii.*

songe qu'il est mortel, qu'il est débile ; nul d'entre nous ne songe qu'il n'est qu'un? Considère nos cuisines, nos cuisiniers courant de droite et de gauche entre tous ces feux ; dirait-on, à ton avis, que c'est pour un seul ventre qu'une si bruyante cohue dresse le repas? Considère nos celliers de vieux crus [1], ces caves encombrées des vendanges de multiples générations : dirait-on, à ton avis, que c'est pour un seul ventre que s'emmagasinent depuis tant de consulats les vins de tant de contrées? Considère en combien de places on retourne la terre ; combien de milliers de colons labourent et piochent : dirait-on, à ton avis, que c'est pour un seul estomac que l'on ensemence la Sicile et l'Afrique? **27** Nous serons gens de bon sens, nous limiterons nos désirs, à condition que chacun se compte pour un seul, jauge en même temps son corps, sache le peu de choses qu'il peut contenir et si passagèrement. Rien toutefois ne te disposera à la tempérance en toutes choses, autant que de songer fréquemment comme la vie comprend peu de jours et ce peu encore non garanti : quoi que tu fasses, donne un regard à la mort.

LETTRE 115 *

1 Ne t'inquiète pas outre mesure des mots et des phrases, mon cher Lucilius. Non! Je tiens de quoi occuper tes soins plus dignement. Regarde à la pensée, non à la forme ; et, pour la pensée même, songe moins à la traduire qu'à la sentir, de manière à t'ajuster mieux à elle, à la marquer en quelque sorte de ton sceau. **2** Chaque fois que tu verras un style laborieusement raffiné, sache que l'âme de l'auteur est tout occupée elle-même pareillement de mesquineries. Le langage de l'âme vraiment grande est

* *Sommaire.* — Lucilius prend grand soin du style de sa correspondance ; il est tracassé quand le résultat de son travail ne répond pas à son attente. S. lui conseille de soigner, quand il écrit, le fond plus que la forme (1 sq.). Il n'est pas plus beau spectacle imaginable que celui de la vertu : nous lui vouerons un culte religieux

1. « De vieux crus » classés : cf. *N. q.* 4*b*, 13, 3. Le vigneron (v. 86 fin ; *N. q.* 3, 7, 1) parle ici en philosophe, 112 *in.* en philosophe-vigneron.

inbecillum; in illo quod nemo nostrum unum esse se cogitat? Aspice culinas nostras et concursantis inter tot ignes cocos : unum uideri putas uentrem cui tanto tumultu comparatur cibus? Aspice ueteraria nostra et plena multorum saeculorum uindemiis horrea : unum putas uideri uentrem cui tot consulum regionumque uina cluduntur? Aspice quot locis terra uertatur, quot millia colonorum arent, fodiant : unum uideri putas uentrem cui et in Sicilia et in Africa seritur? **27** Sani erimus et modica concupiscemus si unu*m* quisque se numeret, metiatur simul corpus, sciat quam nec multum capere nec diu possit. Nihil tamen aeque tibi profuerit ad temperantiam omnium rerum quam frequens cogitatio breuis aeui et huius incerti : quicquid facies, respice ad mortem. VALE.

SENECA LVCILIO SVO SALVTEM **115**

1 Nimis anxium esse te circa uerba et compositionem, mi Lucili, nolo : habeo maiora quae cures. Quaere quid scribas, non quemadmodum; et hoc ipsum non ut scribas, sed ut sentias, ut illa quae senseris, magis adplices tibi et uelut signes. **2** Cuiuscumque orationem uideris sollicitam et politam, scito animum quoque non minus esse pusillis occupatum. Magnus ille remissius

imbecillum : -llum? *dixtinx. Buecheler superuacuo* || in illo *codd. Auen Érasme*[1] : immo *Érasme*[2] immo in illo *Pincia* [« *exempl. francisc.*»] || cogitat[2]? *distinx. B uulg.* || unum[2] *B* : inunum *ex correctione Q* || uindemiis *B* : -demus *Q unde* uidemus *m. rec.* || quot[1] : quod *B pr. Q* || terra uertatur *B* : uertatur terra *Q deteriore quidem clausula* || quot[2] : quod *BQ* || millia *pr. B* : milia *Q*.

27 concupiscemus *B* : -pescemus *Q pr.* || unum *coni. Matthiae teste Fickert* : unus *codd. uulg.* || quam *Q Schweighaeuser* : que [*per compend. d'*] *m antiqua B* [*ex* quam] *unde* (sciat)que *uulg. olim* || possit *BQ Schweighaeuser* : posse *uulg. olim* || cogitatio *B* : -ionis *pr. Q*.

Ep. 115. **1** compositionem : p *similis* R *litterae* [*ex* p] *B m. corr.* || illa *B* : ille *pr. Q* || uelut *B* : uel *Q*.

plus rassis, plus calme; tous ses propos témoignent plus d'assurance que d'apprêt. Tu connais nos petits-maîtres, à barbe et à chevelure reluisantes, tout d'une pièce tirés de leur boîte. N'espère d'eux rien de fort, rien de solide. La mise extérieure de l'âme, c'est le style : peigné, fardé, artificiellement travaillé, il révèle que l'âme n'est pas non plus parfaitement saine, qu'elle présente quelque félure. Tenue coquette n'est pas vêtement d'homme.

3 S'il pouvait nous être donné de pénétrer du regard l'âme de l'homme de bien, quel air de beauté en elle, de sainteté, quel effet lumineux de majesté paisible se manifesteraient à nous, la justice, le courage, la tempérance, et la prudence faisant le jour autour d'elle de tous côtés. Ce n'est pas tout : la modestie des goûts, l'empire sur soi, la patience, la générosité, l'aménité et l'humanité — qualité, le croirait-on? rare chez l'homme — épancheraient sur elle leurs splendeurs. Puis voici la prévoyance jointe à la délicatesse et, dominant cet ensemble, la magnanimité : quelle bienséance dans l'illustration, ô Dieux! quelle imposante dignité n'y ajouteraient-elles pas! Que d'autorité serait unie à la grâce! On ne saurait exprimer à son propos qu'amour et vénération [1]. **4** Si quelqu'un voyait cette grandiose, cette éclatante figure sans parallèle dans l'ordre familier à nos yeux des choses humaines, ne demeurerait-il pas, comme à l'appari tion d'une divinité, frappé d'extase, immobile; ne la supplierait-il pas en son cœur de « se laisser voir impunément [2] »? Puis, enhardi — simplement par l'expression d'engageante bonté répandue sur ses traits, — ne se mettrait-il pas à l'adorer, à la prier; et, après avoir longtemps contemplé

(3-5). Nous ne verrons la splendeur qui émane d'elle que si nous ne nous laissons pas éblouir par le faux éclat des richesses, de notre luxe, des gens huppés (6-9). Le préjugé le plus répandu est l'amour de l'argent, de l'or. Il nous vient de nos parents, des poètes aussi, non de tous (10-15). L'existence du cupide est misérable (16 sq.). La philosophie donne la constance et le bonheur. Par elle, non par le choix et l'ordonnance des mots, l'âme de Lucilius gardera son harmonie (18). L'unité de cette lettre peut sembler précaire; mais nous n'avons pas les lettres de L. auxquelles S. paraît répondre.

1. *Illam.* — cf. §6 *si nobis illam* (sc. *uirginem*) *uidere contingeret...* — Même contemplation 64, 6; 66, 7.
2. « Impunément » : la prière qui est dans Tite-Live 1, 16, 6.

loquitur et securius; quaecumque dicit, plus habent fiduciae quam curae. Nosti comp*tul*os iuuenes, barba et coma nitidos, de capsula totos : nihil ab illis speraueris forte, nihil solidum. Oratio cultus animi est : si circumtonsa es*t* et fucata et manu facta, ostendit illum quoque non esse sincerum et habere aliquid fracti. Non est ornamentum uirile concinnitas. **3** Si nobis animum boni uiri liceret inspicere, o quam pulchram faciem, quam sanctam, quam ex magnifico placidoque fulgentem uideremus, hinc iustitia, illinc fortitudine, hinc temperantia prudentiaque lucentibus! Praeter has frugalitas et continentia et tolerantia et liberalitas comitasque et — quis credat? — in homine rarum humanitas bonum splendorem illi suum adfunderent. Tunc prouidentia cum elegantia et ex istis magnanimitas eminentissima quantum, di boni, decoris illi, quantum ponderis grauitatisque adderent! quanta esset cum gratia auctoritas! Nemo illam amabilem qui non simul uenerabilem diceret. **4** Si quis uiderit hanc faciem altiorem fulgentioremque quam cerni inter humana consueuit, nonne uelut numinis occursu obstupefactus resistat et ut fas sit uidisse tacitus precetur? tum euocante ipsa uultus benignitate productus adoret ac supplicet et diu contemplatus multum extantem superque mensuram

2 comptulos *Buecheler* : complutos *BQ* -plures *uulg.* || est et *q dett. uulg.* : esset *B* esset et *Q* || fracti *BQ* : fracti uel ficti *q* facti *dett. Harl. e probauit Schweighaeuser.*

3 lucentibus *codd.* : eluc- *prop. Hermes sed u. Axelson*[3] 202 || rarum humanitas *Bartsch* : rarum humanitas bonum *BQ uulg.*

4 numinis *Q* : *ex* nom- *B m. corr.* || occursu *B* : -sus *Q* || tum euocante : tunc euoc- *Q* tummeuoc- *B ex* tume *m. corr.* || benignitate *B* : -tatem *Q* || superque *pr. B* : super quae *Q* supraque *m. recentiore B.*

cette sublime prestance, hors de mesure avec tout ce qu'il voit parmi nous, ce regard d'une si singulière douceur où brûle néanmoins une flamme si vive, alors enfin dans son religieux enthousiasme, ne pousserait-il pas ce cri, celui de notre Virgile?

5 « Ah! quel nom te donner, vierge? Car tes traits ne sont pas d'une mortelle; ta voix ne sonne pas comme une voix humaine. Montre-toi favorable et, qui que tu sois, allège le poids de nos travaux. »

Aide et allégeance[1] nous viendront d'elle, si nous sommes résolus à l'honorer. Or, ce qu'elle veut comme honneur, ce n'est pas l'immolation en masse de taureaux bien gras, ce ne sont pas les ex-voto d'or et d'argent, ni le menu tribut versé au trésor des sanctuaires, c'est l'élan religieux, la droiture d'intention.

6 Il n'est pas un cœur, je le répète, qui ne s'embrasât d'amour pour elle, si elle pouvait par bonheur se manifester à nous. Dans la réalité présente, cent objets font obstruction, dont le trop d'éclat rebouche la vue, l'obscurité la paralyse. Toutefois, si, comme par certains moyens curatifs nos facultés visuelles retrouvent leur acuité et leur netteté, de même nous formons le propos de libérer de tout obstacle le regard de notre âme, alors nous pourrons découvrir la vertu, même si elle est enveloppée dans un corps[2], même sous le manteau de la pauvreté, à travers l'abjection et l'infamie. **7** Oui nous apercevrons sa beauté, fût-elle, sous les dehors les plus repoussants, éclipsée; au rebours nous percerons à jour avec la même sûreté l'action du mal, les langueurs d'une âme tourmentée, si intense, si déconcertant que soit l'éclat des richesses qui rayonnent aux abords, même si le double spectacle des

1. Telle l'aide d'un sage contemplé en souvenir 11, 8-10. S. est néopythagoricien.

2. V. 66, 1-3. — « L'infamie » : cf. 113. 32 *iustus cum infamia.*

solitorum inter nos aspici elatam, oculis mite quiddam, sed nihilominus uiuido igne flagrantibus, tunc deinde illam Vergili nostri uocem uerens atque attonitus emittat?

5 O quam te memorem, uirgo? namque haut tibi uultus
Mortalis nec uox hominem sonat.
Sis felix nostrumque leues quaecumque laborem.

Aderit leuabitque, si colere eam uoluerimus. Colitur autem non taurorum opimis corporibus contrucidatis nec auro argentoque suspenso nec in thensauros stipe infusa, set pia et recta uoluntate. **6** Nemo, inquam, non amore eius arderet si nobis illam uidere contingeret; nunc enim multa obstrigillant et aciem nostram aut splendore nimio repercutiunt aut obscuro retinent. Sed si, quemadmodum uisus oculorum quibusdam medicamentis acui solet et repurgari, sic nos aciem animi liberare inpedimentis uoluerimus, poterimus perspicere uirtutem etiam obrutam corpore, etiam paupertate opposita, etiam humilitate et infamia obiacentibus. **7** Cernemus, inquam, pulchritudinem illam, quamuis sordido obtectam; rursus aeque malitiam et aerumnosi animi ueternum perspiciemus, quamuis multus circa diuitiarum radiantium splendor inpediat et intuentem

o quam te — laborem VERG. *Aen.* 1, 327 *sq.*, 330

uiuido *ex* utuido *ead. m. recentiore B* || Vergili *Q* : -lii *ex* li *m. corr. B.*

5 haut *pr. B pr. Q* [aut *Q*] *ad scripturam ipsius Vergilii* : haud *m. paulo recentiore B* aud *recenti ut uid. Q* || colere *uulg.* : colore *B* colorem *pr. Q* || thensauros *pr. B* : thes- *Q et m. corr. B* || set *pr. B pr. Q* : sed *m. rec. BQ.*

6 non amore *B* : non ammore *m. rec. Q ex nammore* || obstrigillant *corr. Pincia coll. Ennio ap. Non. Marcell.* 147, 10 [*cf. Warmington Rem. of old l.* I *p.* 384] obstig- *BQ Pinciani codd. aliqui* obsugill- [*pro* obsuggill- ?] *eiusdem codd. alii* || obscuro *Muret* : -re *BQ* -ritate *Pincia. uoci* splendore *contrapositum desiderans, talem autem uim in* obscuro *substantiuo esse* [*cf.* § 7 sordido *ut mon. Hense*] *non suspicatus* || sic nos aciem *pr. Qq dett.* : ste nos actem *B* [*signum* z *est in mg. sinistro*].

7 quamuis *ex* quamtuis *B m. corr.* || sordido obtectam *B* : -da obiectam *Q* || multus *B* : tis *pr. Q* || inpediat *B* : *ex* inpend- *Q.*

honneurs et des grands pouvoirs projette sur le témoin ses splendeurs fausses. **8** Alors nous pourrons comprendre combien est méprisable ce que nous admirons, tout pareils aux enfants [1], pour qui le moindre hochet a tant de prix; bien sûr, aux parents, comme aux frères et sœurs, ils préfèrent des colliers qui ont coûté quelques piécettes. Quelle différence, comme le dit Ariston, y a-t-il ente eux et nous? C'est que nous appliquons notre folie à des tableaux, à des statues, sots à plus de frais. Eux, s'ils découvrent sur la grève galets polis portant bigarrure, ils s'en amusent. Notre amusette à nous, ce sont les tachetures d'énormes colonnes rapportées des sables de l'Égypte, des déserts africains pour soutenir soit un portique soit le plafond d'une salle à manger où tout un peuple de convives pourrait tenir. **9** Nous admirons des murs recouverts de feuilles de marbre, sans ignorer cependant quelles sortes de matériaux ainsi l'on dissimule. Nous en imposons à nos yeux; et quand nous avons badigeonné d'or nos lambris, faisons-nous autre chose que tirer plaisir d'un mensonge, puisque nous savons que d'affreuses solives se cachent sous cet or?

Au reste, nos murs et nos lambris ne sont pas seuls à exhiber une décoration bien mince : tous ces gens que tu vois s'avancer tête haute n'ont qu'une félicité de clinquant. Regarde de près : sous cette mince enveloppe de prestige tu connaîtras combien il se loge de misères. **10** Et l'argent même, cette puissance qui tient enchaînés tant de fonctionnaires publics, tant de juges, qui fait et ces fonctionnaires et les juges, depuis qu'il a commencé d'être en honneur, le véritable honneur, sanction du mérite, est déchu. Devenus tour à tour marchands et marchandise, nous ne nous informons pas de la valeur intrinsèque des choses, mais de leur cote commerciale : saintes gens par spéculation, coquins par spéculation, nous suivons la pente du bien tant qu'il offre un espoir d'aubaine, prêts à faire volte-face le jour où des crimes promettront plus. **11** Le culte admiratif de l'or et de l'argent, nos parents nous l'ont inculqué; semé dans de jeunes cœurs, le désir s'en est implanté là profondément et il a grandi avec nous. Et dès

1. « Pareils aux enfants... » : v. leurs jouets in *De Const.* 12, 1 sq.

hinc honorum, illinc magnarum potestatium falsa lux uerberet. **8** Tunc intellegere nobis licebit quam contemnenda miremur simillimi pueris quibus omne ludicrum in pretio est : parentibus quippe nec minus fratribus praeferunt paruo aere empta monilia. Quid ergo inter nos et illos interest, ut Ariston ait, nisi quod nos circa tabulas et statuas insanimus, carius inepti? Illos reperti in litore calculi leues et aliquid habentes uarietatis delectant, nos ingentium maculae columnarum siue ex Aegyptiis harenis siue ex Africae solitudinibus aduectae porticum aliquam uel capacem populi cenationem ferunt. **9** Miramur parietes tenui marmore inductos, cum sciamus quale sit quod absconditur. Oculis nostris inponimus et cum auro tecta perfudimus, quid aliud quam mendacio gaudemus? scimus enim sub illo auro foeda ligna latitare. Nec tantum parietibus aut lacunaribus ornamentum tenue praetenditur : omnium istorum quos incedere altos uides, bratteata felicitas est. Inspice et scies sub ista tenui membrana dignitatis quantum mali iaceat. **10** Haec ipsa res quae tot magistratus, tot iudices detinet, quae et magistratus et iudices facit, pecunia, ex quo in honore esse coepit, uerus rerum honor cecidit, mercatoresque et uenales in uicem facti quaerimus non quale sit quidque, sed quanti : ad mercedem pii sumus, ad mercedem impii, et honesta quamdiu aliqua illis spes inest sequimur, in contrarium transituri si plus scelera promittent. **11** Admirationem nobis parentes auri argentique fecerunt et teneris infusa cupiditas altius sedit creuitque nobiscum. Deinde totus

8 monilia *Érasme*[1] : mobilia *BQ* || insanimus *Q* : *ex* ina/n- *m. recentissima B* || litore *B* : *ex* litere *Q* || harenis siue *Qq dett.* [aren- *q dett.*] : harent. siue *B* || capacem *B* : -ci *pr. Q* -cis *m. rec. Q.*

9 inductos *B* : -tus *pr. Q* || perfudimus *B Schweighaeuser* : *ex* perdimus *ead. m. Q* perfundimus *uulg. olim* || foeda *B* : faeda *Q* || iaceat *BQ Auen. Érasme Ruhkopf* : lateat *Pinciani* « *quaed. exemplaria* » *Muret uulg. olim, Castiglioni nuper non inepte ad cod.*

10 ex quo *Q* : ex quo *bis pr. B* || promittent *BQ Schweighaeuser* : -ttant *Pincia* [« *uetus lectio* »] *Muret uulg. olim et Castiglioni* -tterent *Auen. Érasme annaeanum post* transituri.

lors la société, divisée à d'autres égards, est sur ce point unanime : c'est cela qu'on révère, c'est cela que l'on souhaite aux siens ; quand l'on se pique de reconnaissance envers les dieux, c'est cela, tenu pour le principal bien de la terre que l'on va leur consacrer ! Bref notre moralité est tombée si bas que pauvreté entraîne injure et opprobre ; méprisée du riche, en haine au pauvre. **12** Là-dessus, pour attiser nos passions, viennent les poètes [1], qui vantent la richesse comme l'unique gloire, l'ornement de la vie ; c'est pour eux le meilleur don que puissent faire les dieux immortels, leur meilleur bien.

13 « Le palais du Soleil s'élevait dans les nues, sur de hautes colonnes, tout brillant, tout scintillant d'or. »
Remarque aussi le char de ce dieu [2] :

L'essieu était d'or, le timon aussi ; autour de la jante un cercle d'or ; les rayons de la roue, une rosace d'argent.

Enfin le siècle qu'ils nous donnent pour le plus heureux, ils l'appellent siècle d'or.

14 Chez les Tragiques grecs eux-mêmes il ne manque pas de héros disposés à troquer contre un profit leur probité, leur vie, leur bon renom.

« Que l'on m'appelle un scélérat, pourvu que l'on m'appelle un riche ».

« Est-il riche ? c'est la question que pose tout le monde. Homme de bien ? Nul n'y pense. On ne demande pas : d'où et comment lui vient l'argent qu'il a ? mais : qu'est-ce qu'il a ? En tous pays, tant vaut la bourse, tant vaut l'homme. Que faut-il avoir, dis-tu, pour être déshonoré ? ne rien avoir. Riche, je tiens à vivre ; pauvre, à mourir. Meurt bien qui meurt en gagnant. »

« L'argent, souveraine félicité de l'homme ! qu'on ne lui compare pas la douce présence d'une mère, d'enfants charmants, d'un père, bienfaiteur auguste : si le visage de

1. « Là-dessus... (après nos parents § 11, Cic. *De Leg.* 1. 47) les poètes » : cf. Cic. *De Leg.* ibid. *poeta, — scaena*). S. ailleurs en parle autrement (cf. t. I, p. 146, n. 1).

2. « Le palais du soleil... le char » V. comptes rendus de l'A.c.d. inscrp. — 1914, pp. 1 sqq. : le char du Soleil aurait-il inspiré le Colosse d'un Néron-Aurige ? Thèse exposée ibid. et mise au point in *Rev. Numism.* 24, 1921, pp. 1-22 et 105 sqq. Thèse adverse de M. Gagé in *Mél. Ec. fr. R.* 45, 1928, pp. 106 sqq. Le déplacement du Colosse sous Hadrien se concilie même avec la première, car le

populus in alia discors in hoc conuenit : hoc suspiciunt, hoc suis optant, hoc diis uelut rerum humanarum maximum, cum grati uideri uolunt, consecrant. Denique eo mores redacti sunt ut paupertas maledicto probroque sit, contempta diuitibus, inuisa pauperibus. **12** Accedunt deinde carmina poetarum quae adfectibus nostris facem subdant, quibus diuitiae uelut unicum uitae decus ornmentumque laudantur. Nihil illis melius nec dare uidentur dii inmortales posse nec habere.

13 Regia Solis erat sublimibus alta columnis.
Clara micante auro.

Eiusdem currum aspice :

Aureus axis erat, temo aureus, aurea summae
Curuatura rotae, radiorum argenteus ordo.

Denique quod optimum uideri uolunt saeculum, aureum appellant. **14** Nec Graecos tragicos desunt qui lucro innocentiam, salutem, opinionem bonam mutent.

Sine me uocari pessimum, [simul] ut diuis uocer.
An diues, omnes quaerimus, nemo an bonus.
Non quare et unde, quid habeas tantum rogant.
Vbique tanti quisque, quantum habuit, fuit.
Quid habere nobis turpe sit quaeris? nihil.
Aut diues opto uiuere aut pauper mori.
Bene moritur quisquis moritur dum lucrum facit.
Pecunia, ingens generis humani bonum,
Cui non uoluptas matris aut blandae potest
Par esse prolis, non sacer meritis parens.

aureus axis — ordo Ov. *M.* 2, 107 *sq.* || sine — uocer *cf. Trag. g. fr. adespot.* 181, 1 N^2 || an diues — lucrum facit *cf. Trag. gr. fr. adespot.* 461 N^2. || pecunia — mouet *cf.* Eur. *Danaes fr.* 326 N^2 *etsi a Bellerophonte locum petitum mox narrat Seneca.*

11 suspiciunt *B* : suscip- *Q* || diis : dis *B* || uideri *B* : -re *Q* || probroque *B* : -boque *Q*.

12 dii immortales *Q* : di imm- *B*.

13 regia — auro Ov. *M.* 2, 1 sq. || micante *B* : -tem *Q* || summae *B* : -mma *Q* || uideri uolunt *B* : uideri *Q* || mutent *BQ Mentel. Schweighaeuser* : -tant *dett. uulg. olim.*

14 sine *codd.* : sino coni. Gronov | ut diues *Érasme*[1-2] : simul ut diues *BQq dett. Pincia* [«*uet. lectio* »] *Auen.*

Vénus rayonne la même douceur, on comprend les amours qu'elle suscite chez les Olympiens et chez les hommes. »

15 Quand ces derniers vers, qui figurent dans la tragédie d'Euripide, furent débités au théâtre, l'assemblée entière, pour chasser de la scène et l'acteur et la pièce, se dressa d'un même élan : il fallut qu'Euripide en personne se précipitât au milieu de la foule, demandant qu'on attendît pour voir comment finissait cet admirateur de l'or. Bellérophon subissait dans le drame le châtiment que subit [1] toujours chacun dans le drame de sa vie [2]. **16** Car jamais au châtiment la cupidité n'échappe, encore qu'elle trouve en elle-même expiation suffisante. Oh! que de larmes elle tire de nous, que de peines! Combien elle est misérable par tout ce qu'elle n'a pas; combien, par tout ce qu'elle s'est acquis! Joins à cela les préoccupations quotidiennes, torture proportionnée pour chacun à son avoir. C'est peine plus atroce de garder la possession que de l'acquérir. Comme ils gémissent tous des pertes subies, catastrophiques par le fait, et que l'imagination grandit encore! Enfin, à supposer que la Fortune n'opère chez eux nulle soustraction, pour eux c'est toujours perdre que de manquer un accroissement. **17** — Cependant le monde déclare : c'est un riche, un heureux. Et l'on souhaite d'acquérir autant que lui. — J'en conviens. Mais quoi? est-il condition pire à tes yeux que de compter en son avoir sa propre misère et l'envie du monde? Ah! si avant de souhaiter d'être riche, — on avait consulté les riches! si avant de briguer les honneurs, — les ambitieux, les

podium proche du Colisée, où cet empereur pourrait bien l'avoir installé 1° peut n'avoir été qu'une étape, car les matériaux examiné par M. Antonio, M. Colini en 1937 n'excluent pas, loin de là, l'hypothèse d'un remaniement de ce *podium* sous Alexandre Sévère, dont un médaillon représente là un dieu-panthée radié; 2° la dimension donnée du Colosse par Pline 34, 45 peut comprendre celle de la *basis*, car S., 76, 31, mentionne l'existence de cet usage dans les mensurations (V. aussi Gallet de Santerre ad Pline *N. h.* 34, 45 dans l'édition de ce livre par Le Bonniec *in* Coll. des Univ. de Fr.) V. Bertaux et Piganiol, *Rome et l'antiquité*, 1924, p. 104.

1. « Le châtiment que subit... », cf. Hor. *C.* 4, 11, 25 sq.; ibid. *terret ambustus Phaethon, — exemplum graue praebet — Pegasus — grauatus Bellerophontem.*

2. « ... le drame de sa vie » : cf. la *fabula* 77, 20 (... *tantum bonam clausulam impone*) : 78, 18; 80, 7, etc. (Hense).

Tam dulce si quid Venerі*s* in uultu micat,
Merito illa *a*mores caelitum atque hominum mouet.

15 Cum hi nouissimi uersus in tragoedia Euripidis pronuntiati essent, totus populus ad eiciendum et actorem et carmen consurrexit uno impetu donec Euripides in medium ipse prosiliuit petens ut expectarent uiderentque quem admirator auri exitum faceret. Dabat in illa fabula poenas Bellerophontes quas in sua quisque dat. **16** Nulla enim auaritia sine poena est, quamuis satis sit ipsa poenarum. O quantum lacrimarum, quantum laborum exigit! quam misera desidera*ti*s, quam misera[e] partis est! Adice cotidianas sollicitudines quae pro modo habendi quemque discruciant. Maiore tormento pecunia possidetur quam quaeritur. Quantum damnis ingemescunt quae et magna incidunt et uidentur maiora! Denique ut illis fortuna nihil detrahat, quicquid non adquiritur, damnum est. **17** « At felicem illum homines et diuitem uocant et consequi optant quantum ille possidet. » Fateor. Quid ergo? tu ullos esse condicionis peioris existimas quam qui habent et miseriam et inuidiam? Vtinam qui diuitias optaturi essent cum diuitibus deliberarent; utinam honores petituri cum ambitiosis et summum

Veneris : *ex* uenerit *m. rec. B* uenerit *Q* || illa amores : illa mores *BQ* [illam- *Q*].

15 hi *Q* : hii *B* || consurrexit *B* : *ex* cumsurr. *Q* || euripides[2] : *ex* -ripe *m. rec. B* erup- *Q* || petens *B* : pot- *pr. Q* || expectarent *Muret* [exsp-] : spect *BQ*.

16 desideratis *pr. Q Érasme*[1-2] *uulg. ante Hensium* desiderat is *m. rec. Q* desideratesse/*B* [*sed* se *super- add. atramento pallidiore*] *Auen.* [desiderant esse] *Hense*[1-2] || misera partis *Érasme*[1-2] *Axelson*[2], 105 [-rae *ratus fluxisse ex uicino sed non uero genituo* partis] : misera e partis *BQ* [miserae *B* -re *Q*] *Buecheler* || discruciant [-tiant] *B ex* -ciantur *Q* || fortuna *BQ* [-na * *ut uid. B*].

17 et diuitem *B* : ediu- *Q* diu- *Castiglioni* || quid ergo [quid *ex* qui *m. antiqua*] *BQ uulg.* || tu ullos *B Érasme*[2] *uulg.* : tu illos *Q Auen. Érasme*[1] || peioris : *ex* -res/*B m. ut uid. non antiqua* -res *Q* || deliberarent *ex* telibe- *B m. corr.* || petituri *B* : perit- *Q*.

puissants établis au faîte des dignités ! on eût formé, j'en suis sûr, des souhaits d'une autre sorte. En attendant, l'on ne condamne ses premiers souhaits que pour en former d'autres. Car il n'est pas d'homme que sa prospérité, fût-elle venue au pas de course, satisfasse jamais. On se plaint et de ses projets et de son avancement et l'on préfère toujours la situation qu'on a quittée.

18 Voici donc l'avantage, — le plus important qui soit à mes yeux — que la philosophie t'assurera : à nul moment tu ne seras mécontent de toi-même. Ce qui te mènera jusqu'à cette félicité, tellement solide qu'elle prévaut contre toutes les tempêtes, ce ne sera pas l'heureuse contexture de la phrase et la douceur coulante du discours. Que les mots aillent comme il leur plait, pourvu que l'âme garde son harmonie, qu'elle reste grande, insoucieuse des préjugés, s'applaudissant justement de ce qui lui vaut le blâme d'autrui ; car elle jugera de ses progrès par ses actes et ne s'estimera que dans la mesure où elle sera libre du désir comme de la crainte.

LETTRE **116** *

Lequel vaut le mieux d'avoir des passions modérées, ou d'être sans passions ? Question souvent débattue : nos stoïciens les proscrivent, les péripatéticiens les veulent modérer. Pour moi, je ne vois pas ce qu'une maladie, si atténuée soit-elle, peut avoir de salutaire ou d'utile. N'aie pas peur : je ne t'enlève rien de ce que tu ne veux pas te voir refuser. Je me montrerai facile, complaisant à certaines satisfactions auxquelles tu es porté et que tu estimes nécessaires à la vie, utiles ou agréables ; je ne retrancherai que le vice. Voici : après t'avoir défendu le désir, je te permettrai le vouloir ; ainsi tu feras les mêmes choses, mais sans affollement, avec plus de fermeté dans le dessein ; et les plaisirs mêmes, tu les goûteras mieux. Bien entendu, ils

* *Sommaire.* — Les stoïciens veulent supprimer les passions ; les péripatéticiens veulent seulement les modérer. Sénèque est avec les premiers, mais sans interdire les plaisirs à Lucilius, à condition qu'il ménage en lui la volonté (1). Mais Lucilius retombe dans les errements du passé. Il est naturel, dit-il, que la perte d'un ami lui

adeptis dignitatis statum! Profecto uota mutassent, cum interim illi noua susci*p*iunt cum priora damnauerint. Nemo enim est cui felicitas sua, etiam si cursu uenit, satis faciat. Queruntur et de consiliis et de processibus suis maluntque semper quae reliquerunt. **18** Itaque hoc tibi philosophia praestabit, quo equidem nihil maius existimo : numquam te paenitebit tui. Ad hanc tam solidam felicitatem quam tempestas nulla concutiat, non perducent te apte uerba contexta et oratio fluens leniter : eant ut uolent dum animo compositio sua constet, dum sit magnus et opinionum securus et ob ipsa quae aliis displicent sibi placens, qui profectum suum uita aestimet et tantum scire se iudicet quantum non cupit, quantum non timet. VALE.

SENECA LVCILIO SVO SALVTEM **116**

Vtrum satius sit modicos habere adfectus an nullos, saepe quaesitum est : nostri illos expellunt, peripatetici temperant. Ego non uideo qomodo salubris esse aut utilis possit illa mediocritas morbi. Noli timere : nihil eorum quae tibi non uis negari eripio. Facilem me indulgentemque praebebo rebus ad quas tendis et quas aut necessarias uitae aut utiles aut iucundas putas : detraham uitium. Nam cum tibi cupere interdixero, uelle permittam, ut eadem illa intrepidus facias, ut certiore consilio, ut uoluptates ipsas magis sentias.

suscipiunt *q duo Gruteri codd. Muret* : suspiciunt *BQ* [suspi/ciunt *B*] || cum *BQ Érasme* : qui *q cod. Gruteri, Pincia* [« *exempl. familiare*»] *ed. multi post Curionem posito* damnauerant *in clausula*].
18 perducent te *B* : perducente *Q* || sua *Q* : *ex* suo *m. corr. B*.
Ep. 116, **1** negari *ex* -re *B* || rebus *Q ut uid.* : (bebo)ribus *pr. B incip. pag.* [*post* o *signum est separandi*] || ut certiore *B* : aut certiore *Q Beltrami*[2] *cum Castiglioni* || sint *ex* sent *ut uid. B*.

ne sauraient venir que plus carrément à toi, si tu leur commandes en maîtres, que si tu te fais leur serviteur. **2** « Mais, dis-tu, il est naturel que la perte d'un ami me déchire le cœur : autorise un flux de larmes si légitimes. Il est naturel d'être sensible à l'opinion du monde, de s'affliger quand on l'a contre soi. Pourquoi m'interdirais-tu cette crainte vertueuse d'une méchante renommée ? » Il n'est point de vice qui ne se trouve de défense ; il n'en est point qui, à son début, n'apparaisse modeste, traitable ; il part de là pour se répandre plus largement. Tu n'obtiendras pas qu'il renonce, si tu le laisses entrer en jeu. **3** Toute passion naît débile ; puis, elle s'enhardit et se fortifie dans son progrès ; lui fermer la place coûte moins de peine que l'en déloger. Toutes les passions, qui le niera ? découlent de ce qu'on peut appeler un premier fonds naturel. La nature nous a commis le soin de nous-mêmes ; ce soin, si l'on y apporte trop de complaisance, est un vice. La nature a mêlé à nos besoins le plaisir, non comme une fin à rechercher, mais comme un complément destiné à rendre plus agréables les fonctions nécessaires de la vie : qu'il se fasse admettre à titre de plaisir, c'est la débauche. Ainsi donc quand les passions font mine d'entrer, résistons, puisque, je le répète, on a moins de peine à ne pas les recevoir qu'à les faire sortir. **4** Tu me dis : « Permets jusqu'à un certain point l'affliction, jusqu'à un certain point la crainte. » Oui, mais ce « certain point » étend ses prétentions et n'accepte pas tes limites arbitraires. Le sage, lui, peut sans risque ne pas monter la garde, inquiet, autour de soi : ses désolations comme ses plaisirs s'arrêtent où il voudra. Pour nous qui faisons malaisément marche en arrière, le mieux est d'éviter tout pas en avant. **5** Je trouve bien fine la réplique de Panétius à un tout jeune homme désireux de savoir si l'amour sera le fait du sage.

« Pour le sage, lui dit-il, c'est à voir. Pour toi et pour

déchire le cœur, qu'il soit flatté de l'estime des hommes, affligé de leur mépris. Ne laissons pas entrer en nous les passions (2-4). Réponse mémorable de Panétius à un jeune homme (5). Ne chérissons pas nos faiblesses (6-8).

Quidni ad te magis peruenturae sint si illis imperabis quam si seruies? **2** — « Sed naturale est, inquis, ut desiderio amici torquear : da *i*us lacrimis tam iuste cadentibus. Naturale est opinionibus hominum tangi et aduersis contristari : quare mihi non permittas hunc tam honestum malae opinionis metum » — Nullum est uitium sine patrocinio : nulli non initium uerecundum est et exorabile, sed ab hoc latius funditur. Non obtinebis ut desinat, si incipere permiseris. **3** Inbecillus est primo omnis adfectus ; deinde ipse se concitat et uires dum procedit parat : excluditur facilius quam expellitur. Quis negat omnes adfectus a quodam quasi naturali fluere principio? Curam nobis nostri natura mandauit, sed huic ubi nimium indulseris, uitium est. Voluptatem natura necessariis rebus admiscuit, non ut illam peteremus, sed ut ea sine quibus non possumus uiuere, gratiora nobis illius faceret accessio : suo ueniat iure, luxuria est. Ergo intrantibus resistamus, quia facilius, ut dixi, non recipiuntur quam exeunt. **4** « Aliquatenus, inquis, dolere, aliquatenus timere permitte. » Sed illud « aliquatenus » longe producitur nec ubi uis accipit finem. Sapienti non sollicite custodire se tutum est, et lacrimas suas et uoluptates ubi uolet sistet : nobis, quia non est regredi facile, optimum est omnino non progredi. **5** Eleganter mihi uidetur Panaetius respondisse adulescentulo cuidam quaerenti an sapiens amaturus esset.

« De sapiente, inquit, uidebimus : mihi et tibi, qui

2 amici *B* : animici *Q* || torquear *B* : tor/quat *Q* || da ius *Lipse* : datus *BQ* || aduersis *B* : -sus *Q* || et *Qq dett. uulg.* : ut *B* uel *Buecheler.*

3 naturali : *ex* -tutali *ead. m. B* : -turalis *Q* || gratiora *Qq dett. uulg. olim Beltrami* : gratia *B* -ta *Velz. Windhaus Hense* || luxuria est *Q* : *ex* -riet Est *B.*

4 dolere *B* : -lore *Q* || se tutum *ex* se tot- *B* : secutum *Q* || et uoluptates *B* : uoluptates *Q.*

5 quaerenti an [*ex* -entiam] *B* : -ent an *pr. Q* || amaturus *Q* : *ex* maturus *B* || sapiente *B* : *ex* -tem *m. rec. Q* || inquit *B* [-quid] : quid *Q.*

moi, qui sommes encore loin de l'état de sagesse, gardons-nous bien de tomber à la merci d'une passion orageuse, emportée, esclave d'autrui, vile à ses propres yeux. Nous regarde-t-elle avec faveur? sa gentillesse provoque notre désir. Avec mépris? ses hauteurs l'enflamment. En amour complaisance et résistance font autant de mal; on se laisse prendre à l'une, de l'autre on veut triompher. Aussi, ayant conscience de notre faiblesse, tenons-nous cois. N'exposons nos débiles esprits ni au vin, ni à la beauté, ni à l'adulation, à aucun de ces appâts dont la douceur nous tire à notre perte. »

6 Ce que Panétius répondit au sujet de l'amour, je le dirai pour toute passion. Fuyons au plus loin, nous autres, un terrain où l'on glisse : déjà sur un terrain ferme nous nous tenons avec si peu d'assurance! **7** Ici je te vois venir armé de l'aphorisme que tout le monde lance aux stoïciens : « Vos promesses sont trop belles [1] ; trop rudes, vos préceptes. Créatures chétives que nous sommes, nous ne pouvons nous refuser tout. Passez-nous nos afflictions : elles seront courtes; nos désirs : ils seront modestes; nos colères : elles ne seront pas implacables. »

8 Sais-tu pourquoi nous n'avons pas sur nous un tel pouvoir? C'est que nous ne pensons pas l'avoir. Mais non! la chose n'est pas aussi simple. On chérit ses vices [2], partant on s'en fait l'avocat et l'on aime mieux les excuser que les expulser. L'homme a reçu de la nature des ressources d'énergie, — bien suffisantes, si nous en tirions parti, si nous ramassions nos forces et les appelions tout entières à servir pour nous ou du moins à ne point servir contre nous. On ne veut pas [3], c'est la raison; on ne peut pas, c'est le prétexte.

1. Cf. 104, 25 *nos loqui maiora...*; 109, 18 *magna*; 48, 11 *ingentibus promissis.* — *Nimis dura* : 99, 26 *duritia.*

2. *Vitia nostra amamus* : cf. 97, 11 (*in arte uiuendi*) *peccata delectant*; 39, 6; *De Ira* 2, 10, 1 *errorum amor.*

3. *Nolle in causa est* : 104, 26 *nolunt.*

adhuc a sapiente longe absumus, non est committendum ut incidamus in rem commotam, inpotentem, alteri emancupatam, uilem sibi. Siue enim nos respicit, humanitate eius inritamur, siue contempsit, superbia accendimur. Aeque facilitas amoris quam difficultas nocet : facilitate capimur, cum difficultate certamus. Itaque conscii nobis inbecillitatis nostrae quiescamus : nec uino infirmum animum committamus nec formae nec adulationi nec illis rebus blande trahentibus. » **6** Quod Panaetius de amore quaerenti respondit, hoc ego de omnibus adfectibus dico. Quantum possumus, nos a lubrico recedamus : in sicco quoque parum fortiter stamus. **7** Occurres hoc loco mihi illa publica contra stoicos uoce : « Nimis magna promittitis, nimis dura praecipitis. Nos homunciones sumus, omnia nobis negare non possumus. Dolebimus, sed parum ; concupiscemus, sed temperate ; irascemur, sed placabimur. »

8 Scis qua re non possumus ista ? — Quia nos posse non credimus. — Immo mehercules aliud est in re : uitia nostra quia amamus defendimus et malumus excusare illa quam excutere. Satis natura homini dedit roboris, si illo utamur, si uires nostras colligamus ac totas pro nobis, certe non contra nos concitemus. Nolle in causa est, non posse praetenditur. VALE.

committendum *B* : -itendum *Q et sic mox* || emancupatam *B* : emancip- *Q* || nos respicit *Q uulg.* : non resp- *B unde* non respuit *Buecheler Hense* ||humanitate *Q* : -tem *B* || superbia *B* : -biae *Q* || conscii *B* : -sii *Q* || *uerba* nec uino — blande trahentibus *traiecit Haase post* adfectibus dico, *sed uide Albertini p.* 194 n. 1.

6 adfectibus *B Schweighaeuser* : *om. Q uulg. olim* || possumus, nos *distinxit Hense* : p. nos, *uulg.*

7 hoc *ex* hol- *B* || promittitis *B* : -mittis *Q* || temperate *BQ* : -tet *per compend. m. recentiore B quasi* -te et *legendum sit* || placabimur *B* : -mus *Q*.

8 possumus *codd.* : -ssimis *Madvig* || amamus *B* : amantis *Q* || illo *B* : illam *Q*.

LETTRE **117** *

1 Tu me susciteras toute une histoire, tu m'infligeras, à ton insu, les ennuis d'un gros procès, en me posant de ces petits problèmes sur lesquels je ne saurai jamais me séparer des gens de ma secte sans manquer à la reconnaissance ni m'accorder avec eux en conscience. Tu me demandes s'il est vrai, comme le veulent les stoïciens, que la sagesse soit un bien, mais que ce ne soit pas un bien d'être sage. J'exposerai premièrement leur opinion ; cela fait, je hasarderai, alors seulement, la mienne.

2 Nos stoïciens veulent que ce qui est bien soit corps, parce que le bien agit et que tout ce qui agit est corps. Le bien est utile ; or pour être utile, il faut qu'il agisse en quelque manière ; du moment qu'il agit, il est corps. La sagesse est un bien, disent-ils ; ils sont ainsi amenés par conséquence logique à la dire, elle aussi, corporelle. **3** Mais être sage n'implique pas, d'après eux, la même condition. C'est chose incorporelle, accident d'une autre substance, la sagesse : c'est pourquoi elle n'agit pas, elle n'est pas utile « Eh quoi, réplique-t-on, ne disons-nous pas que c'est un bien d'être sage ? ». Quand nous le disons, nous rapportons la qualité à son principe, qui est la sagesse. **4** A quoi les autres ont fait des objections : écoute-les, avant que je me sépare de mon groupe pour aller siéger dans un autre. « A ce compte, dit-on, vivre heureux ne serait pas non plus un bien. » Bon gré mal gré, les nôtres sont obligés de répondre que la vie heureuse est un bien, que vivre heureux n'est pas un bien. **5** Voici une autre difficulté qu'on leur oppose. « Vous voulez être sages ? Il est donc désirable d'être sage. Si c'est chose désirable, c'est un bien ». Nos philosophes se voient donc forcés de torturer les mots et de mettre dans *expetere* une syllabe de plus,

* *Sommaire.* — A la prière de Lucilius toujours curieux de subtils problèmes, Sénèque examine l'opinion stoïcienne d'après laquelle la sagesse est un bien, mais être sage n'est pas un bien (1). Il présente d'abord les arguments de l'École (2-5) ; puis son opinion propre : pour lui, être sage est un bien, comme la sagesse — à cause peut-être du consentement universel ? (6). Cet « appel au peuple » écarté,

SENECA LVCILIO SVO SALVTEM **117**

Multum mihi negotii concinnabis et, dum nescis, in magnam me litem ac molestiam inpinges, qui mihi tales quaestiunculas ponis, in quibus ego nec dissentire a nostris salua gratia nec consentire salua conscientia possum. Quaeris an uerum sit, quod Stoicis placet, sapientiam bonum esse, sapere bonum non esse. Primum exponam quid Stoicis uideatur ; deinde tunc dicere sententiam audebo.

2 Placet nostris quod bonum est corpus esse, quia quod bonum est facit, quicquid facit, corpus est. Quod bonum est prodest ; faciat autem aliquid oportet ut prosit ; si facit, corpus est. Sapientiam bonum esse dicunt ; sequitur ut necesse sit illam corporalem quoque dicere. **3** At sapere non putant eiusdem condicionis esse. Incorporale est et accidens alteri, id est sapientiae ; itaque nec facit quicquam nec prodest. « Quid ergo ? inquit, non dicimus : bonum est sapere ? » Dicimus referentes ad id ex quo pendet, id est ad ipsam sapientiam. **4** Aduersus hos quid ab aliis respondeatur audi, antequam ego incipio secedere et in alia parte considere. « Isto modo, inquiunt, nec beate uiuere bonum est. Velint nolint, respondendum est beatam uitam bonum esse, beate uiuere bonum non esse. » **5** Etiamnunc nostris illud quoque opponitur : « Vultis sapere ; ergo expetenda res est sapere ; si expetenda res est, bona est. » Coguntur nostri uerba torquere et unam syllabam expetendo interponere, quam sermo noster

Ep. 117, **1** ego nec : ego *Q*.
2 facit[2] *B* : facit autem *Q* || quoque *B* : *om. Q*.
3 quicquam [*ex* quidq.] *B m. corr.* : quicquid *Q*.
4 audi ante *B* : audiente *Q* || considere *B* : consed- *Q* || esse beate *B Schweighaeuser* : esse et beate [-tae *Q*] *Q uulg. olim*.
5 bona est *BQ Érasme* : bonum est *dett. Muret*.

insertion qu'ici notre langue interdit; je l'y ferai avec ta permission. Est à désirer (*expetendum*), disent-ils, ce qui est un bien; est désirable (*expetibile*) ce qui nous échoit, une fois le bien atteint. On n'y vise pas comme à un bien; mais il s'ajoute au bien auquel on visait. » **6** Pour moi je ne pense pas de même et j'ai la conviction que si nos philosophes se rabattent là-dessus, c'est que leur première proposition les lie et qu'un changement de formule leur est interdit.

Nous accordons beaucoup, d'ordinaire, à une conception qui est déjà chez tous. Un sentiment universellement reçu nous est une preuve de vérité. Par exemple l'existence des dieux se déduit, entr'autres raisons, de ce que l'idée préconçue de dieux existants est universelle, innée [1] ; de ce que nulle part aucune race n'est lancée à corps perdu hors de toute loi, de toute morale au point de ne pas croire à des dieux quelconques. Lorsque nous raisonnons de l'éternité des âmes, ce n'est pas à nos yeux un argument de faible poids que l'accord unanime des hommes en la crainte ou le pieux respect de ceux qui sont sous terre. J'invoque ici la croyance populaire : tu ne trouveras personne qui n'estime que, comme la sagesse est un bien, c'en est un que d'être sage.

7 Je n'imiterai pas le gladiateur vaincu qui fait appel au peuple. Entrons dans la lutte, cette fois avec nos propres armes [2].

L'accident qui affecte l'individu réside-t-il hors de l'individu ou dans l'individu même? S'il réside dans

Sénèque le philosophe démontre sa thèse (7-17). Ces subtilités sont condamnables (18) : il faut substituer l'étude de la nature (19) à ces abstractions chimériques (20), ou l'enseignement de la morale (21-25), notamment au sujet de la mort.

1. Cf. Cic. *Tusc.* 1, 30. — *Non leue momentum apud nos...* : d'ailleurs le temps travaille pour la vérité lorsqu'elle est selon la nature : Cic., *De N. d.* 2, 5 *opinionis commenta delet dies, naturae iudicia confirmat*. Des dieux, même des dieux *inferi*, la sagesse a dès longtemps révélé l'essence. Quant au « consentement » universel sur la qualité du bonheur qui a été donné au Sage, il est un hymne promis à sa grandeur : *De Prou.* 3, 14.

2. *Nostris — armis* : la dialectique et la subtilité du Portique, dont l'esprit alerte de S. aime peut-être le jeu, — tout en le réprouvant (v. infra).

inseri non sinit. Ego illam, si pateris, adiungam. « Expetendum est, inquiunt, quod bonum est ; expetibile quod nobis contingit cum bonum consecuti sumus. Non petitur tamquam bonum, sed petito bono accedit. » **6** Ego non idem sentio et nostros iudico in hoc descendere quia iam primo uinculo tenentur et mutare illis formulam non licet. Multum dare solemus praesumptioni omnium hominum, et apud nos ueritatis argumentum est aliquid omnibus uideri : tamquam deos esse inter alia hoc colligimus quod omnibus insita de diis opinio est nec ulla gens usquam est adeo extra leges moresque proiecta ut non aliquos deos credat. Cum de animarum aeternitate disserimus, non leue momentum apud nos habet consensus hominum aut timentium inferos aut colentium. Vtor hac publica persuasione : neminem inuenies qui non putet et sapientiam *b*onum *et* sapere.

7 Non faciam quod uicti solent, ut prouocem ad populum : nostris incipiamus armis confligere. Quod accidit alicui, utrum extra id cui accidit est an in eo cui accidit ? Si in eo est cui accidit, tam corpus est quam

inseri *B* : -ritur *Q unde* -ri cur (non sinit ?) *Beltrami coll. Flacci praecepto in A. p.* 58 *sq.* [*an in archetypi mg. erat* inseretur *propter id quod sequitur ? Vide Axelson*³ 128] || Ego *B* : Ergo *Q* || illam *B* : -a *Q*. || expetibile *BQ Érasme* [*graece fort.* αἱρέσιμον *ut mon. Schweighaeuser*] : adexpetendum [*i. e.* προσαιρετὸν *propter accessionem quamdam cf.* § 5 *ex.*] *Muret silens de lectionis huius et de allatae graecae uocis fonte* || non petitur *B* : nam petitur *Q*.

6 tenentur *B* : -netur *Q* || praesumptioni *B* [*sc* προλήψει] : -ptio || diis *Q Beltrami* : dîs *B signo supra pos.* dis *m. corr. Hense* || credat *B* : -det *Q* [-deret *m. rec.*] || de animarum *Q* : *ex* animarum *B m. corr.* || habet consensus *B* : habeam sensus *Q* || u. hac [ac *Q*] p. — sapere. *codd. uulg.* : utar hac — persuasione ? — sapere. *Hermes* || et sapientiam bonum et sapere *Mentel uulg.* : et sapientiam et bonum sapere *BQq* [et bonum/*B*] e. s. b. e. s. bonum *dett. Fickert* e. s. b. e. s. Schweighaeuser e. s. e. s. b. *Hermes*.

l'individu, il est corps tout comme lui, car l'accident ne peut être produit sans contact [1] ; or ce qui touche un corps est corps ; l'accident ne peut être produit sans mouvement ; or ce qui met en mouvement un corps est corps. S'il réside hors de lui, il s'est éloigné après s'être produit. Ce qui s'éloigne a du mouvement ; or,ce qui a du mouvement est corps. **8** Tu comptes que je vais dire que la course et courir, c'est même chose ; même chose, la chaleur et avoir chaud ; même chose, la lumière et luire ! Eh bien, je concède la distinction de ces choses, mais non qu'elles sont hétérogènes. Si la santé est chose indifférente, être en santé ne le sera pas moins ; s'il en va de même de la beauté, il sera pareillement « indifférent » d'être beau. Si la justice est un bien, c'est encore un bien d'être juste. Si l'immoralité est un mal, c'en sera un d'être immoral. Aussi sûrement, ma foi, que, si l'ophthalmie [2] est un mal, c'est un mal d'en être atteint. Pour que tu le saches, l'un ne peut être sans l'autre : qui a la sagesse est sage, qui est sage a la sagesse. Il y a si peu lieu de douter que l'un soit de même nature que l'autre, qu'ils semblent à quelques-uns être une seule et même chose... [3]. **9** Mais il est une question que j'aimerais à poser : puisque tout est mal ou bien ou chose indifférente, à quelle catégorie appartient ce mode d'activité : être sage ? ce n'est pas un bien, assure-t-on. En tout cas, ce n'est pas un mal ; c'est donc un état intermédiaire. Or, nous appelons intermédiaire, indifférent ce qui est susceptible d'échoir au méchant tout comme au

1. Le contact, signe de la « corporalité » cf. 106. 8.
2. Le retour de cette parabole décèle l'importance que le mal de l'ophtalmie avait prise en la vie de Sénèque. V. t. IV, p. 71 n. 1.
3. Le maître devait esquisser un sourire en désignant par ce mot (*quibusdam*) les autorités en matière de choses qui sont évidentes de soi.

illud cui accidit. Nihil enim accidere sine tactu potest; quod tangit corpus, corpus est : nihil accidere sine actu potest; quod agit corpus, corpus est. Si extra est, posteaquam acciderat, recessit : quod recessit, motum habet : quod motum habet, corpus est. **8** Speras me dicturum non esse aliud cursum, aliud currere, nec aliud calorem, aliud calere, nec aliud lucem, aliud lucere : concedo ista alia esse, sed non sortis alterius. Si ualetudo indifferens est, *et* bene ualere indifferens est; si forma indifferens est, et formonsum esse. Si iustitia bonum est, et iustum esse. Si turpitudo malum est, et turpem esse malum est, tam mehercules quam, si lippitudo malum est, lippire quoque malum est. Hoc ut scias, neutrum esse sine altero potest : qui sapit sapiens est; qui sapiens est sapit. Adeo non potest dubitari an quale illud sit tale hoc sit, ut quibusdam utrumque unum uideatur atque idem. **9** Sed illud libenter quaesierim, cum omnia aut mala sint aut bona aut indifferentia, sapere in quo numero sit? Bonum negant esse, malum utique non est; sequitur ut medium sit. Id autem medium atque indifferens uocamus quod tam malo contingere quam bono possit, tamquam pecunia,

7 quod tangit corpus, corpus est — agit corpus, corpus est : quod tangit corpus est [est *om. Q*]. Nihil accidere sine tactu (t *prior transfossa uidetur in B*] potest. Quod agit corpus [corpus *semel in B*] est *B* [*qui sic distinx.*] *et Q* quod tangit corpus corpus est. Nihil accidere sine tactu potest. Quod agit corpus corpus est *q Palat. Rom.* 1539 *Palat. II et IV Gruteri* [corpus *semel utrobique in hoc*] *teste Fickert.*

8 speras *B* : -res *Q* || et bene ualere indifferens est *Beltrami* : *om. B* bene ualere indifferens est *Q dett., q* [*in mg. ead. m.*] *Auen. Érasme*[1] *Schweighaeuser* et ualere indifferens est *Érasme*[2] *fere uulg.* || formonsum *Q* : formos- *ex* formons- *B m. rec.* || turpitudo *B* : -pido *Q* || lippido *B* || lippire quoque malum est *B Hense* : *om. Q* et lippire malum est *Érasme*[1-2] *fere uulg. olim* lippire m. e. *Schweighaeuser* || hoc ut sciasB *uulg.* ut scies *Q* horum, ut scias *malit Hense* || potest *B* : -tens *Q* || non potest *B* : *ex* non post *Q m. rec.* || illud sit *B* : illud scit *Q*.

9 numero sit *B* : numeras si *ex* numera sit *Q m. rec.* || ut *B om. Q* || malo *B* : *ex* mala *Q* || possit tamquam *B* [*ex* positam quam *m. corr.*] *Schweighaeuser* : potest tamquam *Q uulg. olim.*

bon, l'argent par exemple, la beauté, la noblesse ; mais la prérogative d'être sage ne peut échoir qu'au bon, par conséquent elle n'est pas chose indifférente. Note, d'autre part, qu'on ne peut pas non plus dénommer mal ce qui n'échoit pas au méchant ; donc elle est bien. Ce que l'on n'a pas sans être bon est un bien. Il n'appartient qu'au bon d'être sage ; être sage est donc un bien. **10** C'est, dit-on, une circonstance accidentelle de la sagesse. Voyons, cet état que tu appelles « être sage », fait-il la sagesse ou en subit-il l'action ? Qu'il la crée ou qu'il en reçoive l'existence, de toute manière c'est un corps ; car ce qui agit et ce qui subit l'action est corps. S'il est corps c'est un bien, puisqu'il ne lui manquait, pour être un bien, qu'une chose : il n'était pas corporel. **11** Les péripatéticiens veulent qu'entre la sagesse et être sage il n'y ait nulle différence, attendu qu'en l'un des deux, n'importe lequel, il y a l'autre aussi. En effet, dis-moi : peut-on jamais être sage à moins de posséder la sagesse ?

12 Les dialecticiens d'autrefois entre ces choses font une distinction ; et cette dissociation a passé jusque chez les stoïciens : je vais te l'expliquer. Autre chose est un champ, autre chose est de posséder un champ ; évidemment, puisque posséder un champ se rapporte au possesseur, non au champ. Ainsi autre chose est la sagesse, autre chose est d'être sage. Tu accorderas, je pense, qu'il y a ici deux choses, l'objet possédé et le possesseur : la sagesse est possédée, celui qui est sage la possède. Qu'est-ce que la sagesse ? C'est l'âme en sa perfection ou portée au plus haut degré d'excellence, c'est en fait l'art de se conduire [1]. Être sage, qu'est-ce ? Je ne puis dire : l'âme dans sa perfection ; mais bien l'heureux état de qui la possède. L'un est l'âme vouée au bien ; l'autre, pour ainsi parler, la possession d'une âme vouée au bien [2]. **13** Il y a, dit-on, diverses natures de corps ; voici par exemple un homme,

1. V. 76, 3.

2. Chrysippe n'aurait pas répudié cette sorte de raisonnement — cause de l'insuccès, réel, de sa rhétorique (v. t. IV, p. 25, n. 1fin). .V. une définition de la véritable éloquence 108, 12... *relictis ambiguitatibus et syllogismis et cauillationibus et ceteris acuminis inriti ludicris. Dic in auaritiam, in luxuriam...*

forma, nobilitas. Hoc, ut sapiat, contingere nisi bono non potest; ergo indifferens non est. Atqui ne malum quidem est, quod contingere malo non potest; ergo bonum est. Quod nisi bonus non habet bonum est; sapere non nisi bonus habet; ergo bonum est. **10** « Accidens est, inquit, sapientiae. » Hoc ergo quod uocas sapere, utrum facit sapientiam an patitur? Siue facit illud siue patitur, utroque modo corpus est. Nam et quod fit et quod facit corpus est. Si corpus est, bonum est; unum enim illi deerat quominus bonum esset, quod incorporale erat. **11** Peripateticis placet nihil interesse inter sapientiam et sapere, cum in utrolibet eorum et alterum sit. Numquid enim quemquam existimas sapere nisi qui sapientiam habet? numquid quemquam qui sapit, non putas habere sapientiam?

12 Dialectici ueteres ista distinguunt; ab illis diuisio usque ad Stoicos uenit. Qualis sit haec dicam. Aliud est ager, aliud agrum habere, quidni? cum habere agrum ad habentem, non ad agrum pertineat. Sic aliud est sapientia, aliud sapere. Puto, concedes duo esse haec, id quod habetur et eum qui habet : habetur sapientia, habet qui sapit. Sapientia est mens perfecta uel ad summum optimumque perducta; ars enim uitae est. Sapere quid est? non possum dicere « mens perfecta », sed id quod contingit perfectam mentem habenti; ita alterum est mens bona, alterum quasi habere mentem bonam. **13** « Sunt, inquit, naturae corporum, tamquam

nisi bonus *B* [*ex* nisi bonum *m. corr.*] : nisi bonum *Q* || non nisi bonus *B* [*ex* nisi bonum/ *m. corr.*] : nisi bonum *Q*.

10 siue facit illud siue patitur utroque modo *Qq dett. Mentel. uulg. olim, Beltrami* : utroque modo *B Fickert alii.*

11 quemquam *B* : *ex* quemquem *Q* || existimas *B* : -mes *Q*.

12 ad habentem *B* : habentem *Q* || concedes *B* : -das *Q* || haec id quod *B* : haec hic quod *Q* || uitae est *B* : *ex* -taest *Q* || ita alterum *B plerique mss. uulg.* : iterum alterum *Q unde* ita eorum alterum *Beltrami sed u. Axelson*[3] 128.

voici un cheval. Ensuite s'attachent à ces natures des mouvements de l'âme déclaratifs au sujet du corps. Ces mouvements ont quelque chose qui leur est propre respectivement, est distinct des corps. Par exemple, je vois Caton se promener. Les sens me le montrent, ma pensée y croit. C'est un corps que je vois, qui occupe mes yeux, ma pensée. Ensuite je dis : « Caton se promène. [1] » Ce que je dis là n'exprime pas un corps, dit-on ; mais est expression déclarative d'un état corporel appelée par les uns un « prononcé », par les autres un « énoncé », par d'autres un parlé (λεκτόν) [2]. De même quand nous disons : la sagesse, nous entendons un être corporel ; quand nous disons : il est sage, nous parlons d'un corps. Or la différence est extrême entre nommer telle chose et parler d'elle.

14 Croyons pour l'instant que ce sont là deux choses, car je n'exprime pas encore mes vues personnelles : qui empêche la seconde d'être différente et bonne néanmoins ? Je disais tout à l'heure : autre chose est un champ, autre chose posséder un champ. Cela va de soi, car le possédant relève d'une certaine nature, l'objet possédé d'une autre. D'un côté, la terre ; de l'autre, l'homme. Mais dans le cas dont il s'agit, les deux termes sont de même nature, possesseur de la sagesse et sagesse. **15** De plus, dans l'exemple ci-dessus, ce qui est possédé est autre que celui qui possède. Ici le même sujet embrasse chose possédée et possesseur. Le droit nous fait possesseur du champ, nous tenons la sagesse de notre nature. Celui-là peut s'aliéner et se transmettre, celle-ci ne quitte pas son maître ; il n'y a donc pas lieu d'instituer un parallèle entre objets dissem-

1. « Je vois Caton se promener... Ensuite je dis : Caton se promène... » Écho des subtilités dialectiques exposées dans les écoles ou les cercles philosophiques de Rome.

2. Un parlé... V. t. IV, p. 24 n. 4 s. f. et p. 147, n. 1. « Cf. Sext. Empiric. *Adversus Mathematicos* [X, 218] : *Incorporeum aliquid apud Stoicos dici* λεκτόν ; *quod Noster hic vertit : effatum, enuntiatum, edictum* » (Juste Lipse). L'humaniste allemand, après Érasme, lisait en ce passage *edictum* comme aujourd'hui les lecteurs du manuscrit quirinien.

hic homo est, hic equus; has deinde secuntur motus animorum enuntiatiui corporum. Hi habent proprium quiddam et a corporibus seductum, tamquam uideo Catonem ambulantem : hoc sensus ostendit, animus credidit. Corpus est quod uideo, cui et oculos intendi et animum. Dico deinde : Cato ambulat. Non corpus, inquit, est quod nunc loquor, sed enuntiatiuom quiddam de corpore, quod alii effatum uocant, alii enuntiatum, alii dictum. Sic cum dicimus sapientiam, corporale quiddam intelligimus; cum dicimus « sapit », de corpore loquimur. Plurimum autem interest utrum illud dicas an de illo. »

14 Putemus in praesentia ista duo esse — nondum enim quid mihi uideatur pronuntio — : quid prohibet quominus aliud quidem <sit> sed nihilominus bonum? Dicebam paulo ante aliud esse agrum, aliud habere agrum. Quidni? in alia enim natura est qui habet, in alia quod habetur : illa terra est, hic homo est. At in hoc de quo agitur eiusdem naturae sunt utraque, et qui habet sapientiam et ipsa. **15** Praeterea illic aliud est quod habetur, alius qui habet : hic in eodem est et quod habetur et qui habet. Ager iure possidetur, sapientia natura; ille abalienari potest et alteri tradi, haec non discedit a domino. Non est itaque quod

13 equus *B* : aeq- *B* || secuntur *Q Beltr.* : sequntur *B uulg.* || enuntiatiui *ex* -atibi *B m. correctoris* : -at ibi *Q* || hi *ex* hii *B m. corr.* : ibi *Q* || proprium *Q* : *ex* -riam *m. corr. B* || sensus *B* : *ex* senses *Q* || enuntiatiuom *Hense* : *ex* -iauom *m. corr. B* [-iatiuum] : -iatum *Q* || dictum *B* [τὸ λεκτὸν] : edic- *Q* || corporale *B* : *ex* -li *Q* || dicas illud *dett.* i. d. *Muret Haase* : illum dicas *BQq Auen. Érasme Schweighaeuser.*

14 aliud *codd. uulg.* || sit sed *Muret*, sed *codd.* [/sed *B*] || dicebam *Hermes coll.* § 12 : dicebas *BQ nec mirum cum in codd. longobardicis* s *et* m *per compend. notatae* [*cf. Nazarian. cod. in ed. nostra operis De Clem.*] *inter se similes sint* dicebamus *Hense dubitanter* || alia *B* : aliena *Q* || qui habet — terra est *Qq dett. uulg.* : *om.* [*post* /tura est] *B* || ipsa *BQ* [ipsa/*B*] *Haase* : ipsa quae habetur *q dett. Auen. Érasme alii* [« *moleste* » *Hense*].

15 alius qui *B* : aliud qui *Q* || ager iure possidetur *B uulg.* : iure possidetur ager *Qq dett. Mentel. et chiasmi gratia Beltrami.*

blables. J'avais commencé à dire que ce pouvaient être deux choses, bonnes toutefois l'une et l'autre. Ainsi sagesse et sage sont deux choses; l'une et l'autre sont un bien, comme tu me l'accordes. De même que rien n'empêche que la sagesse ne soit un bien tout ainsi que l'être qui la possède; de même rien n'empêche que la sagesse ne soit un bien, tout ainsi que la posséder, c'est-à-dire être sage. **16** En vérité mon but, lorsque j'aspire à la sagesse, est d'être sage. N'est-ce pas un bien qu'une chose sans laquelle l'autre n'est pas bien non plus? C'est vous, n'est-il pas vrai? qui dites qu'il faudrait refuser la sagesse, si on la donnait sans la mise en pratique? Quelle est la mise en pratique de la sagesse? être sage. Avantage le plus précieux de la sagesse, faute duquel elle devient oiseuse. Si les tortures sont des maux, être torturé est un mal, à telles enseignes qu'elles ne sont plus des maux, si l'état subséquent est ôté. La sagesse est l'état durable d'une âme parfaite; être sage c'est mettre en œuvre cette perfection morale. Comment ne serait-ce pas un bien que la mise en œuvre de la perfection, qui, sans la mise en œuvre, n'est plus un bien? **17** Je te demande si la sagesse est désirable. Tu en conviens. Je te demande si la mise en pratique de la sagesse est désirable : tu en conviens; ne déclares-tu pas en effet que tu ne voudrais pas de la sagesse, si l'on t'empêchait de la mettre en pratique? Ce qui est désirable est un bien. Être sage est mise en pratique de la sagesse, de même que parler est l'usage qu'on fait de la parole, de même que voir, c'est l'usage qu'on fait des yeux. Ainsi donc être sage c'est mise en œuvre de la sagesse; or la mise en œuvre de la sagesse est désirable [1]; être sage est, par conséquent, désirable; objet désirable, c'est un bien.

18 Voilà un bon moment que je me condamne moi-même, imitant ceux que j'accuse, dépensant des phrases à

1. Cette page éclaire la signification d'*usus* opposé à la vertu ou à l'*habitus*. V. *Notulae Vaticanae...*, in *Mél. Ecole fr. de R.*, 1958, deuxième art, pp. 134 sq. — § 18 *Illos imitor dum accuso...* S. directeur d'âmes voulait comprendre tous les passe-temps de l'intelligence. Ici il s'est glissé à la place des *cauillatores*; ailleurs, 108, 35, à la place de l'érudit ou de l'apprenti-grammairien.

compares inter se dissimilia. Coeperam dicere posse ista duo esse et tamen utraque bona *esse*, tamquam *et* sapientia et sapiens duo sunt et utrumque bonum esse concedis. Quomodo nihil obstat quominus et sapientia bonum sit et habens sapientiam, sic nihil obstat quominus et sapientia bonum sit et habere sapientiam, id est sapere. **16** Ego in hoc uolo sapiens esse ut sapiam. Quid ergo? non est id bonum sine quo nec illud bonum est? Vos certe dicitis sapientiam, si sine usu detur, accipiendam non esse. Quis est usus sapientiae? sapere : hoc est in illa pretiosissimum, quo detracto superuacua fit. Si tormenta mala sunt, torqueri malum est, adeo quidem ut illa non sint mala, si quod sequitur detraxeris. Sapientia habitus perfectae mentis est, sapere usus perfectae mentis : quomodo potest usus eius bonum non esse quae sine usu bonum non est? **17** Interrogo te an sapientia expetenda sit : fateris. Interrogo an usus sapientiae expetendus sit : fateris. Negas enim te illam recepturum si uti ea prohibearis. Quod expetendum est bonum est. Sapere sapientiae usus est, quomodo eloquentiae eloqui, quomodo oculorum uidere. Ergo sapere sapientiae usus est, usus autem sapientiae expetendus est; sapere ergo expetendum est. Si expetendum est, bonum est.

18 Olim ipse me damno qui illos imitor dum accuso et uerba apertae rei impendo. Cui enim dubium potest

coeperam *B* : cep- *Q* || tamquam et *Schweighaeuser* : tamquam [*ex* et tamquam] *B Fickert Haase* et tamquam *Q* esse, tamquam *Rossbach Beltrami om. uulg. olim* || sapientia et *B* : -tiae/et *Q*.

16 nec illud bonum *B* : illud *Q* || quis est *B Érasme*[2] *uulg. olim Hense* : quid est *Qq dett. uet. Érasme*[1] *Fickert Haase* || superuacua fit./si *B uulg.* : superuacuae sic *Q unde* superuacua est. si *Beltrami dubitanter an* superuacua fit. sic si*?* || quidem *B* : quiddam *Q* || illa *B* : -am *Q* || usus perfectae : usus perfecta *BQ* [-tae *m. corr. B m. post. Q*] || sine usu *B* : sine usum *Q* || bonum non est *uulg.* : bonum *BQ* [-/num *B*].

17 Interrogo te *Q* : *ex* Interroga te *B m. correctoris* || an sapientia *B* : asap- *Q* || expetenda *B* : et/expet — *Q* || uti *B* : utique *Q unde* uti quoque *Beltrami dubitanter.*

démontrer ce qui saute aux yeux. A qui peut-il venir en doute, si l'excès de chaleur est un mal, qu'avoir trop chaud n'en soit un pareillement ? si le grand froid est un mal, que ce n'en soit un de le ressentir ? si la vie est un bien, que ce ne soit un bien de vivre ? Toutes ces questions tournent autour de la sagesse, elles ne sont pas au cœur du sujet, et pourtant notre devoir est de nous y tenir. **19** Même s'il nous prend fantaisie de quelque excursion, la sagesse offre des espaces à l'écart, immenses. Étudions la nature des dieux, le principe qui alimente les corps célestes, cette course des étoiles en tant de directions différentes : le cours des choses humaines obéit-il à leurs mouvements [1], la force impulsive communiquée à tous les corps, à toutes les âmes vient-elle de là-haut, est-il vrai que même ce que l'on appelle le hasard obéit strictement à une loi déterminée et que dans cet univers aucun phénomène ne se déroule imprévisible ou étranger à l'ordre établi ? [2] De telles spéculations commencent à se trouver loin de la formation morale, mais elles allègent l'esprit et le haussent au niveau de leurs sublimes objets. Quant à ces discussions, dont je te parlais tout à l'heure, elles le rétrécissent, le dépriment, au lieu de l'affiner, ainsi qu'il vous semble, elles l'amenuisent. **20** Ah ! de grâce, son effort, que réclament si impérieusement de plus grands, de plus nobles intérêts, faut-il qu'on l'épuise sur des abstractions probablement chimériques, à coup sûr inutiles ? Que gagnerai-je à savoir si la sagesse est une chose, être sage une autre chose ? Que gagnerai-je à savoir que l'un est un bien, l'autre non ? J'irai hardiment ; de mon vœu que voici j'accepte l'aléa : prends pour lot la sagesse, que le mien soit d'être sage, partage égal. **21** Fais en sorte, plutôt, de me montrer la voie qui doit me conduire à ces biens. Dis-moi ce que je dois fuir ou désirer ; quelles études raffermiront mon âme chance-

1. Déterminisme total ; mais v. aussi l'astrologie ép. 88, 14 sq., *N. q.* 1 pr. 12 fin. — Supra « le principe » : exhalaison de la terre, 6, 16, 2.

2. Le cosmos stoïcien préfigura le cosmos des savants modernes. L'idée en semblait réconfortante au sage : 74, 20 *sciat* (*homo*) *illa ipsa quibus laedi uidetur ad conseruationem uniuersi pertinere* ? *De Prou.* 5, 8 *grande solacium* — *cum uniuerso rapi.* § 19 fin : 100, 5 fin « la vaine et rétrécissante subtilité », 102, 20 ce programme *philoso-*

esse quin, si aestus malum est, et aestuare malum sit? si algor malum est, malum sit algere? si uita bonum est, et uiuere bonum sit? Omnia ista circa sapientiam, non in ipsa sunt; at nobis in ipsa commorandum est. **19** Etiam si quid euagari libet, amplos habet illa sp*a*tiososque secessus : de deorum natura quaeramus, de siderum alimento, de his tam uariis stellarum discursibus, an ad illarum motus nostra moueantur, an corporibus omnium animisque illinc impetus ueniat, an et haec, quae fortuita dicuntur, certa lege constricta sint nihilque in hoc mundo repentinum aut expers ordinis uolutetur. Ista iam a formatione morum recesserunt, sed leuant animum et ad ipsarum quas tractat rerum magnitudinem adtollunt; haec uero de quibus paulo ante dicebam minuunt et deprimunt nec, ut putatis, exacunt sed extenuant. **20** Obsecro uos, tam necessariam curam maioribus melioribusque debitam in re nescio an falsa, certe inutili terimus? Quid mihi profuturum est scire an aliud sit sapientia, aliud sapere? Quid mihi profuturum est scire illud bonum esse, *hoc non esse*? Temere me geram, subi*b*o huius uoti aleam : tibi sapientia, mihi sapere contingat, pares erimus. **21** Potius id age ut mihi uiam monstres qua ad ista perueniam. Dic quid uitare debeam, quid appetere, quibus animum labantem studiis firmem, quemadmo-

18 sit algere *BQ* [sit alge/re *B*] : sit et algere *Velz.*

19 spatiososque [spacio-] *q dett. uulg.* : specio- *BQ Hermes sed u. auctore Hense* 88, 33 *init.* || de siderum *ex* desiderium *B m. corr.* || alimento *BQ Muret* [*ex Pinciani cod.* « *Francisc.* »] : elementis *Auen. Érasme*$^{1-2}$ *multi alii ante Ficker* [*uide ibi quid adnotet Ruhkopf*] || de his tam *B* : deistam *pr. Q* || moueantur *BQ Schweighaeuser* : corpora *addunt m. rec.* [*fort Erasmi*] *Bq uulg. olim* || an *Qq dett. uulg.* : in *B* || certa *B* : -te *Q* || constricta *B* : contr- *Q* || sint *B* : *ex* sunt *Q* || iam a : *ex* ima *B m. uid. corr.* ima *Q* || uero *B* : uerbo *Q*.

20 hoc non esse *Muret* : *om. BQ* [*est in B mg. signum uetus inuestigandi ac recens. Erasmianum ut uid., lacunae*] *uulg. ante Schweighaeuser* || subibo *Érasme*^{2} : -bito *BQ uet. ed. Ruhkopf* [«*i. e. adi, suscipe* »] || sapientia *B* : -tiam *Q*.

21 ista *B* : -tam *Q*.

lante ; comment je repousserai loin de moi ces flots qui m'assaillent de flanc et m'emmènent ; comment je puis être en mesure de parer les coups si divers du malheur ; comment écarter ces fléaux qui ont fondu sur moi, comment ceux au-devant desquels je me suis rué [1] ? Que je sache par tes leçons supporter les tribulations sans gémir, la prospérité sans faire gémir autrui ; ne pas attendre le terme suprême et inévitable, mais de moi-même. quand bon me semblera, m'enfuir de la vie. **22** Je ne conçois pas indignité pire que de souhaiter la mort. Car si tu veux vivre, pourquoi souhaites-tu de mourir ? Si tu ne le veux plus, pourquoi demandes-tu aux dieux ce qu'ils t'ont accordé lorsque tu vins au monde [2] ? Mourir un jour, quand tu ne le voudrais pas, c'est ton sort ; mourir quand tu le voudras, dépend de toi. Là stricte nécessité, ici toute licence ! **23** L'ignoble préambule [3] que j'ai lu, ces jours-ci, chez un auteur, ma foi fort disert : « Aussi vrai que je souhaite mourir au plus tôt ! » Pauvre fou, tu désires ce qui t'appartient. « Aussi vrai que je souhaite mourir au plus tôt ! » Peut-être tenant ce langage tu as vieilli tout d'un coup : sinon quel obstacle t'arrête ? Personne ne te retient, Sauve-toi par où tu voudras [4] ; choisis dans les parties de la nature, commande à celle que tu voudras de t'ouvrir une issue. Par là j'entends les éléments qui contribuent [5] à l'économie de ce monde, l'eau, la terre et l'air, tous sources de vie et moyens d'acheminement vers la mort. **24** « Aussi vrai que je souhaite mourir au plus tôt ! » Cet « au plus

phiam in has angustias ex maiestate detrahere! 88, 36 *laxum spatium res magna desiderat*. Précisément, les « Quest. naturelles » sont dédiées à Lucilius.

1. Quelque allusion aux circonstances de la vie de S. ? Voici l'*ultimum necessarium* : la mort ? l' « ordre de mort » ? V. 17, 9 *necessitates ultimae* et la note.

2. *Nascenti* : cf. *Ep*. 77, 12 *ad hanc legem natus*. — *Licet* : cf. 70, 15 *non placet ? licet eo reuerti*...

3. Le « préambule » visé est de quelque écrivain terrassé par le chagrin.

4. *Phoen*. 153 *mille — aditus*.

5. *Quibus* = au moyen desquels (le monde est gouverné par l'esprit de Dieu).

dum quae me ex transuerso feriunt aguntque procul a me repellam, quomodo par esse tot malis possim, quamodo istas calamitates remoueam quae ad me inruperunt, quomodo illas ad quas ego inrupi. Doce quomodo feram aerumnam sine gemitu meo, felicitatem sine alieno, quomodo ultimum ac necessarium non expectem, sed ipseme*t*, cum uisum erit, profugiam.

22 Nihil mihi uidetur turpius quam optare mortem. Nam si uis uiuere, quid optas mori ? siue non uis, quid deos rogas quod tibi nascenti dederunt ? Nam ut quandoque moriaris etiam inuito positum est, ut cum uoles in tua manu est. Alterum tibi necesse est, alterum licet. **23** Turpissimum his diebus principium diserti mehercules uiri legi : « Ita[que], inquit, quamprimum moriar. » Homo demens, optas rem tuam. « Ita quamprimum moriar. » Fortasse inter has uoces senex factus es ; alioqui quid in mora est ? Nemo te tenet : euade qua uisum est, elige quamlibet rerum naturae partem quam tibi praebere exitum iubeas. Haec nempe sunt [et] elementa quibus hic mundus administratur, aqua, terra, spiritus : omnia ista tam causae uiuendi sunt quam uiae mortis. **24** « Ita quamprimum moriar » : quamprimum

labantem *ex* lib- *ead m. B* : lib- *Q* || par esse tot *B* : par esset hoc *Q* || possim *B* : *ex* -ssem *Q* || inrupi *B* : -pit *Q* || expectem *B* : -petem *Q* || ipsemet, cum *Pincia* [« *uet. lectio* »] *Muret* : ipsemecum *BQ* || erit profugiam *B* : erit profugium *Q* fuerit non procrastinem sed ego ipse profugiam *q uerbosius.*

22 optare *B* : -ri *Q* || si uis *BQ* : siue uis *Haase sed* si -siue *est ap. Caes. De B. g.* 4, 17, 10 *non modo ap. Plaut. aut Ter.* || quod tibi B : qui tibi *Q*.

23 ita *Pincia cf.* ita *cum iisd, uerbis infra repetitum bis* : itaque *BQ* [*fort. in mg. archetypi fuit per compend.* qu(er)e = quaere *sc. de* « *diserto uiro* »] || es alioqui *BQ* [-quin *Q*] *ex* est lioqui *B*] || elementa *dett. uulg. olim Hense* : et elementa *BQ Schweighaeuser obscure, om. Haase* ea elementa *Castiglioni sed fort. fuit in mg-archetypi* d(eest) ET(ER) [*i. e.* « *aether* »] iuxta elementa *cum in ipsorum catalogo sequente* ignis *situe* aether *certe defuerit* || mundus *ex* munus *B m. corr.* || spiritus *codd.* : spiritus, ignis *Windhaus an satis apte ad codd.?*

tôt » comment l'entends-tu? A quand l'ajournes-tu? Il peut arriver plus vite que tu ne souhaites. C'est là le mot d'un cœur pusillanime et faisant appel, par ce cri de désespoir, à la pitié. L'homme qui souhaite la mort ne tient pas à mourir [1]. Demande aux dieux de te conserver vie et santé; si tu as opté pour la mort, elle offre cet avantage d'arrêter net tous les souhaits.

25 Voilà, mon cher Lucilius, les sujets à méditer; voilà par où former notre âme. La sagesse consiste en cela, être sage consiste en cela, et non à exercer dans de creuses et pauvres disputes un talent dialectique qui est la plus grande des vanités. La Fortune t'a mis en face de tant de problèmes! Tu n'as pu encore les résoudre, et tu fais maintenant l'ergoteur? Quelle aberration, quand le signal du combat t'a été donné, de t'escrimer contre le vent! A l'écart ces fleurets [2] : ce sont armes tranchantes qu'il te faut. Dis comment épargner à l'âme toutes les tristesses, toutes les craintes qui en dérangent l'équilibre; comment bouter hors le poids de mes convoitises secrètes. A la besogne! **26** « La sagesse est un bien; être sage n'est pas un bien! » Voilà comme il advient qu'on nie que nous le soyons et que soit objet de risée un effort d'esprit qu'on juge employé à des travaux inutiles.

Et si l'on savait cet autre énoncé scolastique : « Est-ce que la sagesse à venir est un bien! » Car y a-t-il le moindre doute que les greniers ne sentent pas la charge de la future moisson, que le premier âge ne peut se faire une idée claire de l'adolescence qui doit venir, en quelque degré qu'il soit de force et de robustesse? Le patient, tant qu'il est malade, ne bénéficie en rien de la santé qu'il doit retrouver. Pareillement de quel réconfort peut être au coureur, au lutteur un repos qui ne doit leur venir qu'au bout de longs mois? **27** Nul n'ignore que ce qui doit arriver n'est pas un bien, précisément parce qu'il doit arriver [3]. Quant au bien

1. C'est le thème bien connu de la fable de La Fontaine, *La Mort et le Bûcheron* (1, 6). V. ép. 107, 2.

2. 82, 24, tu brandis des « tirepointes » contre le lion. 85, 1 fin, contre l'ennemi. — « Armes tranchantes » : 82, 23 catapultes (*magna tela*) contre les monstres gigantesque. §26 *derideatur*, cf. 85, 1.

3. Voir, ici, la dissertation finnoise (sur le participe « futur », « als Ausdrucksmittel bei Seneca ») par R. Westman dans *Societatis*

istud quid esse uis? quem illi diem ponis? citius fieri quam optas potest. Inbecillae mentis ista sunt uerba et hac detestatione misericordiam captantis : non uult mori qui optat. Deos uitam et salutem roga : si mori placuit, hic mortis est fructus, optare desinere. **25** Haec, mi Lucili, tractemus, his formemus animum. Hoc est sapientia, hoc est sapere, non disputatiunculis inanibus subtilitatem uanissimam agitare. Tot quaestiones fortuna tibi posuit, nondum illas soluisti : iam cauillaris? Quam stultum est, cum signum pugnae acceperis, uentilare. Remoue ista lusoria arma : decretoriis opus est. Dic qua ratione nulla animum tristitia, nulla formido perturbet, qua ratione hoc secretarum cupiditatium pondus effundam. Agatur aliquid. **26** « Sapientia bonum est, sapere non est bonum » : sic fit *ut* negemur sapere, ut hoc totum studium derideatur tamquam operatum superuacuis. Quid, si scires etiam illud quaeri an bonum sit futura sapientia? Quid enim dubi est, oro te, an nec messem futuram iam sentiant horrea nec futuram adulescentiam pueritia uiribus aut ullo robore intellegat? Aegro interim nil uentura sanitas prodest, non magis quam currentem luctantemque post multos secuturum *m*enses otium reficit. **27** Quis nescit hoc ipso non esse bonum id quod futurum est, quia

24 illi diem ponis *B* : illa die ê. ponis *Q* || citius *pr. BQ uulg.* || inter citius [inter *per notam*] *m corr. B* : || quam optas *B* : optas *Q* || uitam et salutem roga *Bq Schweighaeuser* : uitam roga et salutem *Q uulg. olim, Beltrami* || si *B* : *om. Q.*

25 formemus *codd.* : fir — *Hermes* || illas ex illa/*B m. corr.* : illa *Q* || lusoria *B* : luxuriae *Q.*

26 Sapientia *Q* : *ex* -iam *m. corr.* || ut *addidit Schweighaeuser* [*est* z *in mg. B*] || etiam *B* : sciam *Q* || sit futura sapientia *Pincia* [« *ex Francisc. cod.* »] : sit fotusapientia *Q* sit puta sa/pientia [*est* z *in mag. B*] || dubi *B* [*supra addita altera* i *m. corr.*] *Pincia* « *uet lect.* » [-bii] : -bium *Qq* || an *codd. uulg. cf. auctore Hense* § 8 *ex.* : quin *Madvig* || nil *B* : nilhil *Q* || sanitas *B* : -tas est *Q* || menses *cod. Vatic.-Rom. 2207 et ex coniect. Schweighaeuser* : senses *B* [*unde* sensus *signo corruptelae ut in* § 20 *superposito, m. rec.*] sensos *Q.*

27 ipso *BQ* [ipso *tamquam deleto accentu B non prima m.*] || bonum non est *B* : bonum est *Q.*

qui est, il suppose toujours profit effectif. Seul ce qui est actuel peut nous profiter. Telle chose n'est pas profitable : ce n'est pas un bien. Est-elle profitable : d'ores et déjà c'est un bien. **28** Je serai sage quelque jour; ce sera un bien quand je le serai devenu; en attendant ce bien n'est pas. Il faut d'abord qu'une chose ait l'existence, ensuite qu'elle ait des qualités. Comment, je te prie, ce qui n'est rien à cette heure serait-il un bien d'ores et déjà? Et puis-je à ton gré t'apporter meilleure preuve qu'une chose n'est point qu'en disant : elle sera? Ce qui est à venir, de toute évidence, n'est pas venu. Le printemps va suivre : je sais que nous sommes en hiver. L'été va suivre : je sais que nous ne sommes pas en été. La meilleure marque possible, à ma portée, qu'une chose n'est point encore, c'est qu'elle doit être. **29** Je serai sage, je l'espère; en attendant je ne le suis pas. Si je possédais ce bien, je n'éprouverais pas maintenant le mal d'en être privé. Viendra le jour où je serai sage : cela te fait entendre que je ne le suis pas encore. Je ne puis être en même temps en possession de ce bien qui sera et de ce mal qui est. Ces deux états ne peuvent coïncider; le bien et le mal n'habitent pas ensemble un même cœur.

30 Passons vite sur de trop subtiles fadaises, et vers les doctrines qui nous seront un solide soutien hâtons le pas. Celui qui va chercher bien inquiet la sage-femme pour sa fille près d'accoucher n'ira pas lire tout au long l'annonce officielle et le programme des jeux [1]. Celui qui court à sa maison où s'est mis le feu ne couve pas du regard un échiquier, afin de savoir comment la pièce bloquée se dégagera. **31** Mais toi, grands dieux! de tous côtés t'arrivent les mauvaises nouvelles au complet; ta maison en flammes, tes enfants en péril, ta ville natale assiégée, tes biens au pillage; mets-y par surcroît naufrages, tremblements de terre, tout ce qu'il est possible encore d'appréhender. Et parmi ces maux qui te tiraillent en tous sens, tu

scientiarum Fennicae Commentationes hum. litt. XXVII, 3 Helsinki, 1961.

1. *Latruncularíam* : latrunculis 106, 11. — *Obstetricem...*; *incendium*; « tes enfants en périls — tes biens au pillage », cf. 49, 8 : en voyant gros S. aplatit mieux les ergoteurs.

futurum est? Nam quod bonum est utique prodest. Nisi praesentia prodesse non possunt. Si non prodest, bonum non est; si prodest, iam est. **28** Futurus sum sapiens; hoc bonum erit cum fuero; interim non est. Prius aliquid esse debet, deinde quale esse. Quomodo, oro te, quod adhuc nihil est iam bonum est? Quomodo autem tibi magis uis probari non esse aliquid quam si dixero : fututum est? nondum enim uenisse apparet quod ueniet. Ver secuturum est : scio nunc hiemem esse. Aestas secutura est : scio aestatem non esse. Maximum argumentum habeo nondum praesentis futurum esse. **29** Sapiam, spero, sed interim non sapio; si illud bonum haberem, iam hoc carerem malo. Futurum est ut sapiam : ex hoc licet nondum sapere me intellegas. Non possum simul et in illo bono et in hoc malo esse. Duo ista non coeunt nec apud eundem sunt una malum et bonum.

30 Transcurramus sollertissimas nugas et ad illa quae nobis aliquam opem sunt latura properemus. Nemo qui obstetricem parturienti filiae sollicitus accersit edictum et ludorum ordinem perlegit; nemo qui ad incendium domus suae currit tabulam latruncularian prospicit ut sciat quomodo alligatus exeat calculus. **31** At mehercule omnia tibi undique nuntiantur, et incendium domus et periculum liberorum et obsidio patriae et bonorum direptio; adice isto naufragia motusque terrarum et quicquid aliud timeri potest : inter ista districtus rebus nihil aliud quam animum

iam *ex* ia *B m. corr.* : *om. Q.*

28 fuero *B* : -rit *Q* || uenit *BQ* : -iet *dett. Hermes Loefstedt concinnioris clausulae causa* || secuturum *Q* : *ex* securum *B m. corr. ut uid.*

29 sapiam spero *BQ unde* sapientiam spero *m. rec. Q* || nec apud *QB* [aput *ex* caput *B m. corr.*].

30 nemo qui *B* : nemo quod *Q* || sollicitus *B* : -llitus *Q* || tabulam latruncularian *Q* : *ex* tabu/lamtatrunc- *B ead. m.*

31 at *ex* ad *B m. correctoris* : ad *Q* || mehercule *B* : -lem *Q* || obsidio *B* : -die *Q* || naufragia *B* : -gio *Q* || districtus *ex* distructus *B* : distructus *Q* distractus *coll. Vell.* 2, 114, 1 *Beltrami dubitanter.*

fais ton occupation de simples divertissements de l'esprit? Tu t'enquiers de la différence qui sépare la sagesse du fait d'être sage? Tu noues et défais des nœuds dialectiques, quand une telle avalanche de maux menace ta tête? **32** La nature ne nous a pas départi le temps d'une façon si large, si libérale, qu'il nous soit loisible d'en gâcher des moments. Vois au reste combien de leurs instants voient perdus même les plus ménagers. A chacun sa santé en enlève une part, celle de ses proches, une autre; nos nécessités privées nous en prennent une autre, les affaires publiques, une autre; sur toute notre vie le sommeil prélève la moitié [1]. De cet étroit et rapide courant des jours, qui nous emporte, que sert d'en jeter le meilleur au néant? **33** Ajoute à présent que l'âme apprend à se donner du plaisir plutôt qu'à se guérir; à faire un divertissement [2] de la philosophie alors qu'elle est notre remède. Sagesse, être sage, où est la différence? Je n'en sais rien; je sais qu'il m'est indifférent de savoir ces choses ou de ne les savoir pas. Dis-moi : quand j'aurai appris la différence entre sagesse et être sage, serai-je un sage? Pourquoi donc me tiens-tu rivé au vocabulaire de la sagesse plutôt qu'à ses œuvres? Fais-de-moi un être plus courageux, plus assuré; mets-moi au niveau de la Fortune, au-dessus d'elle [3] ! Or je serai, il se peut, au-dessus d'elle si je rapporte à cette visée tout mon programme d'étude.

LETTRE **118***

1 Tu veux de moi des lettres plus fréquentes. Apurons nos comptes : tu resteras débiteur. Il était convenu que tu commencerais; tu devais m'écrire, et moi te répondre;

* *Sommaire.* — Lucilius réclame de son ami Sénèque des lettres plus fréquentes (1). A une telle correspondance la morale fournit une matière inépuisable; non les nouvelles politiques comme au temps de Cicéron et d'Atticus. Sénèque et Lucilius, éloignés de toute ambition, assisteront l'âme paisible aux immenses Comices tenus par la Fortune

1. *Valetudo — negotia — somnus*, cf. 99, 11; 77, 6.
2. *Oblectamentum*, cf. 16, 3; 108, 6.
3. *Fortuna — superiorem*, cf. *De Br. u.* 5 fin; ép. 66, 6...

oblectantibus uacas? quid inter sapientiam et sapere intersit inquiris? nodos nectis ac soluis tanta mole inpendente capiti tuo? **32** Non tam benignum ac liberale tempus natura nobis dedit ut aliquid ex illo uacet perdere. Et uide quam multa etiam diligentissimis pereant : aliud ualetudo sua cuique abstulit, aliud suorum; aliud necessaria negotia, aliud publica occupauerunt; uitam nobiscum diuidit somnus. E*x* hoc tempore tam angusto et rapido et nos auferente quid iuuat maiorem partem mittere in uanum? **33** Adice nunc quod adsuescit animus delectare se potius quam sanare et philosophiam oblectamentum facere cum remedium sit. Inter sapientiam et sapere quid intersit nescio : scio mea non interesse sciam ista an nesciam. Dic mihi : cum quid inter sapientiam et sapere intersit didicero, sap*i*am? Cur ergo potius inter uocabula me sapientiae detines quam inter opera? Fac me fortiorem, fac securiorem, fac fortunae parem, fac superiorem. Possum autem superior esse si d*e*rexero *e*o omne quod disco. VALE.

SENECA LVCILIO SVO SALVTEM **118**

1 Exigis a me frequentiores epistulas. Rationes conferamus : soluendo non eris. Conuenerat quidem ut tua priora essent; tu scriberes, ego rescriberem. Sed

capiti *B* : -te *Q*.
32 aliquid ex illo : *ex* aliquo exillo *B m. corr.* aliquo exilio *Q* || publica *B* [pupl.-] : -icum *Q* || ex hoc *corr. Pincia* : et hoc *BQ*.
33 adsuescit : *ex* -scis *B m. correctoris* -scis *Q* || intersit *B* : inter fit *Q* || ista *B* : *ex* istam *Q* || sapiam *dett. Muret* : -pientiam *BQ* [-/pientiam *B*] || derexero : dir- *B Pincia* dixero *Q* isto direxero *Schweighaeuser* d. eo *Haase* fecero *mg. Erasmi*[2] *fere uulg. olim.*
Ep. 118, **1** essent tu : *in B supra* -nt tu *addidit* I *ead. m.* [*fuerit in mg. archetypi* .I. *sc.* primus? *cf.* .I. *sc.* primum 108, 22] *del. m. correctoris.*

mais je ne serai pas exigeant. Le placement est bon, je le sais : je paierai donc d'avance, et je ne ferai pas ce que Cicéron, ce beau parleur, réclame d'Atticus — qui « même si les nouvelles manquent, devra lui écrire ce qui lui passera par la tête.[1] » **2** Je ne serai jamais à court de matière, dussé-je laisser de côté tous ces détails qui remplissent la correspondance de Cicéron : quel candidat est en mauvaise posture ; qui se fait épauler, qui mène la lutte tout seul ; qui pour le consulat fonde sa chance sur César, qui sur Pompée, qui sur son coffre fort ; toute la férocité de l'usurier Cécilius, dont ses proches ne sauraient tirer un écu à moins de douze pour cent d'intérêt.

Portons la main sur nos maux, plutôt que sur ceux d'autrui[2], sondons les replis de notre moi, considérons que de prérogatives il brigue et ne le soutenons pas. **3** L'attitude hors de pair, mon chez Lucilius, et la sécurité et la liberté, c'est de n'être candidat à rien, de passer son chemin en tous les lieux où la Fortune tient ses comices. Quel plaisir, n'est-ce pas, aux jours d'élection par tribus, lorsque les candidats sont perchés sur des estrades en leurs temples respectifs, que l'un promet au public des sommes, que l'autre fait affaire par son agent, qu'un troisième écrase sous ses lèvres la main de gens à qui, une fois élu[3], certainement il refusera une simple poignée de main, que tous attendent béants la proclamation du héraut, — d'être là, bras croisés, à regarder cette foire sans rien y acheter, sans rien y vendre ; **4** mais combien plus profonde la joie de celui qui contemple paisiblement non plus ces comices

(2-5). Les vaines agitations des hommes ont pour cause un faux jugement sur le bien (5-7). Sénèque définit le bien (8 sq.), indique dans quel rapport il est avec l'honnêteté, compte tenu des *media*, les choses intermédiaires entre le bien et le mal (10 sq.), et pourquoi l'on peut dire que ce qui est bien est conforme à la nature, sans que la réciproque soit nécessairement vraie (12 sq.). Théorie du changement des valeurs par l'accroissement (14-17). Sur cette Lettre, v. I. Heinemann, 194 sq. ; sur 118, 10 sq. (cf. 120, 1-3), v. Albertini, p. 136.

1. *Quod in buccam — scribat* : ce que S. fit une fois pour jaser, v. *Apocol*, 1, 1. Sur les nouvelles politiques chez Cicéron, v. infra et *Ad Att.* 1, 12, 1, *Ad Fam.* 8, 8, 2-10 etc.
2. *Sua satius est mala tractare, se excutere* : cf. *Ep.* 68, 6 sq.
3. Consul ou préteur désigné.

non ero difficilis : bene credi tibi scio. Itaque in anticessum dabo nec faciam quod Cicero, uir disertissimus, facere Atticum iubet, ut etiam « si rem nullam habebit, quod in buccam uenerit scribat. » **2** Numquam potest deesse quod scribam, ut omnia illa quae Ciceronis implent epistulas transeam : quis candidatus laboret ; quis alienis, quis suis uiribus pugnet ; quis consulatum fiducia Caesaris, quis Pompei, quis arcae petat ; quam durus sit faenerator Caecilius, a quo minoris centesimis propinqui nummum mouere non possint. Sua satius est mala quam aliena tractare, se excutere et uidere quam multarum rerum candidatus sit, et non suffragari. **3** Hoc est, mi Lucili, egregium, hoc securum ac liberum, nihil petere et tota fortunae comitia transire. Quam putas esse iucundum tribubus uocatis, cum candidati in templis suis pendeant et alius nummos pronuntiet, alius per sequestrem agat, alius eorum manus osculis conterat quibus designatus contingendam manum negaturus est, omnes adtoniti uocem praeconis exspectent, stare otosium et spectare illas nundinas nec ementem quicquam nec uendentem? **4** Quanto hic maiore gaudio fruitur qui non praetoria aut consularia comitia securus intuetur, sed magna illa

anticessum *BQ Hense auctore Ritschl Opus.* II *p.* 559 : antecessum *uulg. olim cf.* 7, 10 || si rem nullam — scribat *codd.* : *eadem* Cic. *Ad. Att.* 1, 12, 4 *sed recta oratione.*

2 transeam *B* : -eamus *Q* || labo/ret *B* : labor et *Q* || consulatum Eras.[2] : consulat *BQ* || arcae *B* : -ce *Q unde* -cem *m. rec.* || a quo minoris — non possunt *BQ* : Cic. *Ad Att.* 1, 12, 1 a Caecilio propinqui minoris [minore *uulg.*] centesimis nummum mouere non possunt.

3 alius : *ex* -ios *B* -ios *Q* || osculis *B* : oculis *Q* || omnes *B* : -nis *Q* || exspectent *Haase* : -tant *BQ* [-nt/*B*] || nundinas *Q* : numd *B*.

4 magna *B* : -no *Q*.

où l'on fait des préteurs, des consuls, mais les immenses Comices où chacun sollicite son lot particulier, honneurs annuels, perpétuels pouvoirs, guerres heureuses et triomphes, richesse, mariage et lignée, santé pour soi et les siens ! Quelle hauteur d'âme n'y a-t-il pas à être le seul qui ne sollicite rien, n'implore personne et peut dire : « Qu'ai-je à démêler avec toi, Fortune ? Je ne m'abandonne pas à ta merci. Je sais que chez toi ce sont les Catons qui endossent l'échec, les Vatinius qui passent : je ne brigue rien ». Voilà qui s'appelle détrôner la Fortune [1]. **5** Nous sommes, je pense, bien fondés à échanger nos idées sur ce point, à déblayer une matière sans cesse renouvelée quand nous voyons, autour de nous, dans le trouble tant de milliers de nos semblables, qui, poursuivant quelque néfaste aubaine, s'acheminent de misère en misère vers leur but misérable, en quête de ce dont ils ne pourront bientôt que se détourner ou même éprouver le dégoût. **6** Est-il homme en effet qui, après la réussite, se soit jamais contenté d'un succès qu'il estimait trop beau pour lui dans la période du désir ? La félicité n'occupe pas autant d'espace que le croient les hommes, c'est une toute petite chose ; aussi ne satisfait-elle personne. Tu crois fort élevés ces objets où tu aspires, parce que tu rampes loin d'eux ; mais pour qui arrive auprès, ils sont bien bas. Je mentirais en niant que celui-ci cherche à montrer encore ; ce que tu prends, toi, pour un sommet, n'est qu'un palier. **7** Tous nous souffrons du même mal : l'ignorance du vrai. Sur la foi de rumeurs mensongères on se laisse emporter vers ce qu'on prend pour le bonheur. Et puis des maux réels, des profits irréels ou bien au-dessous de ce que l'on aura escompté, voilà, l'objet une fois atteint après mainte et mainte épreuve, l'évident résultat. Cependant la masse admire ce qui de loin lui en impose : ce sont les choses paraissant bonnes au vulgaire qui passent pour considérables.

8 Afin de n'avoir pas nous-mêmes pareil sort, cherchons la définition du vrai bien. Elle varie, chacun apportant sa

1. Elle « règne », *De Br. u,* 10, 4 ; *De V. b.* 25, 5.

in quibus alii honores anniuersarios petunt, alii perpetuas potestates, alii bellorum euentus prosperos triumphosque, alii diuitias, alii matrimonia ac liberos, alii salutem suam suorumque! Quanti animi res est solum nihil petere, nulli supplicare, et dicere : « Nihil mihi tecum, fortuna : non facio mei tibi copiam. Scio apud te Catones repelli, Vatinios fieri : nihil rogo. » Hoc est priuatam facere fortunam. **5** Licet ergo haec in uicem scribere et hanc semper integram egerere materiam circumspicientibus tot milia hominum inquieta qui ut aliquid pestiferi consequantur per mala nituntur in malum petuntque mox fugienda aut etiam fastidienda. **6** Cui enim adsecuto satis fuit quod optanti nimium uidebatur? Non est, ut existimant homines, auida felicitas, sed pusilla : itaque neminem satiat. Tu ista credis excelsa quia longe ab illis iaces; ei uero qui ad illa peruenit humilia sunt. Mentior nisi adhuc quaerit *e*scendere : istud quod tu summum putas gradus est. **7** Omnes autem male habet ignorantia ueri. Tamquam ad bona feruntur decepti rumoribus; deinde mala esse aut inania aut minora quam sperauerint adepti ac multa passi uident. Maiorque pars miratur ex interuallo fallentia, et uulgo bona pro magnis sunt.

8 Hoc ne nobis quoque eueniat, quaeramus quid sit bonum. Varia eius interpretatio fuit, alius illud aliter

alii honores *B* : aliud honores *Q* || petunt *ex* petit I nt *B m. correctoris* || prosperos *Q* : *ex* -pero *B m. correctoris* || non facio mei *B* : facio meque *Q* || repelli *B* : repp- *Q* || priuatam *B* : -tum *Q*.

5 licet *codd. Érasme*[1] *Schweighaeuser* : libet *Érasme*[2] *uulg. olim* || hanc semper integram *B Hense* : hanc integram semper *Qq uulg.* || egerere *pr. B* : egere *B m. ut uid. rec.* gerere *Q* || petuntque *B* : petunt quae *Q*.

6 cui *B* : cum *Q* || ei uero *Q* : *ex* et uero *B m. corr.* || es/cendere *pr. B Fickert* : ascendere *B m. corr. uulg. olim* scindere *Q*.

7 decepti *B m. correctoris ex* decepit : decepit *Q* || minora *Qq dett.* : miro *B* || ac *codd. unde* at *B m. correctoris qui* t *postea deleuit* || et uulgo bona pro magnis sunt *codd. Auen Érasme*[1-2] *Hense et* [haec *pro* et] *Beltrami* magna pro bonis s. *Muret uulg. olim.*

8 eueniat *B* : -iet *Q*.

formule. Quelques-uns le définissent ainsi : « Le bien c'est ce qui attire l'âme, l'appelle à soi. » L'on objecte aussitôt : et s'il nous attire en effet mais pour notre perte? Tu sais la puissance de séduction que possède le mal si souvent. Le vrai et le vraisemblable diffèrent entre eux. Ceci posé, le bien est inséparable du vrai, car il n'est de bien que le vrai; mais ce qui attire et séduit n'est que vraisemblable, et il est insinuant, engageant, attirant. **9** Autre définition : « Le bien est ce qui fait naître le désir de soi ou encore provoque l'élan de l'âme, qui tendait vers lui ». Même objection ici, à savoir : « Cet élan de l'âme est provoqué par bien des objets dont la poursuite ne peut que faire le malheur du poursuivant ». Une autre définition, qui vaut mieux : « Le bien est ce qui provoque l'élan de l'âme vers lui-même conformément à la nature et qui ne doit être recherché que lorsqu'il est déjà apparu digne d'être désiré. » A ce moment il implique l'honnête. Et c'est bien là l'objet de tous points désirable.

10 Ce chapitre précisément me fait songer à te dire la différence qu'il y a entre le bien et l'honnête. Ils ont une essence mixte et indissociable : il ne peut exister de bien que s'il renferme de l'honnête, et l'honnête est dans tous les cas un bien. En quoi donc diffèrent-ils? L'honnête est la perfection du bien, par quoi est parachevée la vie heureuse [1] et avec quoi l'apparentement d'autres choses fait d'elles des biens aussi. **11** J'explique ma pensée : certaines choses ne sont ni biens ni maux comme le métier militaire, celui de gouverneur province ou l'administration de la justice [2]; ces emplois, remplis conformément à l'honnête, deviennent des biens et passent d'un état douteux dans la catégorie du bien. Le bien devient tel par l'alliance de l'honnête; à lui seul l'honnête est un bien. Le bien découle de l'honnête; l'honnête est à lui-même sa

1. *Quo beata uita completur* : cf. *De V. b.* 4, 13 *beata uita* = *liber animus* — *stabilis, cui unum bonum* — *honestum.*

2. Ces *media*, sans doute, intéressent encore Lucilius, dont S. évoque plus d'une fois la carrière, 31, 9... *N. q.* 4 *pr.* 15-8 (ici les plus beaux moments aux yeux du sage).

expressit. Quidam ita finiunt : « Bonum est quod inuitat animos, quod ad se uocat. » Huic statim opponitur : quid si inuitat quidem, sed in perniciem? scis quam multa mala blanda sint. Verum et ueri simile inter se differunt. Ita quod bonum est, uero iungitur; non est enim bonum nisi uerum est. At quod inuitat ad se et adlicefacit, ueri simile est : subrepit, sollicitat, adtrahit. **9** Quidam ita finierunt : « Bonum est quod adpetitionem sui mouet uel quod impetum animi tendentis ad se mouet. » Et huic idem opponitur; multa enim impetum animi mouent quae petantur petentium malo. Melius illi qui ita finierunt : « Bonum est quod ad se impetum animi secundum naturam mouet et ita demum petendum est cum coepit esse expetendum. » Iam et honestum est : hoc enim est perfecte petendum.

10 Locus ipse me admonet ut quid intersit inter bonum honestumque dicam. Aliquid inter se mixtum habent et inseparabile : nec potest bonum esse nisi cui aliquid honesti inest, et honestum utique bonum est. Quid ergo inter duo interest? Honestum est perfectum bonum quo beata uita completur, cuius contactu alia quoque bona fiunt. **11** Quod dico tale est : sunt quaedam neque boma neque mala, tamquam militia, legatio, iurisdictio. Haec cum honeste administrata sunt, bona esse incipiunt et ex dubio in bonum transeunt. Bonum societate honesti fit, honestum per se bonum est. Bonum ex honesto fluit, honestum ex se est.

inuitat : *ex* -tata *BQ* || ad se *B* : a se *Q* || adlicefacit [ce *ex* cer *ead. m. puncto crassiore*] *B Gronov* : adlicer facit *pr. Q* [-cerefacit *m. rec.*] allicit facie *coni. Pincia* || subrepit *Pincia multi deinceps* : subrip- *codd. Érasme*[1-2] *Hense.*

9 quod adpetitionem *Qq dett. uulg.* : quodpeti/tionem *B Hense* || tendentis : *ex* -tes *B m. corr. ut uid.* -tes *Q* || mouent *B* : *ex* -uet *m. antiqua Q* || petantur *B pr. Q* : -tuntur *m. rec. Q* || petentium *B* : *ex* penitentum *Q.*

10 utique bonum — honestum *Qq Harl. dett. uulg.* : *om. B Hense* || alia *ex* ali *B m. corr.*

11 tale est *Q uulg.* : *ex* talest *B* [-est/] *m. corr.* talest *Hense* || administrata *B* : *ex* -te *Q* || honeste fit *B* : -tum fit *Q.*

source. Ce qui est un bien pouvait être un mal ; ce qui est honnête ne pouvait être que bien. **12** D'autres ont émis [1] cette définition : « Le bien c'est ce qui est selon la nature. » Suis mon propos. Ce qui est bien est selon la nature. Ce qui est selon la nature n'est pas du même coup et nécessairement un bien. Bon nombre de choses, conformes à la nature, sont de si mince importance que le nom de bien ne leur convient pas. Ce sont des riens, des choses méprisables. Le bien n'est jamais insignifiant ou méprisable. En effet, tant que c'est trop peu de chose, ce n'est pas un bien ; lorsqu'il commence à y avoir bien, ce n'est plus peu de chose. A quel signe reconnait-on vraiment le bien ? S'il est parfaitement conforme à la nature. **13** « Tu déclares, dis-tu, que ce qui est bien est selon la nature. C'est là sa caractéristique. Tu déclares aussi qu'il y a d'autres objets conformes en vérité à la nature, mais qui ne sont pas des biens. Comment alors l'un est-il bien, les autres ne l'étant pas ? Comment revêt-il un caractère différent, alors que se manifeste également des deux parts le privilège d'être selon la nature ? ». **14** Évidemment, de par sa grandeur même. Et en fait ce n'est pas chose extraordinaire qu'on voie des êtres changer par l'effet de la croissance. C'était un nouveau-né, le voilà homme : la caractéristique en lui est différente, car celui-là n'a pas la raison, celui-ci est raisonnable. Il est des choses qui par leur accroissement aboutissent non seulement à une taille plus élevée, mais à un autre état. **15** On répond : « Accroissement de taille n'est point changement d'état. Qu'on remplisse de vin une bouteille ou une jarre, il n'importe : en l'une comme en l'autre il subsiste la caractéristique du vin. Soit une quantité réduite de miel ou une quantité plus grande : nulle différence pour la saveur ». Vos exemples sont sans rapport avec la question [2]. Dans les deux la qualité est constante : augmentez à votre gré la quantité, la

1. *Reddiderunt* marque la solennité de la définition traditionnelle citée ici, cf. 94, 28 *illa — redd. ita oraculo aut similia*... (les maximes éternelles).

2. §§ 16 sq. développement péripatéticien, v. Albertini, p. 302 n. 7. *Lapis — uinxit* : cf. 90, 32.

Quod bonum est malum esse potuit; quod honestum est nisi bonum esse non potuit. **12** Hanc quidam finitionem reddiderunt : « Bonum est quod secundum naturam est. » Adtende quid dicam : quod bonum, est secundum naturam; non protinus quod secundum naturam est etiam bonum est. Multa naturae quidem consentiunt, sed tam pusilla sunt ut non conueniat illis boni nomen; leuia enim sunt, contemnenda. Nullum est minimum contemnendum bonum. Nam quamdiu exiguum est, bonum non est : cum bonum esse coepit, non est exiguum. Vnde adcognoscitur bonum? si perfecte secundum naturam est. **13** « Fateris, inquis, quod bonum est secundum naturam esse : haec eius proprietas est. Fateris et alia secundum naturam quidem esse sed bona non esse. Quomodo ergo illud bonum est, cum haec non sint? quomodo ad aliam proprietatem peruenit, cum utrique praecipuum illud commune sit secundum naturam esse? » **14** Ipsa scilicet magnitudin*e*. Nec hoc nouum est, quaedam crescendo mutari. Infans fuit; factus est pubes : alia eius proprietas fit; ille enim inrationalis est, hic rationalis. Quaedam incremento non tantum in maius exeunt, sed in aliud. **15** « Non fit, inquit, aliud quod maius fit. Vtrum lagonam an dolium impleas uino, nihil refert : in utroque proprietas uini est. Et exiguum mellis pondus et magn*um* sapore non differt. » Diuersa ponis exempla; in istis enim eadem *q*ualitas est; quamuis augean-

est *nisi B* : esse nisi *Q*.

12 quod bonum, est secundum naturam *Hense* : *sic nulla distinctione B* [*post* et *scr.* et *m. rec.*] *sic sed distinxit post* est *Q* est *post* est *addiderunt dett. edd. alii* et *post* est *post* naturam *alii* || non est exiguum *B* [-gum] : nonexiguum *Q* || adcognositur *BQ* : aut cognoscitur *q* autem cogn- *uel* autem agn- *uel* aliquid cogn- *dett.* agnoscitur *Pinciani codd. quidam sed uide* adcognoscitur *De Ben.* 6, 9, 3 *et Thes.*

13 eius *B* : est *Q* || cum utrique *Q* : cum * utrique *B* [*eras.* p. *?*]

14 ipsa — magnitudine *Érasme*[2] : ipsam — magnitudinem *BQ*.

15 lagonam *B pr. Q Hense* : lagen- *m. rec. Q, q dett. uulg.* || et magnum *q dett.* : ex magno *BQ* || qualitas *q dett.* : aeq- *BQ cf.* 120, 19 || manet *Q* : -nent *ex* -net *B m. rec.*

qualité demeure telle. **16** Certaines choses en s'amplifiant gardent jusqu'au bout leur nature et leur caractère spécifique ; certaines autres après de multiples accroissements ne sont transformées que par l'adjonction suprême ; et la nouveauté de leur état, différent de celui qui fut le leur, est la marque de cette évolution. Une seule pierre fait la voûte, celle qui est venue comme un coin entre les voussoirs obliques qui la flanquent, et, s'intercalant, les unit. Pourquoi l'adjonction finale produit-elle malgré l'exiguïté de l'apport, si grand effet ? C'est qu'elle n'amplifie pas, elle complète. **17** Certaines choses par la progression dépouillent leur forme première pour revêtir une forme nouvelle. Quand la pensée s'est longtemps attachée à reculer les bornes d'un objet, quand elle s'est fatiguée à en suivre l'extension, voilà que cet objet prend un nom nouveau : l'*infini* : il est devenu tout autre qu'il n'était lorsqu'il apparaissait grand, mais *fini*. Pareillement nous songeâmes à une substance difficile à diviser : à la fin, la difficulté croissante nous a fait découvrir l'*insécable*. Ainsi d'un corps mû malaisément, péniblement, nous sommes passés par degrés successifs à l'*immobile*. Par le même raisonnement une chose était selon la nature : eh bien, sa grandeur l'a fait passer à un nouvel état caractéristique et en a fait un *bien*.

LETTRE **119** *

1 A chaque trouvaille qu'il m'arrive de faire, je n'attends pas que tu dises : « Part à deux ! » Je me le dis moi-même. Qu'est-ce donc que j'ai trouvé ? tu veux le savoir ? Ouvre ton escarcelle : c'est une affaire ! Je t'apprendrai comment s'y prendre pour devenir riche en un tour de main. Ah ! comme tu brûles de l'apprendre ! Et tu as raison. Je te mènerai par un raccourci à la plus haute fortune. Cependant il te faudra un prêteur : toute spéculation nécessite appels de capitaux ; mais je ne veux pas que tu empruntes

* *Sommaire.* — Une bonne nouvelle : Lucilius sera riche à souhait (1). La richesse véritable consiste à restreindre ses désirs au nécessaire : les besoins naturels n'exigent pas pour leur satisfaction

tur, manet. **16** Quaedam amplificata in suo genere et in sua proprietate perdurant : quaedam post multa incrementa ultima demum uertit adiectio et nouam illis aliamque quam in qua fuerunt condicionem imprimit. Vnus lapis facit fornicem, ille qui latera inclinata cuneauit et interuentu suo uinxit. Summa adiectio quare plurimum facit uel exigua? quia non auget, sed implet. **17** Quaedam processu priorem exuunt formam et in nouam transeunt. Vbi aliquid animus diu protulit et magnitudinem eius sequendo lassatus est, infinitum coepit uocari : quod longe aliud factum est quam fuit cum magnum uideretur, sed finitum. Eodem modo aliquid difficulter secari cogitauimus : nouissime crescente hac difficultate, insecabile inuentum est. Sic ab eo quod uix et aegre mouebatur processimus ad inmobile. Eadem ratione aliquid secundum naturam fuit : hoc in aliam proprietatem magnitudo sua transtulit et bonum fecit. VALE.

SENECA LVCILIO SVO SALVTEM **119**

1 Quotiens aliquid inueni, non expecto donec dicas « in commune » : ipse mihi dico. Quid sit quod inuenerim quaeris? Sinum laxa, merum lucrum est : docebo quomodo fieri diues celerrime possis. Quam ualde cupis audire! nec inmerito : ad maximas te diuitias conpendiaria ducam. Opus erit tamen tibi creditore : ut negotiari possis, aes alienum facias oportet, sed nolo per

16 ultima *B* : ulma *Q* || fornicem *Q* : fornac- *B* || cuneauit *Qq dett. Harl.* [cumn- *q*] *Érasme*[2] : cenauit/*B* || uinxit *B* : uixit *Q unde* uinxit *m. rec.*

17 exuunt *B* : exiunt *pr. Q* || aliquid animus *BQ Schweighaeuser* [aliquid *post* animus *superscr. m. eadem Q*] : animus aliquid *q uulg. olim* || uideretur *Q* : *ex* uidetur *B m. corr.* || hac *B* : ac *Q*.

Ep. 119, **1** creditore *Q* : *ex* -ri *B m. corr.* || facias *B* : *ex* -cies *Q*.

sur la garantie d'un tiers ; je ne veux pas voir des courtiers exhiber partout ton reçu. **2** J'ai pour toi un bailleur de fonds tout prêt, celui que prône Caton [1] : « N'emprunte qu'à toi-même ». Pour peu que ce soit, cela suffira, si ce qui manque nous ne le demandons qu'à nous.

En effet, mon cher Lucilius, entre posséder vraiment et ne pas sentir le manque, il n'y a aucune différence. Dans l'un et dans l'autre état, bilan identique : tourments en moins. Et je ne viens pas te prescrire de rien refuser à la nature : elle est intraitable, indomptable, elle exige son dû. Je veux seulement que tu saches que tout ce qui outrepasse les exigences de la nature est chose casuelle, non nécessaire. **3** J'ai faim : il faut manger. Pain de pauvre [2] ou pain bien blanc, qu'est-ce que cela fait à la nature ? Il ne s'agit pas pour elle de flatter l'estomac, mais de le garnir. J'ai soif : que cette eau soit celle que j'aurai puisée au prochain réservoir ou celle que j'aurai gardée sous un bloc de neige afin qu'il lui communique la fraîcheur glaciale qu'elle n'a pas, qu'est-ce que cela fait à la nature ? Tout ce qu'elle veut, c'est qu'on étanche la soif. Le récipient sera-t-il coupe d'or ou de cristal ou de myrrhe, — ou gobelet de Tibur ou le creux de la main ? Il n'importe. **4** Considère en toute chose la fin, — et tu diras adieu au superflu. La faim me somme : il n'y a qu'à allonger la main vers le premier aliment venu ; la faim me fera toujours trouver bon celui que jaurai saisi. L'affamé n'est point dédaigneux.

5 Eh bien donc, tu veux savoir ce qui m'a fait plaisir ? Je trouve admirable la maxime : le sage est le plus actif

davantage (2-5). Une telle richesse est de tout repos et du fait d'autrui (6) et du fait aussi qu'elle met fin en nous aux ambitions, aux espérances. Le superflu d'ailleurs n'en est pas absent (7-10). Afin d'être riches ainsi, soustrayons-nous à l'influence du monde. Le bonheur ne peut être qu'en nous (11 sq.). Une tirade très sensée d'Horace sur les besoins naturels commentée par le philosophe (13-15). Sur cette lettre v. I. Heinemann, t. I, 196.

1. L'Ancien ; *a nobis* : donc ni à autrui, ni à la Fortune, cf. 87, 7 (*non*) *interesse utrum — ab homine an a fortuna mutuum sumpserit* ; 72, 4 (la joie du sage) *non ex alieno pendet.*

2. *Panis plebeius* : 110, 18 *polentam. — Aqua — ex lacu.* Cf. ibid. *aquam. — Murrea — caua manu* : c. 90, 14. — *Cristallinum* : cf. § 15 *perlucidum poculum*, 76, 15 *perlucido.*

intercessorem mutueris, nolo proxenetae nomen tuum iactent. **2** Paratum tibi creditorem dabo Catonianum illum : a te mutuum sumes. Quantulumcumque est, satis erit si, quicquid deerit, id a nobis petierimus.

Nihil enim, mi Lucili, interest utrum non desideres an habeas. Summa rei in utroque eadem est : non torqueberis. Nec illud praecipio ut aliquid naturae neges — contumax est, non potest uinci, suum poscit — sed ut quicquid naturam excedit scias precarium esse, non necessarium. **3** Esurio : edendum est. Vtrum hic panis sit plebeius an siligineus ad naturam nihil pertinet : illa uentrem non delectari uult, sed impleri. Sitio : utrum haec aqua sit quam ex lacu proximo excepero an ea quam multa niue clusero, ut rigore refrigeretur alieno, ad naturam nihil pertinet. Illa hoc unum iubet, sitim extingui : utrum sit aureum poculum an crustallinum an murreum an Tiburtinus calix an manus concaua, nihil refert. **4** Finem omnium rerum specta, et superuacua dimittes. Fames me appellat : ad proxima quaeque porrigatur manus ; ipsa mihi commendabit quodcumque comprendero. Nihil contemnit esuriens.

5 Quid sit ergo quod me delectauerit quaeris? uidetur mihi egregie dictum : sapiens diuitiarum natu-

a te — sumes : *cf.* CATON *rel. p.* 79 *Iord.* quod tibi deerit, a te ipso mutuare.

iactent *B* : tacent ex iacent *Q m. rubricatoris.*

2 illum *B pr. Q* : illud *m. rec. Q, q dett.* || Quantulumcumque *B* : -tulumque *Q* || deerit *Qq dett.* : dederit *B* || mi *B* : *om. Q* || interea *B* : intererit *Q « propter praeced. erit deerit » Beltrami* || torqueberis *B* : -beres *pr. Q.*

3 esurio edendum *BQ uulg.* : edendum *cod. Erlangensis Matthiae teste Fickert* [*elapso facile* esurio *post* -essarium] || siligineus *B* : sigilin- *Q* || sitio *codd.* : sitio. bibendum est *propter praeced.* esurio edendum *Bartsch in sermonis huius familiaritate superuacuo* || haec *q dett.* [hec] : hoc *BQ fort. obuersante* hec || crustallinum : crustali- *B* cristali- *ex* crustali *Q* || an manus [/anm-] *Q* : in manus/*B.*

4 -abit *dett. uulg.* : commendauit *BQ Hense.*

pionnier des richesses naturelles [1]. Je t'entends d'ici : « Tu m'offrais un régal ; et rien dans le plat ! Sont-ce là des façons ? Je tenais déjà mes coffres ouverts. Faisant un tour d'horizon, je me demandais : « Sur quelle mer me lancerai-je pour trafiquer ? de quels impôts me ferai-je fermier ? de quelles denrées, importateur ? » C'est duper les gens que de leur enseigner la pauvreté après leur avoir promis la richesse ». Ainsi tu estimes pauvre celui qui n'a disette de rien ? De rien, dis-tu, et ce, grâce à lui-même, à sa résignation, non point grâce à la Fortune. Tu refuseras donc de l'estimer riche précisément par la raison que sa richesse ne saurait cesser ? **6** Lequel te semble préférable, d'avoir beaucoup ou d'avoir à sa suffisance ? Qui a beaucoup désire davantage [2] ; preuve qu'il n'a point encore assez. Qui a à sa suffisance a obtenu ce qui jamais n'est échu au riche, le terme du désir. Pourquoi ne penses-tu pas que ce soient là des richesses ? Serait-ce parce que nul ne fut jamais proscrit à causes d'elles ? parce que jamais, à cause d'elles, fils n'administra poison à son père, jamais femme à son mari ? parce que en temps de guerre elles sont en sûreté et en temps de paix ne produisent pas [3] ? Parce qu'elles ne sont ni dangereuses à posséder, ni pénibles à administrer ? **7** — Mince avoir que l'unique avantage de ne pas sentir le froid, la faim, la soif. — Jupiter n'a pas plus. Ce qui suffit n'est jamais trop peu ; et ce qui ne suffit pas n'est jamais beaucoup. Vainqueur de Darius, de l'Inde, Alexandre est pauvre après cela, — n'est-il pas vrai ? Il cherche quelque chose à s'approprier, il fouille des mers inconnues, il lance des escadres nouvelles sur l'Océan ; il force, si je puis ainsi parler, les barrières du monde. Ce qui suffit à la nature, un homme ne le trouve pas suffisant ! **8** Il s'est rencontré un homme pour désirer

1. *Diuitiarum naturalium* — *quaesitor* : cf. 1 *ad maximas te diuitias* et (Attale) 110, 18 *ad maximas* — *te conuerte diuitias.* — *Circumspiciebam*..., les négoces, les fermes... : cf. t. IV, p. 141, n. 1 ; 101, 4. — Supra *Inani* : Lucilius a oublié la recette du sage pour être riche 21, 7.

2. *Multum habet, plus cupit* : cf. §9 ; 16, 8 fin.

3. *In pace otiosae*, v. supra le rêve du capitaliste. — *Operosum* : 87, 7 *in omnibus prouinciis arat* ; *magnus Kalendarii liber uoluitur* ; 14, 18 ; 17, 9 *occupationes* ; Juv. 14, 304 *misera magni custodia census* cet.

ralium est quaesitor acerrimus. « Inani me, inquis, lance muneras. Quid est istud? Ego iam paraueram fiscos : circumspiciebam in quod me mare negotiaturus inmitterem, quod publicum agitarem, quas arcesserem merces. Decipere est istud, docere paupertatem cum diuitias promiseris. » Ita tu pauperem iudicas cui nihil deest? « Suo, inquis, et patientiae suae beneficio, non fortunae. » Ideo ergo illum non iudicas diuitem quia diuitiae eius desinere non possunt? **6** Vtrum mauis habere multum an satis? Qui multum habet plus cupit, quod est argumentum nondum illum satis habere; qui satis habet, consecutus est quod numquam diuiti contigit, finem. An has ideo non putas esse diuitias quia propter illas nemo proscriptus est? quia propter illas nulli uenenum filius, nulli uxor inpegit? quia in bello tutae sunt? quia in pace otiosae? quia nec habere illas periculosum est nec operosum disponere? **7** « At parum habet qui tantum non alget, non esurit, non sitit. » Plus Iuppiter non habet. Numquam parum est quod satis est, et numquam multum est quod satis non est. Post Dareum et Indos pauper est Alexander. Mentior? Quaerit quod suum faciat, scrutatur maria ignota, in oceanum classes nouas mittit et ipsa, ut ita dicam, mundi claustra perrumpit. Quod naturae satis est homini non est. **8** Inuentus est qui concupisceret

5 est quaesitor acerrimus [-toracerr-] *B* : quae. est, oracerrimus *Q* || Inanime *Q dett. separ.* : Inanima *B an*-nimea*?* || quid est istud? ego/iam *B Pincia « uet. lectio », Schweighaeuser* : quidam studiam ego *Q unde* quidnam istud? iam ego *Beltrami dubitanter* || accerserem *pr. Q Beltrami*[2] *coll. epp.* 11. 6; 99, 13; 117, 30 *al.* : ar/cess- *B Hense* || desinere *B* : -nire *Q*.

6 mauis *Q ut uid.* : maius *ex* mauis *B* || nondum *B* : dum *Q* || diuiti *Érasme*[2] *Pincia* [« *uet lectio* »] : *ex* -tis *B fort m. corr.* -tis *Q*.

7 dareum *BQ* : -rium *m. rec. utrobique* || mentior? quaerit *distinx. Madvig* [*aut inserendum* nisi *monuit*] || nouas mittit *B Schweighaeuser alii Ax*[3]. 26 : mittit nouas *Qq uulg. olim Beltrami* || u. ita d. *q dett. uulg.* : uitidicam *BQ* [utidi/cam *B*].

8 inuentus est *B* : inuentus *Q*.

encore, après qu'il avait tout. Tant est profond l'aveuglement de nos cœurs, tant chacun est prompt, lorsqu'il est allé de l'avant, à oublier ses débuts! Celui-là, hier possesseur non sans conteste d'un coin obscur [1], parce qu'il lui faut, quand il a atteint l'extrémité de la terre, rebrousser chemin à travers tout le monde qu'il a fait sien, il est mélancolique ! **9** Jamais l'argent n'a fait un riche, loin de là ! Il n'est pas de cœur où il n'imprime un plus ardent amour de l'argent. Tu veux en savoir la raison ? Plus on a, plus il s'avère possible d'accroître son avoir. Bref tu peux me prendre qui tu voudras de ceux que l'on cite de pair avec un Crassus, un Licinus [2], et le faire comparaître ; qu'il apporte ses registres, qu'il établisse, parallèlement, le compte de ce qu'il possède et de ce qu'il espère : si tu m'en crois, il est pauvre; si tu n'écoutes que toi, il peut l'être un jour. **10** Par contre à notre sage, qui a mis son âme en harmonie avec les exigences de la nature, loin qu'il puisse avoir le sentiment d'être pauvre, il est impossible de craindre cet état. Vois pourtant comme il est malaisé de réduire son avoir aux limites que la nature prescrit : celui même dont nous parlons, le pauvre comme tu l'appelles, a encore lui-même du superflu. **11** Mais voilà ! l'opulence éblouit le monde et le fascine, quand il voit sortir de quelque maison une forte masse de numéraire, qu'un épais revêtement d'or s'étale jusqu'aux plafonds, que la domesticité est une collection d'individus magnifiques ou se faisant remarquer par l'élégance de leur livrée. La félicité de ces gens a pour but d'impressionner le public : l'homme que nous avons soustrait à l'influence du monde, à l'influence de la Fortune trouve en lui-même son

1. Langage du cynique, et peut-être de l'Andalou fortement romanisé.

2. Licinius Crassus le triumvir, l'adversaire (104, 20) de Caton ; il habitait des palais (Pers. 2, 36). — *Licinoque* : Licinus, prisonnier de guerre, affranchi de César, fait procurateur de la Gaule Lyonnaise en 15 av. J.-C., passait pour un parvenu et un despote (D. C. 54 21). Propriétaire d'immenses domaines (*campos*, Pers. 2, 36) et comparés à ceux d'un Pallas (Juv. 1, 109), son luxe fut célèbre (Juv. 14, 306) et la magnificence de son tombeau (Mart. *Epigr.* 8, 3, 6). — § 9 *si mihi credis...*, cf. 94, 43 *Auarus animus...* ; 2, 6, *qui plus cupit pauper est.* — § 11 *in publicum* : cf. 94, 69 *aliter unusquisque populo, aliter sibi (uiuit).*

aliquid post omnia : tanta est caecitas mentium et tanta initiorum suorum unicuique, cum processit, obliuio. Ille modo ignobilis anguli non sine controuersia dominus tacto fine terrarum per suum rediturus orbem tristis est. **9** Neminem pecunia diuitem fecit, immo contra nulli non maiorem sui cupidinem incussit. Quaeris quae sit huius rei causa ? plus incipit habere posse qui plus habet. Ad summam quem uoles mihi ex his, quorum nomina cum Crasso Licinoque numerantur, in medium licet protrahas ; adferat censum, et quicquid habet et quicquid sperat simul computet : iste, si mihi credis, pauper est, si tibi, potest esse. **10** At hic, qui se ad quod exigit natura, composuit, non tantum extra sensum est paupertatis, sed extra metum. Sed ut scias quam difficile sit res suas ad naturalem modum coartare, hic ipse quem circa dicimus, quem tu uocas pauperem, habet aliquid et superuacui. **11** At excaecant populum et in se conuertunt opes, si numerati multum ex aliqua domo effertur, si multum auri tecto quoque eius inlinitur, si familia aut corporibus electa aut spectabilis cultu est. Omnium istorum felicitas in publicum spectat : ille quem nos et populo et fortunae

tacto *B* : tantot *Q* || fine *B* : -nem *Q* || rediturus *B* : reddi- *Q*.

9 summam *Q* : sumam *ex* summ- *B m., ut uid., corr.* || quem *B* : quam *Q* || Crasso Licinoque *Muret ex quibusdam exemplaribus* [Licinio] *Pinciani* [*qui Pers.* 2, 36 *citauerat*] *uulg. cf., auctore Hense Sen.* 120, 19 *Apocol.* 6 ; *auctore Beltrami Iuu. Sat.* 1, 109 ; 14, 306 : croesolicinioque *BQ* [croeso/li- *Q*] *Érasme Fickert* || si mihi *B* : mihi *Q*.

10 At hic : Adhic *BQ* [a *Q*] || ad quod *BQ dett. Auen Érasme*[1] *Beltrami* : ad id quod *Érasme*[2] *uulg.* ad hoc quod *m. rec. B sed u. Ax*[3] 216 || circa dicimus *BQ* [*sine interuallo BQ* -mus/*B*] *Buecheler.* [quem *et* circa *iungens*] : circa naturam diximus *Auen. Érasme*[2] *uulg.* circumcidimus *Madvig.*

11 At exaecant : Adexaed- *B* Adexcec- *Q* || familia *Q Auen. Érasme* : *ex* sicmilia *ut mihi uidetur B correctore ipso Érasmo cuius manu signum corruptelae adpictum hic esse uid.* || cultu *Q dett.* : -tus *B*.

bonheur [1]. **12** Quant à ceux-là chez qui une pauvreté fort affairée usurpe le nom de richesse, ils ont la richesse comme on dit que nous avons la fièvre, alors que c'est elle qui nous a. On emploie souvent le tour inverse : « la fièvre le tient ». Il faut dire de même : un tel, la richesse le tient. Voici donc ce que j'ai le plus à cœur de te recommander, ce que l'on ne recommande jamais assez : proportionne toutes choses aux désirs naturels [2] : on les contente sans qu'il en coûte rien, ou à peu de frais. Seulement, n'allie point les faiblesses avec les désirs. **13** Demandes-tu sur quelle table, dans quelle argenterie on apportera le manger, si les serveurs sont bien appariés, bien épilés? Du manger, c'est tout ce que veut la nature.

Quand la soif te dessèche le gosier, vas-tu demander des coupes d'or? Quand tu as faim, fais-tu fi de tout mets hormis le paon et le turbot?

14 La faim n'a pas de prétentions. Il lui suffit d'être calmée : elle ne se soucie guère avec quoi. Bien à plaindre la sensualité — dont c'est là le tourment — en quête d'une méthode pour avoir faim même rassasiée, et pour s'emplir, que dis-je? pour se gaver; et pour réveiller une soif étanchée à la première rasade. Horace a grandement raison de dire que la soif ne regarde pas dans quelle coupe, avec quelle jolie main on lui sert à boire. Pour toi si tu crois intéressante la longueur des boucles de l'échanson, la transparence de la coupe qu'il te présente, c'est que tu n'as pas soif. **15** La nature entre tous les autres dons nous a fait cette grâce primordiale d'affranchir de vaine délicatesse le besoin. Le superflu admet le choix : « Voici qui n'est guère

1. *Introsum* : cf. 94, 53 *felicitatem domo...*, t. I, p. 119, n. 2; p. 98, n. s. f. Il trouve en lui le bonheur, parce qu'il porte en lui toute sa richesse, comme Stilbon (cf. *ep.* 9, 18 et 19). Et comme il n'existe pas d'autre bien au monde, lui seul, par « l'effort de son âme » d'un coup va « tout posséder » 76, 6 *omnia bona semel occupaturo*, t. IV, p. 60, n. 2 et 17, 10 *repraesentat opes sapientia*. Lui seul est « riche »; mais « part à deux! » (119, 1), dans la communion des sages (2, 11 *optima — communia*). — V. sur ce § *Teletis Rel.* H², prol. p. CI *adn.* Sur *occupata* (*paupertas*), v. 17, 9 et supra § 9.

2. La soumission à une Nature austèrement définie est prêchée dans cette lettre avec une continuité remarquable.

subduximus beatus introsum est. **12** Nam quod ad illos pertinet apud quos falso diuitiarum nomen inuasit occupata paupertas, sic diuitias habent, quomodo habere dicimur febrem, cum illa nos habeat. E contrario dicere solemus : febris illum tenet. Eodem modo dicendum est : diuitiae illum tenent. Nihil ergo monuisse te malim quam hoc quod nemo monetur satis, ut omnia naturalibus desideriis metiaris, quibus aut gratis satis fiat aut paruo. Tantum miscere uitia desideriis noli. **13** Quaeris quali mensa, quali argento, quam paribus ministeriis et leuibus adferatur cibus? nihil praeter cibum natura desiderat.

Num tibi cum fauces urit sitis, aurea
Quaeris pocula? num esuriens fastidis omnia praeter
Pauonem rhombumque?

14 Ambitiosa non est fames, contenta desinere est; quo desinat non nimis curat. Infelicis luxuriae ista tormenta sunt : quaerit quemadmodum post saturitatem quoque esuriat, quemadmodum non impleat uentrem sed farciat, quemadmodum sitim prima potione sedatam reuocet. Egregie itaque Horatius negat ad siti*m* pertinere quo poculo [aqua] aut quam eleganti manu ministretur. Nam si pertinere ad te iudicas quam crinitus puer et quam perlucidum tibi poculum porrigat, non sitis. **15** Inter reliqua hoc nobis praestitit natura praecipuum quod necessitati fastidium excussit.

num — rhombumque Hor. *Sat.* 1, 2, 114 *seq.*

subduximus *Qq dett. uulg.* : subdixi/mus *B* -dicimus *Mentel.* || introsum *B Hense*[2] *coll. Ep.* 91, 19, *De Tr.* 7, 8, 4 [*ubi uide Hermes*] : introrsum *Q dett. uulg.*

12 ad illos *B* : ab illo *Q* || habere *BQ* [b *in ras. B* || metiaris *Q* : *ex* /mentiaris *B*.

13 sitis — quaeris *B* : sitit — quaerit *Q*.

14 quo *B* : quod *Q* || farciat *Q uulg.* : fac- *B* || sitim : sit in *BQ* [sit/in *B*] sedatam : -ta *BQ unde* -tum *B m. rec.* || aqua [*ex* aquae *B* aquae *Q*] *seclus. Hense ad l. et Axelson*[3] 216 *tamquam glossema* || negat ad sitim *codd.* : *supra/* negat *minutis litt. antiqua m. scriptum hic incipe B* || quam[2] *B* : quem *Q*.

15 necessitati *B* : -ssi/tatis *Q*.

séant ; ceci n'est guère reluisant ; ceci choque mes yeux ». Du tout-puissant Auteur de l'univers, qui traça les lois de notre existence, le but était notre conservation, non les raffinements de cette existence. Pour la première tout est prêt [1], à portée de main ; pour nous procurer les autres, ce ne sont que misères, et tracas. **16** Usons donc de ce bienfait de la nature, le rangeant parmi les plus grands et disons-nous : « Le titre le plus incontestable qu'elle ait à notre gratitude, c'est le fait que tout aliment dont le désir est issu de la nécessité se prend sans aucun dégoût.

LETTRE **120** *

1 Ta lettre après avoir louvoyé entre plusieurs subtils problèmes, s'est arrêtée sur l'un d'eux, celui-ci, dont elle demande la solution : comment avons-nous acquis la connaissance du bien et de l'honnête ? D'autres écoles prêtent à ces deux termes des acceptions opposées ; suivant la nôtre ces choses ne sont que parties distinctes d'un tout. Expliquons-nous.

2 Le bien, au gré de quelques-uns, c'est ce qui est utile. Aussi ce nom l'appliquent-ils à la richesse, à un cheval, à du vin, à une chaussure, tant est dépréciée chez eux l'idée de bien, tant ils la ravalent aux objets les plus vulgaires. Honnête pour eux est ce qui cadre théoriquement avec la juste notion du devoir, par exemple les soins pieux dont on entoure un père âgé, l'assistance prêtée à un ami pauvre, une campagne héroïque, un vote dicté par la prudence et la modération. **3** La dualité des deux concepts, nous l'admettons : mais à partir d'un principe unique. Rien n'est bien que ce qui est honnête ; l'honnête est toujours un bien. Je

* *Sommaire.* — Lucilius demande comment nous avons acquis la notion du bien et de l'honnête. Sénèque rappelle la définition stoïcienne de ces termes (1-3). Cette notion est venue aux hommes par l'observation, l'analogie, l'interprétation des exemples, le discernement aussi, dans ces traits, entre le bien et les vices qui en ont toute l'apparence (4-9). C'est à la constance qu'on a reconnu la vertu

1. *omnia parata — et in promptu* comme par hasard : Muson. éd. H. p. 97 ἀρκούμενα (*animalia*) τοῖς παραπεσοῦσι, p. 103 σῖτα καὶ ποτὰ (*deus hominibus*) παρεσκεύασεν.

Recipiunt superuacua dilectum : « hoc parum decens, illud parum lau[da]tum, oculos hoc meos laedit ». Id actum est ab illo mundi conditore, qui nobis uiuendi iura discripsit, ut salui essemus, non ut delicati. Ad salutem omnia parata sunt et in promptu, deliciis omnia misere ac sollicite comparantur. **16** Vtamur ergo hoc naturae beneficio inter magna numerando et cogitemus nullo nomine melius illam meruisse de nobis quam quia quicquid ex necessitate desideratur sine fastidio sumitur. VALE.

SENECA LVCILIO SVO SALVTEM **120**

1 Epistula tua per plures quaestiunculas uagata est, sed in una constitit et hanc expediri desiderat, quomodo ad nos boni honestique notitia peruenerit. Haec duo apud alios diuersa sunt, apud nos tantum diuisa. Quid sit hoc dicam. **2** Bonum putant esse aliqu*i i*d quod utile est. Itaque hoc et diuitiis et equo et uino et calceo nomen imponunt : tanta fit apud illos boni uilitas et adeo in sordida usque descendit. Honestum putant, cui ratio recti officii constat, tamquam pie curatam patris senectutem, adiutam amici paupertatem, fortem expeditionem, prudentem moderatamque sententiam. **3** Ista duo quidem facimus, sed ex uno. Nihil est bonum, nisi quod honestum est ; quod honestum est, utique bonum

lautum *Muret alii Axelson*[2] 17 : laudatum *codd. Érasme alii Hense* || discripsit *Buecheler* : deser- *BQ uulg.* || deliciis *Q ex* dil- : delicis *B Hense*[2].

16 illam *B* : illa *Q*.

Ep. 120, **1** apud[1] *Q* : *ex* apud *bis B* || tantum *B* : tanta *pr. Q*.

2 Aliqui id *Buecheler* : aliquid *BQq dett.* [-quit *B*] *Muret* aliqui *Érasme*[1-2] *multi deinceps* || et diuitiis *Q dett.* et de diuitiis/*B* || equo *B* : aequo *Q* || uilitas *B* : utili- *Q* || sententiam *Q* [sent *in ras.*], *q dett.* : sentiam *B*.

3 ista duo *codd.* [ista/duo *B*] *uulg. olim Bourgery p.* 404 *coll. N. q.* 1, 1, 3 *ubi* nos *deest* : nos ista duo *cod. Vat.* 2215 [*teste Fickert*] *Haase alii* nos etiam ista duo *Gertz* ista duo (quidem facimus) nos *Rossbach.* || quod honestum est utique bonum est *Qq dett. Beltrami* : quod honestum est utique bonum *B uulg.* [*Haase Hense* -tum, est u. *distinguunt*] q. h. est, est u. b. *Buecheler.*

crois superflu d'ajouter ce que j'ai dit mainte fois sur la différence de l'un et de l'autre. Je dirai seulement que nous jugeons absente la qualité de bien en tout ce qui peut être aussi instrument de mal : or tu vois le nombre de gens qui utilisent pour le mal richesse, noblesse, force matérielle. Je retourne donc, cela dit, à la question dont tu veux que je t'entretienne : comment avons-nous acquis la notion première [1] du bien et de l'honnête? **4** La nature n'a pu nous l'enseigner [2] : nous avons reçu d'elle non pas la science même, mais les germes de la science. Au dire d'aucuns cette notion ne fut que trouvaille fortuite. Invraisemblable hypothèse : l'idée de la vertu se serait présentée par aventure à l'intelligence! Elle résulta, selon nous, d'un travail d'observation et de la confrontation de certains actes fréquents dans l'existence; c'est par le moyen de l'analogie [3], au jugement de notre École, que l'esprit a conçu l'honnête et le bien. Comme le mot <analogie> a reçu des grammairiens latins droit de cité, j'estime qu'il faut non le condamner, mais le ramener en son état de « nationale origine » [analogia]. Je l'emploierai donc comme un terme non seulement adopté, mais usité.

5 Qu'est-ce que cette analogie? Voici. On connaissait la santé du corps; ce qui a fait concevoir que l'âme aussi a la sienne. On connaissait la force physique; on en a conclu qu'il existe également une énergie morale. Des traits de générosité, d'humanité, de courage nous avaient frappés d'étonnement : nous avons commencé à les admirer

parfaite (10), laquelle d'ailleurs fut nommée selon le cas, tempérance, courage, prudence ou justice; embellie des mêmes qualités extérieures; enfin constituant le bonheur (11). Celui-ci est dans l'acceptation totale de tout ce qui advient, par une âme qui se souvient de son origine, qui méprise le corps et se représente, comme elle doit, le trépas (12-18). Les changements fréquents de goût et d'attitude, vivement décrits par Horace, sont le fait d'une âme malade (19-22). — Sur cette L. v. I. Heimmann 189 sqq. II 468 sqq.

1. Chronologiquement, mais aussi (58, 8) logiquement.
2. *Hoc nos natura... : ep.* 90 s. f. *ad hoc — sine hoc nascimur*, mais nous eûmes les *semina scientiae* 108, 8 et 22. V. chez Gell., 12, 5, 7 comment avec le temps apparut la notion de l'honnête et de l'utilité authentiquement et, par le discernement entre les biens, le sentiment de l'éminente dignité du beau (τὸ καλόν) et de l'honnêteté.
3. L'analogie : Cic. *De Fin.* 3, 33: D. L. 7, 52.

est. Superuacuum iudico adicere quid inter ista discriminis sit, cum saepe dixerim. Hoc unum dicam, nihil <bonum> nobis uideri quo quis et male uti potest. Vides autem diuitiis, nobilitate, uiribus quam multi male utantur. Nunc ergo ad id reuertor de quo desideras dici, quomodo ad nos prima boni honestique notitia peruenerit. **4** Hoc nos natura docere non potuit : semina nobis scientiae dedit, scientiam non dedit. Quidam aiunt nos in notitiam incidisse, quod est incredibile, uirtutis alicui speciem casu occucurrisse : nobis uidetur obseruatio collegisse et rerum saepe factarum inter se conlatio. Per analogian nostri intellectum et honestum et bonum iudicant. Hoc uerbum cum Latini grammatici ciuitate donauerint, ego damnandum non puto, in ciuitatem suam redigendum. Vtar ergo illo non tantum tamquam recepto, sed tamquam usitato. **5** Quae sit haec analogia dicam. Noueramus corporis sanitatem : ex hac cogitauimus esse aliquam et animi. Noueramus uires corporis : ex his collegimus esse et animi robur. Aliqua benigna facta, aliqua humana, aliqua fortia nos obstupefecerant : haec coepimus tam-

adicere *B* : *ex* -rem *Q* || nihil bonum nobis uideri *cod. Ottobon.* 1031 [*teste Fickert*] *Hense* : nihil nobis uiderit *BQ* nihil nobis bonum uiderit *dett. uulg.* nihil nobis uiderit bonum *q Rehdig. 1 teste Fickert, Beltrami concinnioris clausulae gratia, sed non liquet qui hinc* bonum *exciderit* || diuitiis *q dett. Q m. rec.* -tis *pr. QB sed u.* § 2 || notitia *B* : *ex* -tiae *Q*.

4 in notitiam [innot-] *B ubi* hanc *uel sim. deesse uid.* innocentiam *Q* || est *B* : *om. Q* || uirtutis *Q* : ciirtutis *B* || occucurrisse *B* « *idque commendat clausulae ratio* » *Beltrami* : occurrisse *Qq dett.* || collegisse *B* : collig- *Q* || factarum *B* : -turum *pr. Q* || conlatio *B* : coll- *Q* || analogian *B* : -am *Q* || damnandum *codd.* : *secl. Haase ut glossema* || puto *codd.* : puto nec *uulg. inde ab Erasmo*[2] *ad Schweighaeuser* puto <puto> *Buecheler* puto (in ciuitatem) autem *Beltrami sed u. quod adnotaui in ed. De Ben.* 2, 23, 2 *ad* chirographum || ciuitatem/suam *B* : -te suum *Q* || redigendum *B* : -diendum *Q*.

5 collegimus *q dett. uulg.* : collig- *BQ*.

comme autant de parfaites réalisations. Il s'y mêlait beaucoup de tares secrètes, mais elles disparaissaient dans l'éclatante beauté d'un acte remarquable et sur elles nous avons fermé les yeux. C'est la nature qui veut que l'on ajoute à ce qui mérite louange. Il n'est personne qui évoquant la gloire n'ait outrepassé la vérité. Aussi de ces exemples avons-nous tiré l'idée du bien dans toute sa grandeur.

6 Fabricius repoussa l'or du roi Pyrrhus et estima que moins de majesté réside en la fonction royale qu'en la force de mépriser les trésors d'un roi. Le même Fabricius, à qui le médecin de Pyrrhus promettait d'empoisonner son maître, avertit Pyrrhus de se tenir sur ses gardes. C'était le fait d'une même qualité d'âme, de ne pas être vaincu par l'or et de ne pas vaincre par le poison. Nous avons admiré cet homme au cœur haut placé, inflexible aux offres fermes d'un roi comme à celles d'un régicide ; vraiment attaché au bien, son idéal ; conservant en pleine guerre, chose si difficile ! le respect de la vie [1] ; croyant que, même contre un ennemi, la Loi divine ne permet pas tout ; enfin dans un état de pauvreté dont il s'était fait un titre de gloire, ayant même horreur de la richesse et du poison. « Vis grâce à moi, Pyrrhus, dit-il, réjouis-toi de ce qui jusqu'ici te faisait peine : l'incorruptibilité de Fabricius. » **7** Horatius Coclès [2] à lui seul bloqua l'étroit passage du pont [Sublicius]. Il commanda que la retraite lui fût coupée, pourvu qu'on fermât le chemin à l'ennemi ; et il en contint la poussée tout ce temps, jusqu'au fracas du tablier arraché dans un immense effondrement. Alors tournant la tête et voyant le péril de sa patrie conjuré au prix du sien : « Me suive, s'écrie-t-il, qui voudra par ce chemin ! » ; puis il se jette au gouffre ; et non moins soucieux, dans le courant qui l'entraîne, de sauver du flot son armement que sa personne, sous la parure, sauve, de ses armes victorieuses, il s'en retourna, gardé du péril autant que s'il s'en était

1. *In bello innocentem* : tel Caton le jeune.

2. Horatius Coclès : Liv. 2, 10, 1. (v. sa prière à Tibérinus) ; son idéal ap. Cic. *Par.*, 12 (avec celui de Fabricius) ; Manil. *Astr.* 4, 31. Comme le « salut de la patrie est bien de premier ordre » (66, 5 et 76, 27) S., loue l'héroïsme militaire en Coclès (ou en Mucius Scevola 24,

quam perfecta mirari. Suberant illis multa uitia, quae species conspicui alicuius fact*i* fulgorque celabat : haec dissimulauimus. Natura iubet augere laudanda, nemo non gloriam ultra uerum tulit ; ex his ergo speciem ingentis boni traximus. **6** Fabricius Pyrrhi regis aurum reppulit maiusque regno iudicauit regias opes posse contemnere. Idem medico Pyrrhi promittente uenenum se regi daturum monuit Pyrrhum caueret insidias. Eiusdem animi fuit auro non uinci, ueneno non uincere. Admirati sumus ingentem uirum, quem non regis, non contra regem promissa flexissent, boni exempli tenacem, quod difficillimum est, in bello innocentem, qui aliquod esse crederet etiam in hostes nefas, qui in summa paupertate, quam sibi decus fecerat, non aliter refugit diuitias quam uenenum. « Viue, inquit, beneficio meo, Pyrrhe, et gaude quod adhuc dolebas, Fabricium non posse corrumpi. » **7** Horatius Cocles solus impleuit pontis angustias adimique a tergo sibi reditum, dummo*do* iter hosti auferretur, iussit et *t*am diu prementibus restitit donec reuulsa ingenti ruina tigna sonuerunt. Postquam respexit et extra periculum esse patriam periculo suo sensit, « ueniat, si quis uult, inquit, sic euntem sequi » iecitque se in praeceps et non minus sollicitus in illo rapido alueo fluminis ut armatus quam ut saluus exiret, retento armorum uitricium

facti *q dett.* : -ta *BQ* [-ta /*desinente pagina B*].

6 *uerbis* Fabricius — contemnere *in duos trimetros redegit auctore Albini Beltrami*[2] *coll. iis quae infra sunt* qui in summa paupertate — uenenum [se *post* opes *et* pauperem *post* posse *supplens*] *parum, ni fallor, sententiose* || pyrrhi *ex* -rri/*B* : -rri *Q et sic deinde* || se regi *B* : si regi *Q* || uirum quem *B* : uirumque *Q* || exempli *Q* : exempl * *B* || uiue *B* : Bibe *Q*.

7 cocles : cochl-*BQ* || adimique *B pr. Q* : ademitque *m. rec. Q perperam* || a tergo *B* : Adergo *pr. Q* || dummodo *q dett. ex* dummo *m. rec. B* [*fuerit* dummo *compendium in archet?*] modo *Q* || auferretur *B* : offere- *Q* || et tam *dett. Érasme*[2] *uulg. olim Hense* : et iam *q Érasme*[1] *Fickert* etiam *BQ* [*non* et iam *B*] || iecitque *dett. Fickert* legitque *BQ* egitque *Auen. Érasme*[1] deditque *Érasme*[2] *uulg. olim* || quam ut *B* : tamquam ut *Q*.

venu par le pont. **8** Ces actions et d'autres semblables nous donnèrent une idée concrète de la vertu.

J'ajouterai une considération qui sans doute a de quoi surprendre : le mal s'est de temps à autre présenté sous les dehors de l'honnête et l'éclat de la perfection morale a jailli de son contraire. Car il est, tu le sais, des vices qui confinent aux vertus[1] et même en l'homme perdu, immoral, il y a des traits de ressemblance avec le bien. Le prodigue n'est que la contrefaçon du généreux, vu qu'il y a une extrême différence entre qui sait donner et qui ne sait pas conserver. Oui, Lucilius, beaucoup ne placent pas leurs dons ; ils les jettent au vent ; je refuse quant à moi le nom de généreux à un bourreau d'argent. L'indifférence prend les allures de la facilité d'humeur ; l'irréflexion, du courage. **9** Ces ressemblances nous obligèrent à prendre garde et à distinguer entre des sentiments qui paraissent se tenir de près, en réalité s'opposent radicalement, pendant que nous observions qui s'était signalé par une action d'éclat. Nous nous mîmes à noter que tel ou tel avait agi dans l'élan d'un grand cœur, mais une seule fois. On vit celui-ci courageux à la guerre, couard au forum, patient et brave dans la pauvreté, rampant sous le décri. On prôna l'action, on méprisa l'homme. **10** On vit cet autre bon pour ses amis, gardant la mesure avec ses ennemis, administrant avec des mains pures et scrupuleuses les

5 sq.) sans chercher si et comment put sortir d'un Vulcain « Borgne » et boiteux, cette historiette, la critique historique lui semblant exclue (*N. q.* pr. 7 *satius — quid faciendum — quam quid factum quaerere*). Déjà Cic. (*De Leg.*, 2, 4) nous dit que Coclès avait agi en vertu de « la loi divine » qui elle-même obéit à la loi écrite, celle de la Raison » [Des 2 ex. cités ici, le 1er seul est développé parce qu'il a réveillé dans l'esprit de S. des idées élaborées naguère in *De Prou* 1, 3, 4 et 6 (Albertini)].

1. Cf. t. II, p. 11 n. 3 et 4. La discrimination est aisée à la lumière de la foi dans les principes, 95, 43 sq. Sur la « prodigalités » de Néron, V. Suét. *Ner.* 30.

decore tam tutus redît quam si ponte uenisset. **8** Haec et eiusmodi facta imaginem nobis ostendere uirtutis. Adiciam quod mirum fortasse uideatur : mala interdum speciem honesti obtulere et optimum ex contrario *enituit*. Sunt enim, ut scis, uirtutibus uitia confinia et perditis quoque ac turpibus recti similitudo est : sic mentitur prodigus liberalem, cum plurimum intersit utrum quis dare sciat an seruare nesciat. Multi, inquam, sunt, Lucili, qui non donant sed proiciunt : non uoco ego liberalem pecuniae suae iratum. Imitatur neglegentia facilitatem, temeritas fortitudinem. **9** Haec nos similitudo coegit adtendere et distinguere specie quidem uicina, re autem plurimum inter se dissidentia, dum obseruamus eos quos insignes egregium opus fecerat. <Coepimus> adnotare quis rem aliquam generoso animo fecisset et magno impetu, sed semel. Hunc uidimus in bello fortem, in foro timidum, animose paupertatem ferentem, humiliter infamiam : factum laudauimus, contempsimus uirum. **10** Alium uidimus aduersus amicos benignum, aduersus inimicos temperatum, et publica et priuata sancte ac religiose

redît *Hense*[2] : -dit *BQ* diit *uulg.*

8 eiusmodi *B* : ineiusmodi [in *transfoss.*] *Q* huiusmodi *uulg. ante Hense* || ostendere B : -deret *pr. Q* || enituit *Buecheler et ex Ottobon.* 1031 *Hense*[2] : nituit *BQ uulg.* emicuit *Velz. m. alt.* || prodigus *B* : -gas *pr. Q* || inquam *B* : innqua *pr. Q* || neglegentia *B* : *ex* -iam *Q*.

9 dum obseruamus *Beltrami* : dum obseruamus *uulg.* <ac> dum o. *Gertz Hense sed u. Alexon.*[2] 119 || Coepimus adnotare *Beltrami iam uulg.* [, coepimus a.] : adnotare *B* [*sc.* nos similitudo coegit] *Gertz Hense durius cf. Axelson*[3] *ibid.* [*fort. in B* coepim *ante* adnotare *ideo abest quia, supra obuersante* coegit, *quasi aberranti huc aut in archet. expunctum erat aut in eius mg. delendum dictum, cf. litteras* g *et* p *quandam tenus similes, siquidem occurrit in B et* c *pro* g, *u. Int.*[4] *p.* 10 *n.* 11 et c *pro* p *ibid. p.* 12 *n.* 5; *in codd. hispan.* ep *et* eg *symmabas fere similiter colligatas teste Muñoz y Riv. Paleogr. p.* 110; *ceterum* 82, 11 *est* coepit *pro* coegit *in B* || quis *BQ* : ut quis *Laur. XXXVIII* 24 *Sangall.* 878 *dett. teste Beltrami* || impetu, sed semel Hunc *distinxit Muret ex « uet. lect. » Pinciani* impetu sed semel hunc *Auen. Érasme*[1-2] *et sic* [simul *pro* semel *proponens*] *Ruhkopf* || infamiam *B* : -mia *ex* -miam *Q* || factum *B pr. Q* : frac- *m. rec Q*.

10 sancte ac religiose *B* : -tae acreligiosae *Q*.

affaires de l'État et celles des particuliers, également doué de la patience qui tolère, du sens de l'à-propos dans l'action. On le vit, quand c'était l'heure d'être libéral, donner à pleines mains ; quand un effort s'imposait, y persévérer, s'y acharner, et subvenir par l'énergie de l'âme à l'épuisement physique. Avec cela il se montrait toujours le même, égal à lui-même en toutes ses actions, vertueux non par dessein seulement, mais par l'habitude acquise, qui l'avait amené au point non pas seulement de pouvoir bien faire, mais de ne pouvoir rien faire qui ne fût bien. On reconnut qu'en cet homme résidait la vertu dans sa perfection.

11 La vertu, on la divisa en parties [1] : il fallait réfréner les désirs, comprimer les frayeurs, prévoir les décisions à prendre, solder à chacun son dû : notre esprit conçut tout ensemble les notions de tempérance, de courage, de prudence, de justice ; et chaque vertu se voyait assigner son office. A quoi donc a-t-on reconnu la vertu ? Ses marques révélatrices étaient l'ordre établi par elle, la bienséance, la constance dans ses principes [2], l'harmonie régnant en toutes ses actions et cette grandeur qui se rend supérieure à tout événement.

Et là-dessus est née la notion de la vie heureuse qui coule doucement, sans obtacles, ne relevant, d'un bout à l'autre, que d'elle-même. **12** Et comment à son tour cette notion s'offre à nous ? Je vais le dire. Jamais l'homme parfait, en possession de la vertu, ne maudit la Fortune ; jamais, il n'accueillit les événements avec chagrin ; se disant : « Je suis citoyen de l'univers, je suis un soldat <à son poste> », il se plia aux épreuves comme à un service commandé. De quelque disgrâce qu'il fût touché, il n'eût point de geste de révolte comme sous le coup d'un malheur effet de sa malchance [3], mais comme si c'était une

1. *In partes...*, cf. Cic. *De Off.* 1, 5 *omne quod est honestum, id quattuor partium oritur ex aliqua* : suit immédiatement, comme dans S., au lieu de la liste des quatre vertus, la définition de chacune, quoique dans un ordre différent (prudence, justice, courage ou énergie, tempérance).

2. *Ordo, decor, constantia* : cf. 115, 4 ; 66, 6 *Tr. a. f.* ; *De V. b.* 8, 3. — *Secundo cursu, De Tr. a*, 2, 4 ; εὔροια D. L. 7, 88.

3. *labore — imperator* cf. infra *delegatum sibi* ; 1 18 *in hac statione.*, 90, 34 *accidentia — imperata* ; et chez Sextius, cité 59, 7,

administrantem, non deesse ei in îs quae toleranda erant patientiam, in îs quae agenda prudentiam. Vidimus, ubi tribuendum esset, plena manu dantem, ubi laborandum, pertinacem et obn*ixu*m et lassitudinem corporis animo subleuantem. Praeterea idem erat semper et in omni actu par sibi, iam non consilio bonus, sed more eo perductus ut non tantum recte facere posset, sed nisi recte facere non posset. Intelleximus in illo perfectam esse uirtutem. **11** Hanc in partes diuisimus : oportebat cupiditates refrenari, metus comprimi, facienda prouideri, reddenda distribui : conprehendimus temperantiam, fortitudinem, prudentiam, iustitiam et suum cuique dedimus officium. Ex quo ergo uirtutem intelleximus? ostendit illam nobis ordo eius et decor et constantia et omnium inter se actionum concordia et magnitudo super omnia efferens sese. Hinc intellecta est illa beata uita secundo defluens cursu, arbitrii sui tota. **12** Quomodo ergo hoc ipsum nobis apparuit? dicam. Numquam uir ille perfectus adeptusque uirtutem fortunae maledixit, numquam accidentia tristis excepit, ciuem esse se uniuersi et militem credens labores uelut imperatos subît. Quicquid inciderat non tamquam malum aspernatus est et in se cas*u* delatum,

ei *q Schweighaeuseri codd. Argentor. a et c* : et *BQ dett.* ei et *dett. uulg. olim* || in îs *bis Beltrami* : in hiis *bis B* in his *bis Q Érasme* in iis *bis Buecheler Hense* || obnixum *Laur.* XXXVIII 24 *Met.* 377 *Ottobon.* 1031, *et ita coni. Dalechamp* : -noxium *BQ q uulg. olim sed u. auctore Hense*[2] 66, 40 || ut non *B* : et non *Q*.

11 hanc *B* : hac *Q* || concordia *Q* : *ex* consort- *B* || cursu *B* : -sui *Q*.

12 subît *Hense* : -bit *BQ* -biit *uulg.* || casu *q uulg.* : casum *BQ* [*in B supra* s *m. antiqua*].

charge à lui dévolue. Il déclarait : « Quoi que soit, c'est mon affaire. Rude, pénible? c'est l'occasion de s'y mettre tout de bon ». **13** Force était donc de reconnaître grand un homme qui jamais ne gémit sous le malheur, jamais ne se plaignit de sa destinée. Il fit sentir à un grand nombre ce qu'il était. Comme un flambeau dans les ténèbres, il projeta sur eux sa lumière [1], attirant sur lui toutes les âmes, parce qu'il était paisible et doux, embrassant d'une égale sympathie l'ordre humain et l'ordre divin. **14** C'était une âme accomplie, arrivée à son plus haut point, au-delà duquel il n'y a que la pensée divine, dont une part est descendue en ce cœur mortel [2]. De ce cœur jamais ne s'avère mieux la qualité divine que lorsqu'il considère sa mortalité et connait que l'homme n'est entré dans la vie que pour en sortir, que son corps n'est pas une demeure fixe, mais une hôtellerie, un gîte d'un jour qu'il faut quitter au moment où l'on peut trouver qu'on encombre l'hôtelier. **15** Je le répète, mon cher Lucilius : rien ne démontre mieux notre haute origine que de voir l'âme capable d'estimer trop terre à terre, trop étroits les entours dans lesquels elle se meut, et de ne pas appréhender d'en sortir. Car il sait où il retournera qui se rappelle d'où il vient [3]. Ne voyons-nous pas que d'incommodités nous travaillent, comme ce corps s'ajuste mal à nous. **16** Tête, estomac, poitrine, gorge provoquent à tour de rôle nos doléances. Un jour les nerfs, tel autre les pieds nous tiennent au supplice; maintenant c'est le dévoiement, une autre fois la pituite. C'est le sang tantôt trop riche, tantôt trop pauvre. De droite et de gauche on nous harcèle et nous montre la porte; c'est l'aventure de tout habitant

l'image du mobilisé *pugnae paratum* (cf. 64, 4), puis ibid. *praesidia* donc les *uirtutes ad nutum regentis — respondeant*. Le sage est un légionnaire qui a « juré » obéissance et endurance pour « toute sa vie », 65, 18, et de mourir si l'*imperator* le veut, cf. à l'époque de Caton (Cés. *De B. c.* 3, 91, 3 et 95, 2) le rengagé Crastinus.

1. *Lumen offulsit* : cf. t. IV, p. 56, n. 1.

2. (*Deus*) ex quo pars et in hoc pectus... cf. 92, 30 *in eo diuini aliquid...*; 93, 10 *ad me illi* (sc. *dei*) *suum* (sc. *animum*) *miserant*; 65, 16 (*reuerti*) *ad illa quorum pars fuit*; 41, 5, *animum excellentem — caelestis potentia agitat. — Hospitium* : cf. t. III, p. 13, n. 2, t. IV, p. 153, n. fin; infra § 16 *expellimur.*

3. Cf. 92, 30 *originis suae memore*; 79, 12, *sursum uocant initia sua.*

sed quasi delegatum sibi : « Hoc qualecumque est, inquit, meum est ; asperum est, durum est ? in hoc ipso nauemus operam. ». **13** Necessario itaque magnus apparuit qui numquam malis ingemuit, numquam de fat*o* suo questus est ; fecit multis intellectum sui et non aliter quam in tenebris lumen offulsit aduertitque in se omnium animos, cum esset placidus et lenis, humanis diuinisque rebus pariter aequus. **14** Habebat perfectum animum et ad summam sui adductu*m*, supra quam nihil est nisi mens dei, ex quo pars et in hoc pectus mortale defluxit ; quod numquam magis diuinum est quam ubi mortalitatem suam cogitat et scit in hoc natum hominem ut uita defungeretur, nec domum esse hoc corpus, sed hospitium, et quidem breue hospitium quod relinquendum est ubi te grauem esse hospiti uideas. **15** Maximum, inquam, mi Lucili, argumentum est animi ab altiore sede uenientis, si haec in quibus uersatur humilia iudicat et angusta, si exire non metuit. Scit enim quo exiturus sit, qui unde uenerit meminit. Non uidemus quam multa nos <in>commoda exagitent, quam male nobis conueniat hoc corpus ? **16** Nunc de capite, nunc de uentre, nunc de pectore ac faucibus qu*e*rimur ; alias nerui nos, alias pedes uexant, nunc deiectio, nunc destillatio ; aliquando superest sanguis, aliquando deest : hinc atque illinc temptamur et expelli-

meum est, asperum *B uulg.* m. esse, a. *Q* m. est sed a. *Baehrens* || nauemus *BQ Érasme*$^{1\text{-}2}$ *uulg.* [*in B signo eod. superscripto quod* 117, 20 *et* 26 *occurrit, fort. legentis Erasmi* : habemus *dett. teste Fickert, Auen.* || operam *BQ in hoc uerbo desinit Q.*

13 fato : *ex* fatu *m. rec. B* : statu [uel stato *superscr.*] *q* || offulsit *B* : effulsit [*ex* off-] *A edd. sed ecquid habet A auctoritatis ?*

14 adductum *Bartsch Buecheler et sic Harl.* : adductus *B uulg.* || ex quo *B Haase* : ex qua *q dett. uulg.* || grauem esse *B* : grauem *q dett.* || hospiti *B Muret* : -item *dett. uulg. prius.*

15 sede uenientis *B* : uenientis sede *q* || incommoda *q dett.* : commoda *B.*

16 nunc de capite nunc de uentre *B* : nunc de uentre nunc de capite *q edd. ante Schweighaeuser* || querimur : quaerimur *ex* -mus *ead. m. B.*

d'un logis qui n'est pas le sien. **17** Nous pourtant que le sort a mis dans un corps qui s'effrite [1], nous n'en faisons pas moins des plans pour l'éternité, nous n'envahissons pas moins de nos espérances, faute de nous arrêter à aucun degré de fortune ou de puissance, la plus longue durée à laquelle une vie peut atteindre. Se peut-il rien de plus éhonté, de plus déraisonnable que pareille attitude? Rien ne contente des êtres faits pour mourir, que dis-je? en train de mourir. Chaque jour en effet nous rapproche du dernier; et vers le bord d'où il nous faudra faire le saut, chaque minute nous pousse. **18** Constate l'aveuglement de nos cœurs : ce que j'appelle l'avenir est en train d'advenir; déjà pour une bonne part il est advenu. Quant au temps que nous avons vécu, il est de retour au lieu où il était avant que nous fussions en vie [2]. Et nous nous fourvoyons quand nous ne redoutons que le jour suprême, alors que chaque jour [3] apporte une égale contribution à la mort. Le pas où l'on succombe ne cause point l'épuisement; il le déclare. Le dernier jour aboutit à la mort; chaque jour s'y acheminait. Elle ne fait pas sur nous main basse, elle nous grignote [4]. C'est pourquoi une grande âme, consciente de la supériorité de sa nature, a soin de se comporter, au poste où elle est placée, avec honneur et vaillance; au demeurant, elle ne fait son propre d'aucun des objets qui l'entourent; elle en use comme d'objets prêtés, étrangère de passage et pressée. **19** Devant une telle fermeté de principes, comment l'idée d'une structure morale peu commune ne serait-elle pas entrée en nous? principalement, ai-je dit, si, en se montrant toujours égale, cette grandeur par là se révélait incontestable. Le vrai tient,

1. *Corpus tam putre*; cf. 101, 1 *fragilitatis nostrae*, 91, 16 *nemo altero fragilior*; *N. q.* 6, 2, 3 *nugatorii nos corporis*.

2. *Eo loco est...* cf. Lucr. 3, 830 *uelut anteacto nil tempore sensimus...* — 836 *sic ubi* non *erimus* — 838 sq. *haud nobis quicquam — accidere omnino poterit*; Sén. 77, 11; *Ad Marc.* 19, 5; *Ad Pol.* 9, 2; les inscr. funér. en vers [Bücheler 1495 et 1496] ap. Galletier, *op. cit.*, p. 15.

3. *Singuli (*dies) : cf. *Ep.* 1, 2 *cotidie*. Une inscription en latin vulgaire (CIL, IX, 3473 fin) nous dit *Vita morti propior fit cotidie. Vale* [*propior* cf. § 17 *propius*].

4. *Carpit nos* : 26, 4 *carpimur*. — *Quae circa sunt* : 41, 7 *circa*; de même 102, 24; *Ad Marc*, 10, 1; *De V. b.* 20, 3.

mur. Hoc euenire solet in alieno habitantibus. **17** At nos corpus tam putre sortiti nihilominus aeterna proponimus et in quantum potest aetas humana protendi, tantum spe occupamus nulla contenti pecunia, nulla potentia. Quid hac re fieri impudentius, quid stultius potest? Nihil satis est morituris, immo morientibus; cotidie enim propius ab ultimo stamus et illo unde nobis cadendum est hora nos omnis inpellit. **18** Vide in quanta caecitate mens nostra sit : hoc quod futurum dico, cum maxime fit, et pars eius magna iam facta est. Nam quod uiximus <tempus eo loco est quo erat antequam uiximus>. Erramus autem qui ultimum timenus diem, cum tantumdem in mortem singuli conferant. Non ille gradus lassitudinem facit in quo deficimus, sed ille profitetur. Ad mortem dies extremus peruenit, accedit omnis : carpit nos illa, non corripit. Ideo magnus animus conscius sibi melioris naturae dat quidem operam ut in hac statione qua positus est honeste se atque industrie gerat, ceterum nihil horum quae circa sunt suum iudicat, sed ut commodatis utitur, peregrinus et properans. **19** Cum aliquem huius uideremus constantiae, quidni subiret nos species non usitatae indolis? utique si hanc, ut dixi, magnitudinem ueram esse ostendebat aequalitas. Vero tenor permanet, falsa

17 at nos *q* : ad nos *B* || aeterna *Pincia* [*ex* « *Franciscano exemplari* », *ubi* aterna] : alt- *Bq* [/alt- *B*] aet- *ex* alt- *m. recentissima A*.

18 cum maxime *B Pincia Muret* : nunc maxime *edd. uett. Érasme* || nam quod uiximus <tempus eo loco est quo erat antequam uiximus> *Érasme secundum epicuream et quadamtenus annaenam de morte sententiam, alii deinceps et sic sed* [erat] *Hasse* : nam/quod uiximus *incip. pag. B* nam quod uiximus tempore eo loco erat quo erat antequam uiximus *q* iam quoad u. *Buecheler Hense* nempe quoad u. *Beltrami* nam quod uiximus tempus morti addiximus *Barker peringeniose sed u. Axelson*[2] *p.* 21 *n.* 1 || accedit *dett.* : accid- *Bq*.

19 aequalitas *Gronov et sic* [eq-] *Velz.* : qual- *Bq* || uero *B dett. Buecheler* : -ri *Gronov et sic Ottobon. Rom.* 1670 *teste Fickert* uerus *q dett. Grüter.*

immuable ; le faux ne dure pas [1]. Certains sont tour à tour des Vatinius, des Catons [2]. Tout à l'heure ils ne trouvaient pas Curius assez austère, Fabricius assez pauvre, Tubéron assez simple de goûts, assez résigné à de la vaisselle de bas prix ; maintenant ils rivalisent avec Crassus et Licinus d'opulence, avec Apicius de fins soupers, avec Mécène de raffinements dans la mollesse. **20** Rien ne décèle le désordre [3] des consciences comme les flottements [4] et entre vertus simulées et vices chéris le roulis sans fin.

« Il [5] avait souvent deux-cents esclaves, souvent dix seulement. Tantôt il n'avait à la bouche que rois, tétrarques, grandeurs de toute sorte ; tantôt il s'écriait : ce que je veux? une table à trois pieds, une coquille de sel bien blanc, une toge qui me garantisse, si grossière soit-elle, du froid. Eussiez-vous donné un million de sesterces à cet homme rangé, content de peu, cinq jours après il n'y avait plus rien. »

21 Nombreux les gens tout pareils à cet homme portraituré par Horace, dont la personnalité change perpétuellement, méconnaissable même, tant elle erre d'une extrémité à l'autre! Nombreux, disais-je? C'est tout le monde ou peu s'en faut. Quel est l'homme qui ne change quotidiennement de dessein ou de rêve? tantôt c'est une épouse qu'il veut, tantôt une maîtresse ; tantôt il veut faire le despote, tantôt il ne vise qu'à dépasser en obséquiosité toute la valetaille ; parfois bouffi de prétentions jusqu'à

1. Cf. t. III, p. 86, n. 1.

2. Vatinius opposé à Caton cf. 118, 4. — M. Curius Dentatus de mœurs austères, 3 fois consul ; se battit contre les Sabins, contre Pyrrhus et les Samnites. — Fabricius, V. supra et t. IV, p. 123, n. 1 ; Tubéron, v. 95, 72 sq ; Crassus et Licinus, 119, 9 ; Apicius v. 95, 42 et t. IV, p. 101, n. 1, s. f. ; Mécène ou les effets néfastes de la prospérité 19, 9 ; 92, 35 ; 101, 10-14 ; 114, 4.

3. *Malae mentis* : cf. 20, 3 *uitium — haec diuersitas* ; 95, 57 (*hi*) *non certum iudicium adepti.*

4. *Fluctuatio* : cf. 95, 57 *intermissa adpetitaque fluctuantur* ; 20, 1 *fluctuaris* ; 20, 4 définition de cet état ; *De Tr.* 2, 10 *nusquam residentis animi uolutatio...* (le mal du siècle).

5. Tigellius Hermogène musicien.

non durant. Quidam alternis Vatin*ii*, alternis Catones sunt; et modo parum illis seuerus est Curius, parum pauper Fabricius, parum frugi et contentus uilibus Tubero, modo Lic*in*um diuit*i*is, Apicium cenis, Maecenatem deliciis prouocant. **20** Maximum indicium est mal*ae* mentis fluctuatio et inter simulationem uirtutum amoremque uit*i*orum adsidua iactatio.

Habebat saepe ducentos,
Saepe d*e*cem seruos; modo reges at*q*ue tetrachas,
Omnia magna loquens, modo « sit mihi mensa tripes et
Concha salis puri, toga quae defendere frigus
Quamnuis crassa quea*t* ». Decies centena dedisses
Huic parco, paucis contento : quinque diebus
Nil erat.

21 *H*omin*es* <multi> tales sunt qualem hunc describit Horatius Flaccus, numquam eundem, ne similem quidem sibi : adeo in diuersum aberrat. Multos dixi? prope est ut omnes sint. Nemo non cotidie et consilium mutat et uotum : modo uxorem uult habere, modo amicam, modo regnare uult, modo id agit ne quis sit

habebat — nil erat Hor. *Sat.* 1, 3, 11 *sq.*

uatinii *q* : -tini *B* || parum illis *B* : illis parum *q* || contentus *ex* -tos *B m. corr.* || licinum diuitiis *cod. Guelferb. teste Fickert* : licinium diuitiis *q* linum diuiditis/*B* || cenis *ex* caen- *B* || deliciis *B* : -cis *Loefstedt clausulae concinnioris causa.*

20 malae : -le *B* || et inter *q Harl. dett.* : cancer *B* || amoremque uitiorum *Pincia* [« *uet. lectio* »] *Harl. q dett.* [uici- *q dett.*] : amorumque utiliorum *B* || iactatio *Muret* : iactatio Is *Bq dett.* [*si. r. B*] iactatio aliquis *Buecheler* cf. aliquis *in exemplis et narratiunculis* §§ 19 *et* 22 *ex.*, *De Ben*, 6, 4, 1 ; 9, 3 ; 14, 3 *sed nunc ipsum inducitur homo quidam ab ipso Horatio* iactatio ista *Beltrami quae locutio in exeunte sent. non ita commode abest* || decem *q* : duc- *B* [*e quae expectabatur, supra* modo *uocem uicinam deprehenditur*] || atque tetrachas : adq, tetrachas *B* || puri toga *B dett.* : puri et toga Hor. *dett.* || crassa queat. decies *q* : crassa que addeci/es *B* || dedisses Hor. *in codd. plerisque q dett.* : -sset *B* || nil Hor. *q. dett.* : /nihil *B* || erat *B Buecheler* : erat in loculis *q. dett, uulg.* Hor.

21 Homines *Buecheler* : omnes *B q dett.* || multi *Axelson*[1] *p.* 113 : isti *codd. uulg.* || qualem *ex* quaqualem *B.*

s'en rendre haïssable, il s'abaisse à d'autres moments, serre les épaules se faisant plus petit que ceux qui sont réellement au bas de l'échelle sociale ; à cette heure il dissipe l'argent, à cette heure il l'agrippe. **22** C'est par là surtout que se trahit l'absence de sens moral dans une âme. Elle entre en scène sous un visage, puis sous un autre et, immoralité à mon sens souveraine, toujours dissemblable à soi. Regarde comme une grande chose de ne jouer qu'un personnage. Or, le sage excepté, nul ne s'en tient à un seul rôle. Tous sans exception nous changeons perpétuellement. Tu nous verras par moments rangés et sérieux, par moments prodigues et frivoles. Coup sur coup nous changeons de masque pour en prendre un qui exprime l'opposé de la figure que nous quittons. Prends donc sur toi de te montrer effectivement jusqu'au bout tel que tu as résolu d'être. Fais si bien que le monde t'applaudisse ou tout au moins qu'il te reconnaisse. De tel homme rencontré la veille on pourrait dire avec raison : « Qui est celui-là ? », tant il a changé.

LETTRE **121** *

1 Tu me querelleras, je le vois bien, quand tu auras lu mon exposé d'aujourd'hui sur une subtile question qui m'a retenu assez longtemps. Derechef tu t'écrieras : « Quel rapport entre ceci et la morale ? » Eh bien ! récrie toi, mais laisse-moi d'abord mettre en face de toi d'autres adversaires, pour que tu engages querelle avec eux, Posidonius et Archédème[1]. Ils accepteront le débat.

* *Sommaire.* — La question dont Sénèque s'occupe ne rentre pas dans la morale pratique ; elle n'est cependant pas sans rapport avec la morale (1-4). Il s'agit de savoir si les animaux ont le sentiment de leur constitution. Sénèque l'affirme et réfute une série d'objections. La justesse et la promptitude de leurs mouvements est un fait (5 sq.). La crainte de la douleur n'y est pour rien : exemple du petit enfant, de la

1. Archédème de Tarse, disciple sans doute de Diog. de Séleucie, vécut au IIe siècle av. J.-C., a écrit sur la morale (par ex. ce que vaut le plaisir) et sur l'histoire de la nature (2 titres d'ouvrages survivent ; sur la voix, sur les éléments).

officiosior seruus, modo dilatat se usque ad inuidiam, modo subsidit et contrahitur infra humilitatem uere iacentium, nunc pecuniam spargit nunc rapit. **22** Sic maxime coarguitur animus inprudens : alius prodit atque alius et, quo turpius nihil iudico, impar sibi est. Magnam rem puta unum hominem agere. Praeter sapiente*m* autem nemo un*um* agit, ceteri multiformes sumus. Modo frugi tibi uidebimur et graues, modo prodigi et uani : mutamus subinde personam et contrariam e*i* sumimus quam exuimus. Hoc ergo a te exige ut qualem institueris praestare te, talem usque ad exitum serues; effice ut possis laudari, si minus, ut adgnosci. De aliquo quem here uidisti merito dici potest : « hic qui est? », tanta mutatio est. VALE.

SENECA LVCILIO SVO SALVTEM **121**

1 Litigabis, ego uideo, cum tibi hodiernam quaestiunculam in qua satis diu haesimus exposuero; iterum enim exclamabis : « hoc quid ad mores? » Sed exclama, dum tibi primum alios opponam cum quibus litiges, Posidonium et Archidemum : hi iudicium accipient.

22 turpius *ex* -rpus/*B m. corr.* || sapientem *dett. q supra u.* : -ientiam *B par. q* | unum^2 *q dett.* : -nam *B* || frugi tibi *q* : tibi frugi *B* || contrariam ei *q dett.* : contrariam et *B unde* — ei *m. rec.* || hoc ergo — ut adgnosci *traiecit post* tanta mutatio est *Haase perperam cf. Albertini* 194 *n.* 1 || here *B* : -ri *q* || qui *B* : quis *q dett.*

Ep. 121, **1** iterum *B Pincia* [« *exemplar Francisc.* »] *Muret* : interim *q uet. edd. Erasme* || exclamabis : *ex* -mauis/*B m. corr.* clamabis *q* || /hoc quid *B Pincia* [*id. exempl.*] *Muret* : hoc quod clamare soles quid *q dett. Auen. Erasme* || sed exclama dum *a n. m. rec. Grüter Lipse* sed exclamandum *B* sed exclamenti *dett. Muret.* || Archidemun : Arched. *fr.* 7 *Arnim.*

Ensuite je dirai : tout ce qui tient à l'éthique n'a pas nécessairement d'effet sur la moralité. **2** Tel point concerne la nourriture de l'homme ; tel autre, ses exercices ; tel autre, son vêtement ; tel autre, son instruction ; tel autre, son divertissement. Tous cependant ont un même objet, l'homme, encore que tous ne l'amènent pas à un état meilleur. A l'égard de la moralité, il y a diverses méthodes, qui la concernent diversement : telle corrige et règle les mœurs, telle en scrute la nature et l'origine. **3** Quand je recherche pourquoi la nature a produit l'homme, pourquoi elle lui a donné la prééminence sur les autres animaux, penses-tu que je laisse à cent lieues la question morale ? Quelle erreur ! Comment sauras-tu quelles mœurs il faut avoir, si tu n'as pas découvert ce qui pour l'homme est le meilleur, si tu n'as pas approfondi sa nature ? Tu ne comprendras vraiment ce que tu es tenu de faire ou d'éviter, que le jour où tu auras appris ce que ta nature te commande. **4** « Pour moi, dis-tu, ce que je veux apprendre c'est à me rendre moins sujet au désir, moins sujet à la crainte. Débarrasse-moi de la superstition. Enseigne-moi que ce que l'on appelle « félicité » est chose futile et illusoire et qu'un préfixe monosyllabe s'y ajoute bien aisément. » Je contenterai ton désir : je stimulerai les vertus, je fouaillerai les vices. On aura beau me taxer, en cette affaire, d'excès de rigueur et d'intransigeance, je ne cesserai pas de pourchasser le mal, de brider les passions les plus sauvages, de réprimer les plaisirs, qui aboutiront infailliblement à la douleur, d'étouffer sous mes protestations les vœux des hommes. Ai-je tort ? Nos pires malheurs ne sont-ils pas sortis de nos souhaits ? toutes nos condoléances n'étaient-elles pas en germe dans ce dont nous fîmes compliment ?

tortue (7 sq.). Le sentiment, chez l'animal, de sa constitution ne consiste pas à en savoir, comme l'insinuent quelques objecteurs, la définition. On compare l'enfant à l'animal : il y a, dit S., pour chaque âge de l'enfant, sentiment chez lui de la constitution propre à cet âge. Il n'empêche que la nature adapte l'être pendant tout son devenir à lui-même (14-17). L'animal sitôt né reconnaît et cherche à éviter les bêtes de proie et ce qui lui est nuisible. Il n'apprend pas cela d'expérience (18-20). Mécanisme psychologique de l'instinct à l'œuvre. Ouvrages instinctifs de l'abeille, de l'araignée (21 sq.). Cet instinct est inné, invariable, nécessaire à la conservation de l'animal.

Deinde dicam : non quicquid morale est, mores bonos facit. **2** Aliud ad hominem alendum pertinet, aliud ad exercendum, aliud ad uestiendum, aliud ad docendum, aliud ad delectandum. Omnia tamen a*d* hominem pertinent, etiam si non omnia meliorem eum faciunt. Mores alia aliter attingunt : quaedam illos corrigunt et ordinant, quaedam naturam eorum et originem scrutantur. **3** Cum *quaero* quare hominem natura produxerit, quare praetulerit animabilus ceteris, longe me iudicas mores reliquisse ? falsum est. Quomodo enim scies qui habendi sint nisi quid homini sit optimum inueneris, nisi naturam eius inspexeris ? Tunc demum intelleges quid faciendum tibi, quid uitandum sit, cum didiceris quid naturae tuae debeas. **4** « Ego, inquis, uolo discere quomodo minus cupiam, minus timeam. Superstitionem mihi excute. Doce leue esse uanumque hoc quod felicitas dicitur, unam illi syllabam facillime accedere. » Desiderio tuo satis faciam, et uirtutes exhortabor et uitia conuerberabo. Licet aliquis nimium inmoderatumque in hac parte me iudicet, non desistam persequi nequitiam et adfectus efferatissimos inhibere et uoluptates ituras in dolorem compescere et uotis obstrepere. Quidni ? cum maxima malorum optauerimus et ex gratulatione natum sit quicquid adloquimur.

morale *q dett.* : mortale *B* [*fort. fuit in archet. prius* al *per compendium* t *suum, deinde* al *superscriptum*] || mores bonos *B* : bonos moris *q dett.*

2 ad docendum : *ex* at doc- *B m. rec.* || alia *B* : alii *q* || quaedam *B* : quid- *q et sic mox.*

3 quaero *Schweighaeuser* : *om. B q* quaeritur *dett. uulg. olim.*

4 quicquid *q et sic ubique, teste Beltrami, in extante codicis Q parte* : quidq- *B* || adloquimur *B ed. uett.* [all-] *Haase uidens hic consolandi synonymon* : obloquimur *det. edd. ante Haasium* obsequimur *q.*

5 En attendant, souffre que j'élucide cette question qui paraît tant soit peu en marge de la morale. Je m'étais demandé si tous les animaux ont le sentiment de leurs facultés constitutives.

Qu'ils aient ce sentiment, rien ne le montre mieux que la justesse et l'aisance de leurs mouvements, tout comme s'il y avait eu dressage approprié de chaque membre. Pas un où ne s'avère, en toutes les parties qui le constituent, la souplesse dont il en joue. L'artisan manie ses outils avec aisance; le pilote sait diriger son gouvernail; quand pour attraper une ressemblance, le peintre a disposé devant lui tout un assortiment de couleurs, il opère très vite un choix parmi elles; et de la cire au tableau l'œil et la main vont et viennent sans la moindre gêne : l'animal a la même prestesse en toute mise en œuvre de ses moyens naturels. **6** On admire chez les pantomimes la promptitude du geste, à figurer dans toutes ses nuances une situation, une passion; l'accord de la mimique avec la rapidité du débit : ce que l'art permet à ceux-ci, l'animal le tient de la nature. Aucun n'a de difficulté à mouvoir ses membres, aucun n'est embarrassé pour mettre en œuvre ses moyens naturels. Ils le font aussitôt nés : un savoir-faire qu'ils apportent avec la vie : ils naissent tout dressés.

7 On m'objectera : « Si les animaux meuvent les diverses parties de leur corps avec cet à-propos, c'est qu'autrement ils s'exposent à la souffrance. Ainsi, vous le dites vous-mêmes, ils cèdent à une contrainte; c'est la crainte et non leur volonté qui régularise leurs mouvements. » Erreur! Il y a de la lenteur chez l'animal subissant la contrainte; l'agilité est le propre des mouvements spontanés. Or c'est si peu la crainte de la souffrance qui détermine l'animal, qu'il s'obstine à ébaucher le mouvement naturel, en dépit même de la souffrance prohibitive. **8** Voyez le petit enfant qui s'étudie à garder son aplomb et s'exerce à ses premiers pas : s'est-il mis à essayer sa force, il tombe pour se relever chaque fois avec des larmes, tant

5 Interim permitte mihi ea quae paulo remotiora uidentur excutere. Quaerebamus an esset omnibus animalibus constitutionis suae sensus? Esse autem ex eo maxime apparet quod membra apte et expedite mouent non aliter quam in hoc erudita : nulli non partium suarum agilitas est. Artifex instrumenta sua tractat ex facili, rector nauis scit gubernaculum flectere, pictor colores quos ad reddendam similitudinem multos uariosque ante se posuit celerrime denotat et inter ceram opusque facili uultu ac manu commeat : sic animal in omnem usum sui mobilest. **6** Mirari solemus sa*lt*and*i* peritos quod in omnem significationem rerum et adfectuum parata illorum est manus et uerborum uelocitatem gestus adsequitur : quos illis ars praestat, his natura. Nemo aegr*e* molitur artus suos, nemo in usu sui haesitat. Hoc edita protinus faciunt; cum hac scientia prodeunt : instituta nasc*u*ntur. **7** « Ideo, inquit, partes suas animalia apte mouent quia, si aliter mouerint, dolorem sensura sunt. Ita, ut uos dicitis, coguntur metusque illa in rectum, non uoluntas mouet. » Quod est falsum; tarda enim sunt quae necessitate inpelluntur, agilitas sponte motis est. Adeo autem non adigit illa ad hoc doloris timor, ut in naturalem motum etiam dolore prohibente nitantur. **8** Sic infans, qui stare meditatur et ferre se adsuescit, simul temptare uires suas coepit, cadit et cum fletu totiens resurg*i*t donec se

5 scit *codd. uulg.* : scite *Windhaus* || -ctere *uulg.* flecti *B* flectit *Vat. Rom.* 3873 *teste Fickert, Windhaus* || reddendam *ex* reten- *B m. corr. ut uid.* || facili *B Erasme uulg.* : — le *q* || mobilest *B* [— lē] *Hense* : mobile *det. Érasme*[2] [*omisso* est] *uulg.*

6 saltandi *Gronov* : satiant *B* satiant saltandî *Harl.* satiat *q* saltatus [-t'] *Beltrami dubitanter praeierat Turnèbe* [saltationis] || peritos *B* : partes *q* || aegre *q dett.* [egre] : aegro *B* || haesitat Hoc *Madvig* : /haesit ad hoc *B uulg. olim* hesit. at hec *q* || nascuntur *q dett.* : -scentur *B*.

7 partes *B sed* t *expunct.* || est falsum *B* : falsum est *q* || sponte motis *B Schweighaeuser* : spontaneus motus est *uulg. olim* || ad hoc *B* ad hec *q*.

8 se adsuescit *B* : assuescit sc *q* || simul *B* : simul ut *q dett.* || resurgit *q dett.* : -gat *B*.

qu'il n'a pas achevé, moyennant la souffrance, l'entraînement qui répond aux fins de la nature. Couchez sur le dos certaines bêtes à carapace : elles se tortillent, allongent et crispent leurs pattes jusqu'à ce qu'elles soient remises en posture. La tortue renversée ne subit pas un martyre ; c'est le désir de retrouver son assiette naturelle qui la tient pourtant en agitation ! et elle ne cesse de faire effort pour se bousculer qu'une fois rétablie sur ses pattes. **9** Ainsi donc tous les animaux ont le sentiment de leur constitution et de là vient cette dextérité avec laquelle ils manœuvrent leur organisme ; et le plus fort indice qu'ils se présentent à la vie avec cette notion, c'est qu'aucun animal ne débute en novice dans la mise en œuvre de ses moyens naturels.

10 L'adversaire reprend : « La constitution consiste, comme vous dites, en une certaine façon d'être de l'âme, principe directeur, à l'égard du corps. Cette conception si entortillée, si subtile [1], que vous avez vous-mêmes tant de peine à interpréter, comment un petit enfant peut-il la comprendre ? Il faudrait que tous les animaux naissent dialecticiens [2] pour comprendre votre définition qu'une bonne partie des hommes, en costume de citoyens, trouve obscure ». **11** C'était une objection fondée, si j'avais dit que les animaux comprennent la définition du mot « constitution » et non leur constitution même. Il est plus facile de sentir ce qui est, que de l'interpréter. Ainsi le petit enfant ne sait ce que c'est que la constitution, mais de sa constitution il a connaissance ; il ignore ce que c'est qu'un animal, mais il a le sentiment d'être un animal. **12** Au surplus de sa constitution même il n'a qu'une notion grossière, superficielle, confuse ; pareillement nous connaissons que nous avons une âme ; de son essence, de son siège, de sa forme propre, de son origine nous ne connaissons rien. Comme se rapporte à l'homme le

1. *Hoc tam subtile...* cf. *De Cl.* 1, 3, 5 le mystère de l'obéissance à l'âme, des mains, des pieds, des yeux ; ép. 113, 23 Cléanthe et Chrysippe en désaccord sur le principe en action.

2. *Animalia dialectica* : nous ne saurions, s'il le fallait, parler de toute chose sans manquer de la définir avec précision (Galien cité par Muret) *ad l.* — § 12 *quid sit animus...* lieu commun ép. 88, 34 (t. III, p. 169 n. 2) ; Cic. *Tusc.* 1, 50.

per dolorem ad id quod natura posc*i*t exercuit. Animalia quaedam tergi durioris inuersa tam diu se torquent ac pedes exerunt et obliquant donec ad locum reponantur. Nullum tormentum sentit supina*t*a testu*d*o, inquieta est tamen desiderio naturalis status nec ante desinit niti quatere se quam in pedes constitit. **9** Ergo omnibus constitutionis suae sensus est et inde membrorum tam expedita tractatio, nec ullum maius indicium habemus cum hac ill*a* ad uiuendum uenire notitia quam quod nullum animal ad usum sui rude est.

10 « Constitutio » inquit « est, ut uos dicitis, principale animi quodam modo se habens erga corpus. Hoc tam per*p*lexum et subtile et uobis quoque uix enarrabile quomodo infans intellegit ? Omnia animalia dialectica nasci oportet, ut istam finitionem magnae parti hominum togatorum obscuram intellegant. » **11** Verum erat quod opponis si ego ab animalibus constitutionis finitionem intellegi dicerem, non ipsam constitutionem. Facilius natura intellegitur quam enarratur. Itaque infans ille quid sit constitutio non nouit, constitutionem suam nouit ; et quid sit animal nescit, animal esse se sentit. **12** Praeterea ipsam constitutionem suam crasse intellegit et summatim et obscure. Nos quoque animum habere nos scimus : quid sit animus, ubi sit, qualis sit aut unde nescimus. Qualis ad nos [peruenerit] animi nostri sensus, quamuis naturam eius ignoremus ac

supinata *q Pinciani « correctiora exemplaria » cf. supra* inuersa *auctore Beltrami* : supi/na *B Auen. Érasme alii* || testudo *dett.* : te studio *B* || niti *Bq* : *om. Haase* || quatere *B* : et quatere *q coni. Schweighaeuser* || se *B* : *om. q*.

9 constitutionis *ex* -tionibus *B* || illa *q dett.* : -am *B*.

10 Constitutio inquit est *B* : Constitutio est inquit *q* || perplexum *q* [per pl-] perfl- *B* || uix enarrabile *B* : inenarrabile [*supra u. est* al(iter) uix enarr-] *q*.

11 ille *B* : *om. q* || animal nescit *codd.* : animal, animal n. *Bartsch*.

12 ea ipsam *hic incipit p* || suam *B* : *om. pq* || obscure *ex* -ra *B* || animum habere *Bp* : habere animum *q* || nos scimus *p* : noscimus *Bq* || unde nescimus [Nesc-] *ex* unde pesc- *B* || peruenerit *secl. Haase ut ex* 120, 1 *adscriptum* || qualis : i *ex* e *p*.

sentiment qu'il a de son âme, pour autant qu'il en ignore la nature et le siège, ainsi se rapporte à tous les animaux le sentiment qu'ils ont de leur constitution. C'est en effet nécessité qu'ils sentent ce par quoi ils sentent aussi tout le reste, nécessité qu'ils aient le sentiment de ce à quoi ils sont soumis et qui les dirige. **13** Il n'est pas d'homme qui ne comprenne qu'il existe quelque chose qui donne le branle à ses mouvements intérieurs; ce que c'est, il l'ignore. Pareillement il sait l'existence en lui de la tendance; quelle elle est, d'où elle part, il n'en sait rien : c'est ainsi que le petit enfant, comme l'animal, n'a de la partie souveraine de son être qu'un sentiment encore nébuleux et vague.

14 « Vous dites, continue l'adversaire, que toute créature animale s'attache[1] d'abord à sa constitution; que celle de l'homme consistant à être raisonnable, l'homme s'attache non à ce qu'il y a d'animal, mais à ce qu'il y a de raisonnable en lui. L'homme en effet ne s'affectionne à soi que pour la part proprement humaine de soi. Eh bien donc, comment le petit-enfant peut-il s'attacher à une constitution raisonnable, lui qui n'est pas encore raisonnable ? »

15 Chaque âge a sa constitution particulière : autre est celle du petit enfant, autre celle du jeune garçon, autre celle du vieillard. Tous s'attachent à la constitution de leur être actuel. Le petit enfant n'a pas de dents; il s'attache à cet état qui est le sien. Ses dents ont percé : il s'attache à cet état. Quant au brin d'herbe[2] qui sera pied de blé et grains, il a lui aussi une certaine constitution lorsque, tendre encore, il dépasse à peine le sillon; une autre à partir du jour où, ayant pris de la force, il se campe sur une tige qui, bien qu'encore délicate, l'aide à porter son faix; une autre quand il blondit, regarde du côté de l'aire et présente un épi déjà dur : quelle que soit la constitution à laquelle il parvient, il y veille, il s'harmonise avec elle, **16** Il y a bien de la différence entre le premier âge,

1. Sur la *conciliatio* v. p. suiv. n. 1.

2. *illa herba* : ce « brin d'herbe » a une *anima* 58, 10. Sur la sensibilité et la « self-protection » des plantes v. les commentaires de Galien au *Timée* de Platon p. 9 *in* éd. trad. de Daremberg (Paris, 1848) des « Œuvres philosophiques de Galien ».

sedem, talis ad omnia animalia constitutionis suae sensus est. Necesse est enim id sentiant per quod alia quoque sentiunt; necesse est eius sensum habeant cui parent, a quo reguntur. **13** Nemo non ex nobis intellegit esse aliquid quod impetus suos moueat : quid sit illud ignorat. Et conatum sibi esse scit : quis sit aut unde sit nescit. Sic infantibus quoque animalibusque principalis partis suae sensus est non satis dilucidus nec expressus.

14 « Dicitis » inquit « omne animal primum constitutioni suae conciliari, hominis autem constitutionem rationalem esse et ideo conciliari hominem sibi non tamquam animali, sed tamquam rationali : ea enim parte sibi carus est homo qua homo est. Quomodo ergo infans conciliari constitutioni rationali potest cum rationalis nondum sit? »

15 Vnicuique aetati sua constitutio est, alia infanti, alia puero, alia seni : omnes ei constitutioni conciliantur in qua sunt. Infans sine dentibus est : huic constitutioni suae conciliatur. Enati sunt dentes : huic constitutioni conciliatur. Nam et illa herba quae in segetem frugemque uentura est aliam constitutionem habet tenera et uix eminens sulco, aliam cum conualuit et molli quidem culmo, sed qu*o* ferat onus suum, constitit, aliam cum flauescit et ad aream spectat et spica eius induruit : in quamcumque constitutionem uenit, eam tuetur, in eam componitur. **16** Alia est aetas infantis, pueri, adulescen-

13 quis sit *Bp* : quid sit *dett.* quid autem sit *Rehdig. I Ottobon. Rom.* 1579 *teste Fickert* quid aut sit *q* || est *Bp* : inest *q*.
14 inquit *codd.* : -is p^2 || nec expressus *Bp* : non express- *q*.
15 alia infanti *codd.* : alia infantia p^1 || alia puero alia seni *codd. uulg. Beltrami* : a. p. <alia adulescenti> a. s. *Gertz Hense coll.* § 16 *in. nimium tribuens diligentiae Senecae talibus in locis* || ei *om. q* || conciliatur nam : -ietur nam p^1 || quo *4 codd. Rom. teste Fickert* : quod *Bpq* || araeam : *ex* araeam *B m. rec. et* p^2 || eius *ex* cius *B*.

l'enfance, l'adolescence, la vieillesse ; et cependant je ne fais qu'un avec le petit enfant, l'enfant, l'adolescent que j'ai été. Ainsi, la constitution de chacun a beau passer par des états différents, l'attachement de chacun à sa constitution [1] reste le même : en fait ce n'est pas un enfant, un jeune homme, un vieillard, c'est moi-même que la nature me rend sympathique. Par conséquent l'enfant s'attache à la constitution qui pour lors lui est échue, non à celle qu'il aura demain, devenu jeune homme. Et de fait, si un état supérieur l'attend auquel il devra passer, l'état où il naît ne laisse pas d'être conforme à la nature. **17** C'est à lui-même que l'animal s'attache d'abord ; il faut en effet un objet auquel les autres tendances se puissent rapporter. Je cherche le plaisir ; pour qui ? pour moi ; c'est donc à moi que je m'intéresse. Je fuis la douleur ; pour l'amour de qui ? pour l'amour de moi ; c'est donc à moi que je m'intéresse. Si je fais tout dans l'intérêt de ma personne c'est que l'intérêt que je porte à ma personne passe avant tout. Cet instinct existe chez les animaux sans exception et il n'est pas greffé en eux, mais inné [2]. **18** La nature fait ses petits maternellement, ils ne sont pas un fardeau dont elle se débarrase ; et comme le gardien le plus sûr est le plus proche, chacun est commis à la garde de soi. Et voilà pourquoi, comme je l'ai dit en de précédentes lettres [3], les animaux à l'âge le plus tendre même et à peine sortis du ventre maternel ou d'un œuf, connaissent d'eux-mêmes tout de suite ce qui leur est ennemi et savent éviter le péril mortel. L'ombre que projettent les oiseaux de proie en traversant l'espace suffit pour alerter leurs victimes ordinaires. Nul animal n'entre dans la vie sans la crainte de la mort.

19 « Mais, dis-tu, comment l'animal à sa naissance peut-il avoir l'intelligence de ce qui le conserve ou le détruit ? ».

D'abord la question est de savoir, non pas comment

1. Attachement ou « appropriation » οἰκείωσις (Arnim S. V. F. I, 197-198 ; la *constitutio* est la σύστασις D. L. 7, 85 (= *status* ap. Cic. *De Fin* 3, 16).

2. L'instinct et les qualités diverses chez le chien (76, 8) et les autres animaux (104, 23).

3. Nous n'avons pas ces lettres bien qu'on ait pu, avec quelque apparence, penser les avoir. De même que celle-ci elles développaient

tis, senis ; ego tamen idem sum qui et infans fui et puer et adulescens. Sic, quamuis alia atque alia cuique constitutio sit, conciliatio constitutionis suae eadem est. Non enim puerum mihi aut iuuenem aut senem, sed me natura commendat. Ergo infans ei constitutioni suae conciliatur quae tunc infanti est, non quae futura iuueni est. Neque enim si aliquid illi maius in quod transeat restat, non hoc quoque in quo nascitur, secundum naturam est. **17** Primum sibi ipsum conciliatur animal ; debet enim aliquid esse ad quod alia referantur. Voluptatem peto ; cui ? mihi ; ergo mei curam ago. Dolorem refugio ; pro quo ? pro me ; ergo mei curam ago. Si omnia propter curam mei facio, ante omnia est mei cura. Haec animalibus inest cunctis nec inseritur, sed innascitur. **18** Producit fetus suos natura, non abicit ; et quia tutela certissima ex proximo est, sibi quisque commissus est. Itaque, ut in prioribus epistulis dixi, tenera quoque animalia et materno utero uel *o*uo modo effusa quid sit infestum ipsa protinus norunt et mortifera deuitant ; umbram quoque transuolantium reformidant obnoxia auibus rapto uiuentibus. Nullum animal ad uitam prodit sine metu mortis.

19 « Quemadmodum » inquit « editum animal intellectum habere aut salutaris aut mortiferae rei potest ? » Primum quaeritur an intellegat, non quemadmodum

16 sum *ex* sunt *B m. corr. et p* : *om. q* || cuique *Bp* : *om. q* || constitutionis *ex -ni B m. corr.* || suae eadem *Bp* : eadem sui *q* || enim puerum *pq uulg.* : enim in puerum *B unde* enim infantem aut puerum *Gertz an* enim impuberem *?* || ei *om. p* || conciliatur : -tus p^1.

17 ipsum conciliatur Bp^1 : conciliatur ipsum *q* || haec *Bp* : hoc *q* || animalibus inest : i. a. *q* || nec *Bp* : non *q*.

18 in prioribus epistulis *codd. Erasme* : *secl. Muret cum hae epistulae supra non comparerent sed u. Albertini* 167 *de nonnullis lacunis* in prioribus *Haase spectans ad* §§ 5 et 6 ? || dixi tenera *Bq* : *ex* dixenera *p* || et materno *Bp* [mataerno *p*] ex materno *q, dett.* || ouo *Bartsch Gertz* : quo/*B ex* ouo *alia nec rec. m.* quoquo p^2 [ex/quo] et *q uulg. olim* || ipsa *Hense* ipsi Bp^1 ipsis p^2 *q dett. uulg.* || ad uitam *om. q*.

19 salutaris *Bp* : -tis *q* || non quemadmodum intellegat *om. q*.

l'animal peut posséder cette intelligence, mais s'il la possède[1]. Or manifestement il la possède, puisque, cette intelligence supposée en lui, il ne fera rien de plus. D'où vient que la poule ne fuit pas devant le paon ou l'oie, mais se sauve devant un volatile bien plus petit qu'elle, l'épervier[2], et ce, sans même l'avoir jamais vu? que les poussins ont peur du chat et n'ont pas peur du chien? Manifestement les animaux, de ce dont la nocivité est certaine ont une connaissance qui n'est pas le fruit de l'expérience : avant même qu'ils puissent tâter du mal, ils se gardent. **20** Et puis, pour que tu ne penses pas à un effet du hasard[3], ils ne craignent que ce qu'ils doivent craindre, jamais ils n'oublient cette méthode de défense[4]; devant ce qui les met en péril le mouvement de fuite reste pareil. Au surplus, la vie ne les rend pas plus timides. D'où il appert, n'est-ce pas, que ce n'est pas l'expérience qui les amène à cet état, mais l'amour instinctif de leur conservation. Lentes et variables sont les leçons de l'expérience; l'enseignement de la nature est égal pour tous et immédiat.

21 Après tout, si tu y tiens, je dirai comment chaque animal a forcément la notion de ce qui met sa vie en danger : il sent qu'il est fait de chair; dès lors il sent ce qui est capable d'entamer, brûler, écraser sa chair, quelles sont les espèces armées pour lui nuire; d'elles il forme en lui, une menaçante et hostile image. Ces démarches, l'une avec l'autre, ne font qu'un : tout à la fois l'individu s'attache à

les conséquences, à chaque âge, de cet égoïsme initial qui précisément est marqué ici comme 116, 3 (*curam nostri*), 82, 15 (*amor sui*). — Tenera... : cf. Cic. *De Fin.* 3, 16 *salutaria appeterent parui aspernarenturque contraria* etc.

1. Infra § 21 chez l'animal *naturales ad utilia impetus — a contrariis aspernationes*; Cic. *De Fin.* 3, 16 l. l.; D. L. 7, 85 (τὰ ζῷα) τά τε βλάπτοντα διωθεῖται καὶ τὰ οἰκεῖα προσίεται.

2. La poule est si affectée que, si elle couve, à la voix du rapace ses œufs se gâtent, dit Plin. *N. h.* 10, 152 — comme au son du tonnerre (id. ibid.; Aristote *H. an.* 6, 2).

3. *Deinde ne hoc casu existimes fieri* : cf. Cic. *De N. d.* 2, 34 *bestiis* (*natura*) *sensum et motum dedit et cum quodam appetitu accessum ad res salutares, a pestiferis recessum.*

4. Plin. 8, 91, « ils connaissent leurs armes, ils connaissent les occasions et les côtés faibles de leurs adversaires » (trad. Ernout).

intellegat. Esse autem illis intellectum ex eo apparet quod nihil amplius, si intellexerint, facient. Quid est quare pauonem, quare anserem gallina no*n* fugiat, at tanto minorem et ne notum quidem sibi accipitrem? quare pulli faelem timeant, canem non timeant? Apparet illis inesse nocituri scientiam non experimento collectam; nam antequam possint experiri, cauent. **20** Deinde ne hoc casu existimes fieri, nec metuunt alia quam debent nec umquam obliuiscuntur huius tutelae et diligentiae; aequalis est illis a pernicioso fuga. Praeterea non fiunt timidiora uiuendo. Ex quo quidem apparet non usu illa in hoc peruenire, sed naturali amore salutis suae. Et tardum est et uarium quod usus docet; quicquid natura tradit, et aequale omnibus est et statim. **21** Si tamen exigis, dicam quomodo omne animal perniciosa intellegere cogatur. Sentit se carne constare; itaque sentit quid sit quo secari caro, quo uri, quo obteri possit, quae sint animalia armata ad nocendum : horum speciem trahit inimicam et hostilem. Inter se ista coniuncta sunt; simul enim conciliatur saluti suae quidque et iuuat*ura* petit, laesura formidat.

illis : illil p^1 || non fugiat *q Fickert* : ne fugiat *B*p^1 refugiat p^2 non refug. *Pal.* — *Rom* 1541 *Pal.* IV *Gruteri teste Fickert uulg. olim* nec timeat nec fugiat *Rossbach uerbosius* || at tanto *uulg.* : ad tanto *B* p^1 || inesse *codd.* : non /deesse *q et sic dett.* || nocituri *p* : noscit- *B* || possint *dett.* : -ssent *Bp q* || experiri cauent *qA* : experiscauent *B* : experis cauent p^1 experisci *Buecheler.*

20 pernicioso [-nitio- *B*] : -sis *q dett.* || tradit *codd.* : tradit. tradit (— [est]) *fort. Hense superuacuo* || et æquale *codd.* : æquale *q* || omnibus est : est omnibus *q dett. multi* [est *suspectum habent Rossbach Hense quamquam paene id. ualet ac « suppetit »*].

21 Si *B* : *spatium uacuum in p ubi occurrit* est *per compend. antiq. anglosax.* [*Cappelli Dizion*². p. 407] *quod recipio supra* || exigis : i¹ *i. r. B* [*eras.* e *ut uid.*] || cogatur *van der Vliet* : conatur *codd. uulg. quasi in* § 13 « *conatus ad intellegendum* » *significetur* || itaque sentit *B* : Ita consentit *q dett. Haase* ita sentique [sentitque p^2] *p* Itaque cum sentit *uulg.* Ita quom sentit *coni. Schweighaeuser.* || quidque *pc* : quidquae *ex* -dque *B* quisque *q* || iuuatura *Hense* : inuaNT/illa *B et sic p unde,* <et quae> *suppleto*, iuuant illam [*sc.* salutem] *Gronov* iuuant, illa uulg. iuuant illico *Beltrami* [simul *id. quod* simul ac *ualere ratus*] *omnes moleste* iuuantia *Haase* || naturales — impetus *om. pq* || dictet *ex* -tit *B* [*m. corr. ut uid.*] *Schweighaeuser* : dicit *pq uulg. olim.*

sa conservation, il recherche ce qui lui sera bon [1], redoute ce qui lui fera du mal. Les impulsions vers l'utile comme les répulsions devant son contraire sont dans la nature : sans que la réflexion intervienne aucunement pour prescrire l'acte, sans délibération s'exécute ce que la nature a commandé.

22 Ne vois-tu pas avec quelle exactitude [2] les abeilles procèdent au façonnage de leurs ruches, dans quel esprit de bonne entente elles accourent de toutes parts à leurs tâches respectives. Ne vois-tu pas comme c'est chose inimitable à toute main d'homme, que la toile d'araignée ; tout le travail [3] que suppose l'arrangement des fils jetés tout droits en guise de charpente ou courant en rond, compacts ici, clairsemés là, afin que les animaux plus petits, qu'ils ont pour fonction de détruire, s'y trouvent empêtrés comme dans un filet. **23** Cette science, la nature la donne ; elle ne s'apprend pas. De là vient qu'on ne voit pas d'animal plus savant que son congénère. Tu remarqueras que les toiles des araignées sont toutes pareilles ; que l'avéole est toujours un hexagone régulier. Il y a toujours flottement, pesée d'un côté dans les leçons de l'art. Le savoir que la nature répartit échoit à égalité : le point essentiel de sa leçon c'est la défense de soi et l'habilité à y pourvoir ; et c'est encore pour cela que son enseignement commence avec la vie. **24** Ce n'est pas non plus merveille si ces êtres naissent avec la capacité sans laquelle leur

1. *Laesura* justifie en principe le *iuuatura* de Hense. Quelque glose *utilia* suggérée par le contexte et supposée par Hense explique assez bien le iuusNT/illa de B. Mais le modèle ne pouvait-il offrir en marge ou dans l'interligne *N*(*o*) T(*a*) *illa*?

2. *subtilitas* : τὸ τεχνοειδές — ἡ τῶν μελιττῶν πλαστική. Aristote, *De Part. an.* 1, 5. 5. — *Concordia*... un modèle offert à l'homme, Muson. éd. Hense, p. 72 l. 2 sq. du bas et p. suiv. ; Plin, 11, 5 ; M. Aurèle 6, 54 τὸ τῷ σμήνει μὴ συμφέρον οὐδὲν τῇ μελίττῃ συμφέρει. Sur le langage des abeilles dans cette collaboration V. ap. G. Viaud (Docum. Univ.) *Psychol anim.* 2e partie, pp. 125 sq. l'étonnante découverte de Karl von Frisch, confirmée, en France, merveilleusement, par M. Rémy Chauvin (*Soc. animales*).

3. Cf. Aristote, *H. a.* 9, 39 sq. ; Plin. 11, 28. — *In orbem* : en réalité *in orbem spirae*, en spirale. V. ap. G. Viaud, p. 91 la toile de l'araignée orbitèle. Le lieu du guet varie avec l'espèce.
— *Par — foramen* : v. FOURREY, *Curiosités géométriques*, Paris, 1907, pp. 372-374.

Naturales ad utilia impetus, naturales a contrariis aspernationes sunt : sine ulla cogitatione quae hoc dictet, sine consilio fit quicquid natura praecepit.

22 Non uides quanta sit subtilitas apibus ad fingenda domicilia, quanta diuidui laboris obeundi *undi*que concordia? Non uides quam nulli mortalium imitabilis illa aranei textura, quanti operis sit fila disponere, alia in rectum inmissa firmamenti loco, alia in orbem currentia ex denso rara, qua minora animalia, in quorum perniciem illa tenduntur, uelut retibus implicata teneantur? **23** Nascitur ars ista, non discitur. Itaque nullum est animal altero doctius : uidebis araneorum pares telas, par in fauis angulorum omnium foramen. Incertum est et inaequabile quicquid ars tradit; e*x a*equo uenit quod natura distribuit. Haec nihil magis quam tutelam sui et eius peritiam tradidit, ideoque etiam simul incipiunt et discere et uiuere. **24** Nec est mirum cum eo nasci illa sine quo frustra nascerentur.

22 obeundi undique *Buecheler* : obeundique *B pq* [obeundique (concor/dia) *B desinente pag.*] obeundi *uulg. inde a Pincia* obeundi tribuendique *Castiglioni Beltrami fort. uerbosius post* diuidui || -ilis *q dett. uulg.* -iles *B* p^1 || aranei *Bp* : -nearum *q et sic mox* || qua [*sc. textura*] M : quam *Bpq* [qua *qupra u. q*] quae (-teneant) *Erasme*[2] *alii* qua *Fickert alii* [*fort. his non plane liquebat quid* qua *in contextu suo sibi uellet* || perniciem *q dett.* praetium *Bp.*

23 animal *om. q* || pares telas *ex* paresttelas *B* : parestellas *p* pares tellas *q* || tradit : -didit *q dett* || ex aequo *Pincia* [« *uet. lectio* »] *Harl.* : et quo *Bp* et ex aequo *dett.*

naissance serait un leurre. Le premier instrument que la nature leur ait octroyé pour se maintenir dans l'existence, c'est l'instinct qui les attache et les affectionne à eux-mêmes. Ils n'auraient pu se conserver s'ils n'en avaient eu la volonté (et cela sans plus, en vérité, n'eût servi de rien; mais sans cela rien se servait). Aussi bien n'en verras-tu aucun faire bon marché de son individu ou même s'en désintéresser. Le plus dénué de langage, le plus stupide, fût-il endormi pour tout le reste, a bel et bien, pour conserver sa vie, de l'adresse [1]. Tu verras les plus inutiles aux autres ne pas manquer à s'aider eux-mêmes.

LETTRE **122** *

1 Déjà les jours perdent, ayant rétrogradé sensiblement devant les nuits; mais, est encore laissé pas mal de temps à qui se lèverait, si je puis dire, avec le jour. Plus soucieux du devoir, plus consciencieux celui qui guettant sa venue, bondit hors du lit avant ses premières lueurs. Honte à celui qui, lorsque le soleil est déjà haut, somnole encore étendu, pour ne commencer son temps de veille qu'à midi; et encore pour beaucoup n'est-il pas jour à cette heure-là. **2** On en voit qui ont mis sens dessus dessous le jour et

* *Sommaire*. — Sénèque raille et condamne ceux qui maintenant font de la nuit le jour. Cela n'est point vrai; mais fait songer aux oiseaux de nuit, de funeste présage; aux défunts. De telles âmes sont profondément malades (1-4). Les vices vont contre la nature : c'est le principe du luxe contemporain : exemples divers de ce luxe (5-8). Devise de ces gens (9-10 *init*). Portraits d'originaux et anecdotes (10-16). Ils cherchent par tous les moyens à se faire remarquer, à faire scandale (17 sq.). Ne dévions pas du chemin tracé par la nature (19). — Sur cette L. et L. 124 v. I. Heinemann I pp. 192 sq.

1. Cf. Plin. *N. h.* 8, 33 cette adresse universelle, 91 consciente de ses moyens, impeccable et Sén. ép. 121, 5 et 6, 18. — 68, 4 *animalia quaedam ne inueniri possint uestigia sua circa ipsum cubile confundunt*. — *Videbis — aliis inutilia — sibi ipsa non deesse* : cf. Cic. *De Fin.* 3, 63 *immanes quaedam bestiae sibi solum natae sunt*; id. ibid. d'autres (abeilles, fourmis, cigognes) *aliorum etiam causa quaedem faciunt*.

Primum hoc instrumentum *in* illa natura contulit ad permanendum, [in] conciliationem et caritatem sui. Non poterant salua esse nisi uellent : nec *uero* hoc per se profuturum erat, sed sine hoc nulla res profuisset. Sed in null*o* deprendes uilitatem sui, <ne> neglegentiam quidem. Tacitis quoque et brutis, quam*quam* in cetera torpeant, ad uiuendum sollertia est. Videbis quae aliis inutilia sunt, sibi ipsa non deesse. VALE.

SENECA LVCILIO SVO SALVTEM **122**

1 Detrimentum iam dies sensit : resiluit aliquantum, ita tamen ut liberale adhuc spatium sit si quis cum ipso, ut ita dicam, die surgat. Officiosior meliorque si quis illum exspectat et *ante* lucem primam ex*il*it : turpis qui alto sole semisomnus iacet, cuius uigilia medio die inci*p*it ; et adhuc multis hoc antelucanum est. **2** Sunt

24 in illa *Windhaus* : illa/*B et sic p q* illis *Muret alii* || in *secl. Bartsch Madvig, p non habet* : *habent B dett.* || nec uero *Beltrami* : nec non [*fort, pro* u'o] hoc *Bp q* nec unum hoc *Haase fort. uerbosius* nec enim [.n. ?] hoc *Castiglioni satisne dilucide?* || per se *om. p* || nulla res *codd.* : nulla ars *Haase* || Sed : *secl. Bartsch alii, retinet uulg. et Beltrami quia hic ad rem i. e. ad caritatem sui reditur* || nullo : nulla *B et sic p* || ne *A m. quidem recentissima* : *om. Bpq* || tacitis : *ex* taciti/is *B* || quamquam *Hense* : quam *Bp* quamuix *q* quamuis *dett. uulg.*

Ep. 122, **1** aliquantum *Bp Fickert* : -tulum *q dett. uulg. olim* || exspectat et ante lucem primam *W. B. Anderson cf. Ernout R. de Phil.* 1933, 193 : exspectat et lucem primam/*B desin. pag. et sic pq* [exp- *q*] *Haase Brakman* e. et luce prima *Pincia Windhaus* || exilit *Windhaus, Anderson* [exsil-], *cf. Hor.* 17, 52 « *exilis* (*sc. lecto*) *puerpera* » /exuit *B* [*incip pag.*] *et sic p Albini poetice. cf. Axelson*[3] 13 *sq.* exiuit *Pinciani « cod. Francisc. »* exciuit *Brakman* excipit *Grüter Haase* [*parum apte hi ad codd.*] || semisomnus *Bp* : -nis *q dett.* || incipit *q dett.* : incep- *Bp* || multis hoc antelucanum est *Bp* : antelucanum hoc multis est *q dett.*

la nuit [1] et n'entr'ouvrent leurs yeux alourdis de l'orgie de la veille qu'à partir de l'heure où la nuit commence à gagner. Comme c'est le cas, paraît-il (je cite Virgile), des gens que la nature a établis aux antipodes de notre séjour

... — quand le soleil est à son premier stade et que le souffle de ses coursiers nous effleure, là-bas Vesper allume tardif ses feux rougeâtres,

de mes débauchés aussi c'est non pas le pays, mais le temps de vie qui est à l'opposé de celui de tout le monde. Oui, nous avons, à Rome où nous sommes, nos antipodes, gens qui suivant le mot de Caton « n'ont jamais vu du soleil ni le lever ni le coucher » [2]. **3** Te semblent-ils savoir comment il faut vivre, ceux-là qui ne savent pas quand il faut vivre? Et ceux-là craignent la mort où ils se sont ensevelis vivants [3]. Ils sont d'aussi funeste présage que des oiseaux de nuit. Qu'ils passent dans le vin et les parfums leur ténébreuse existence, qu'en bombances mijotées service par service, ils épuisent la série des heures nocturnes vécues à rebours : ils ne festoient pas pour autant, ils mènent leurs funérailles. Encore est-ce en plein jour que l'on fête les morts [4].

Mais la journée, grands dieux, est-elle jamais trop longue pour l'activité humaine? Sachons agrandir notre vie : son office et son critère c'est l'action. Raccourcissons nos

1. Cf. 3, 6 (*rerum natura*) *dicet tibi se et diem fecisse et noctem*, V. infra Caton l'Ancien.

2. Cf. Cic. *De Fin.* 2, 23 *asotos... qui solem... nec occidentem unquam uiderint nec orientum.* Tel jadis le Sybarite Smynderides (Ath. 6, 273 qui se vantait de n'avoir vu, de 20 ans, le soleil.

3. Cf. 77, 18 *mori times : quid porro? ista uita non mors est?* 82, 2 *delicati timent mori, cui uitam fecere similem* etc.; ils vivent comme dans un dépôt mortuaire, *conditiuum.*

4. V. 82, 3 *torpor... —; qui in odoribus iacet mortuus...*; 60, 4 *uentri oboedientes latitant et torpent quomodo in conditiuo.* « Funérailles », dit à présent Sénèque.

qui officia lucis noctisque peruerterint nec ante d*i*ducant oculos hesterna graues crapula quam adpetere nox coepit. Qualis illorum condicio dicitur quos natura, ut ait Vergilius, sedibus nostris subditos e contrario posuit.

... Nosque ubi primus equis Oriens adflauit anhelis,
Illis sera rubens accendit lumina Vesper;

talis horum contraria omnibus non regio, sed uita est. Sunt quidam in eadem urbe antipodes qui, ut M. Cato ait, nec orientem umquam solem uiderunt nec occidentem. **3** Hos tu existimas scire quemadmodum uiuendum sit, qui nesciunt quando? Et hi mortem timent in quam se uiui condiderunt? Tam infausti ominis quam nocturnae aues sunt. Licet in uino unguentoque tenebras suas exigant, licet epulis et quidem in multa *f*ericula discoctis totum peruersae uigiliae tempus educant, non conuiuantur, sed iusta sibi faciunt; mortuis certe interdiu parentatur. At mehercules nullus agenti dies longus est. Extendamus uitam: huius et officium et argumentum actus est. Circumscribatur nox, et aliquid

Nosque — Vesper *Verg. G.* 1, 150 sqq. || M. Cato *Rel. p.* 110 *ed. Iord.*

2 lucis noctisque *Bp* : noctis lucisque *q et teste Fickert cod. Rehdig. I* || peruerterint *Bp Schweighaeuser* : -uertant *q dett.* -tunt *dett. uulg. olim* || diducant *dett. q* [ded- *q*] *Schweighaeuser* : dedu/cantet deducant *B* deducante deducant [*alterum u. expunct.* p^2] *p* diducant *dett. q* -cunt *Érasme*[2] *uulg. olim* || adpetere *B* : -peterere p^1 [apparere p^2] || ait : a * it *B ubi fort.* g *eras.* || Nosque *B p* : hosque p^2 || adflauit : *ex* adfluit *B* adfluit p^1 || omnibus *ex* omnibus omnibus *B* || est : sunt/ *p* || m. cato ait *B* [*supra* m *delineata uirg.* ar *significans*] *et p* [Marcus p^2] ait oratius cato [oratius *expunct.*] *q* ait m. cato *cod. Rehdig. I teste Fickert* || occidentem *Bp* : cadentem *q dett.*
3 et hi *Auen. Érasme* : et in *B et sic* p^2 [*ead. m. expunx- quae* uel nec *superscr.*] et ubi *q dett.* || in quam se *pq* : quam in se *ex* in quam in se *m. corr.*] *B* || infausti ominis *Pincia* infausti *B Schweighaeuser* : infausti homines *pq dett. Auen. Érasme* i. omnine *coll. Tac. H.* 1, 6 *Beltrami* || fericula *Turnèbe* : peric- *codd.* || discoctis *Bq Auen. Érasme Hense* : distortis *q* districtis *Pincia* « *uet. lectio* » distinctus *Muret* discretis *Gronov cum nonnullis dett.* || nullus [lus *atramento pallidiore*] *B* : nil *p* || huius et *Bp* : huius *q* || argumentum : *sic p sed* uel augmentum *superser* p^2.

nuits ; prélevons sur elles de quoi élargir nos journées. **4** Les oiseaux qu'on se procure pour les banquets, afin que l'immobilité les aide à engraisser sont tenus en lieu sombre et clos : privés ainsi de tout exercice, affalés, la bouffissure envahit leurs corps paresseux ; et dans l'inertie leur obésité croît sous l'effet de l'ombre [1]. Voici d'autre part ces gens qui se sont voués aux ténèbres : leur hideur est perçue de qui les regarde. Vraiment ils ont un teint plus inquiétant que ne l'est pâleur de malades : minés, exténués de langueur [2] ils ont blêmi, chairs mortes sur des corps en vie. C'est là cependant, dirai-je, le moindre de leurs maux. Combien sont plus épaisses les ténèbres en leur âme, qui porte en soi l'hébétude et ne voit plus [3] ; à qui le sort de l'aveugle fait envie. Eh ! qui jamais n'eut des yeux pour ne les ouvrir que la nuit ? **5** Tu me demandes d'où naît cette dépravation de l'âme, qui est horreur du jour et report de toute l'existence dans le cadre de la nuit ? C'est que tout vice est révolte contre la nature, séparation d'avec l'ordre légitime [4]. Principe dans le monde du plaisir : mettre sa joie en une existence bouleversée, ne pas dévier seulement de la droite raison, mais s'en éloigner tant qu'on peut, dès lors s'aller camper carrément dans la déraison même. **6** Ne penses-tu pas qu'ils vivent au rebours de la nature ces gens qui boivent à jeun, qui logent le vin dans leur estomac vide et ne passent aux aliments qu'une fois soûls [5] ? C'est

1. Cf. Juv. 5, 114 sq. sur « les beaux foies d'oie » et les volailles devenues aussi grosses que l'oie ; Plut. *De Vsu carn.* 1, 6 (*Mor.* éd. Dubner II, p. 1219) les grues et les cygnes à l'engrais dans l'obscurité, les yeux dûment cousus. Les poissons ! Sén. *N. q.* 3, 19, 2 *pinguia ut ex longo otio corpora — et tenebris saginata*, mais faits tels par des bouleversements de la nature.

2. *De Prou.* 2, 6 *languent per inertiam saginata* ; *De Ben.* 4, 13, 1 le passetemps des épicuriens de qualité inférieure, *animi marcentis oblectare torporem et cibis potionibusque intra hortorum latebram corpora ignauia pallentia saginare.*

3. Ils n'ont plus le sens du vrai ; leur vue des choses est faussée par le vice qui est en eux comme par un brouillard 71, 24 *animus — ad uera perspicienda caligat.*

4. V. la fin de ce § et le §9.

5. *Ieiuni*... cf. t. I, p. 60 n. 2 ; 88, 19 ces débauchés qui se font vomir à jeun, corps rebondis de graisse, âmes étiolées et léthargiques (et ma note *ad l.*) ; dans le nombre, des moniteurs de gymnastique 15, 3. V. Plin. 14, 144, sur ces rasades.

ex illa in diem transferatur. **4** Aues quae conuiuiis comparantur, ut inmotae facile pinguescant in obscuro continentur ; ita sine ulla exercitatione iacentibus t*u*mor pigrum corpus inuadit et sub ipsa umbra iners sagin*a* subcrescit. At istorum corpora qui se tenebris dicauerunt foeda uisuntur. Quippe suspectior illis quam morbo pallentibus color est, languidi et euanidi albent, et in uiuis caro morticina est. Hoc tamen minimum in illis malorum dixerim. Quanto plus tenebrarum in animo est ! ille in se stupet, ille caligat, inuidet caecis : quis umquam oculos tenebrarum causa habuit ? **5** Interrogas quomodo haec animo prauitas fiat auersandi diem et totam uitam in noctem transferendi ? Omnia uitia contra naturam pugnant, omnia debitum ordinem deserunt : hoc est luxuriae propositum, gaudere peruersis nec tantum discedere a recto, sed quam longissime abire, deinde etiam e contrario stare. **6** Non uidentur tibi contra naturam uiuere <qui> ieiuni bibunt, qui uinum recipiunt inanibus uenis et ad cibum ebrii transeunt ? Atqui frequens hoc adulescentium

4 coniuiis : -uiuis *B* p^1 -îs *Beltrami dubitanter* || tumor *q dett.* : timor *bp* [/tim- *B*] || sub ipsa umbra *dett. Schweighaeuser* super ha umbra *B* [*ex* h *fecit* b *paulo posterior m. quod edd. fere fugit non Erasmum*] superua umbra *p* sub parua umbra *Beltr.* superba umbra *Hense* [*cum A*] *neuter dilucide* superba membra *q* super membra *codd. Rehdig. I Muret alii* subter umbra *Rossbach poetico oblatiuo* || at *q dett. Auen. Érasme* : ad *Bp* ita *id. Rehdig. uulg.* ita et *Windhaus Beltrami* et *H. Georgii* || sagina : sagi/*B* [na *add. m. rec.*] sagi *p* || suspectior *B Grüter Gronov* : -ctor p^1 -ctus p^2 *in non p* speciosior *q* [speti] *dett. Auen. Érasme* || quam : tam quam p^2 || color *pq* : cal- B || in se *p* : in fe *B signo* z *in mg. pos.* || stupet *B* : -pe p^1 || caecis : caucis *ex* caec- *m. antiqua B.*

5 animo *codd.* : -mi *prop. Castiglioni* || auersandi *B uulg.* : aduer- p^1 *q* auersanti (— transferenti) *Beltrami dubitanter* || naturam *ex* naturalem *B* || etiam e contrario *B* : etiam me contrario p^1 tiam — contra naturam p^2.

6 qui ieiuni *q Pincia* [« *uet. lectio* »] *Harl. Muret uulg.* : ieiuni *Bp Auen. Érasme*$^{1-2}$ ienuni <qui> *Castiglioni Beltrami*^{2} || adulescentium uitium *Bp* : uicium/adol- *q.*

pourtant une extravagance fréquente, chez les jeunes gens amateurs de culture physique, d'attendre presque d'être au seuil de la piscine pour boire — mieux, pour faire de rouges bords — tout nus et, sous le strigile qui passe et repasse, ôter la sueur, effet des multiples et brûlantes rasades. Ne boire qu'après le déjeuner ou le souper, procédé du vulgaire, façons de propriétaires ruraux qui ne se connaissent pas en plaisir. Le vin pur qui réjouit n'est pas celui qui surnage sur les aliments, mais celui qui pénètre franchement jusqu'aux nerfs. L'ivresse bienfaisante est celle qui s'installe en place libre. **7** N'est-ce pas, à ton sens, vivre contre nature que de faire avec la femme échange de costume [1] ? n'est-ce pas vivre au rebours de la nature que de prétendre perpétuer l'éclat de l'enfance chez qui en a passé l'âge? Conçoit-on sort plus cruel, plus misérable? Il ne sera jamais homme afin de pouvoir plus longtemps se prêter à un homme? Lui que son sexe devait avoir soustrait au viol, même son âge ne l'y soustrait pas? **8** Ne vivent-ils pas au rebours de la nature, ces amateurs passionnés de la rose hivernale [2], qui, par des affusions d'eau chaude, par d'habiles transformations produisant de la chaleur en plein hiver, font surgir une fleur printanière? Au rebours de la nature, ceux qui plantent des vergers sur la plateforme des tours; les propriétaires de palais sur les toits et la cime desquels se balancent des boquetaux enracinés à des hauteurs jusqu'où les cimes de troncs

1. Tibère avait interdit le port de la soie aux hommes; mais ils y persistèrent, nous dit Pline à cause de l'agrément, en été, de ce léger tissu (11, 78). Caligula (Suét. *Cal.* 52) donna l'exemple, sortant parfois dans une robe de soie à traîne. — *Pueritia splendeat tempore alieno* : cf. 47, 7 *uini minister in muliebrem modum ornatus cum aetate luctatur.* — *Nunquam uir...* cf. 95, 24 *quos post transacta conuiuia aliae cubiculi contumeliae exspectant.*

2. *Hieme concupiscunt rosam* : autrefois l'Égypte envoyait au César de Rome ses roses d'hiver; à présent Rome expédie les siennes vers les bords du Nil, Mart. 6, 80, 2.

uitium est qui uires excolunt, <ut> in ipso paene balinei limine inter nudos bibant, immo potent et sudorem quem mouerunt potionibus crebris ac feruentibus, subinde destringant. Post prandium aut cenam bibere uulgare est. Hoc patres familiae rustici faciunt et uerae uoluptatis ignari : merum illud delectat quod non innatat cibo, quod libere penetrat ad neruos; illa ebrietas iuuat quae in uacuum uenit. **7** Non uidentur tibi contra naturam uiuere qui commutant cum feminis uestem? Non uiuunt contra naturam qui spectant ut pueritia splendeat tempore alieno? Quid fieri crudelius uel miserius potest? numquam uir erit ut diu uirum pati possit? et cum illum contumeliae sexus eripuisse debuerat, no*n* ne aetas quidem eripit? **8** Non uiuunt contra naturam qui hieme concupiscunt rosam fomentoque aquarum calentium et calorum apta mutatione brumalium florem uernum <exprimu>nt? Non uiuunt co<ntra> naturam qui pomaria in summis turribus serunt? quorum siluae in tectis dom*u*um ac fastigiis *n*utant, inde ortis radicibus quo improbe cacumin*a*

uires *B* : ueres p^1 ueneres p^2 || ut p^2 [*supra u.* : *om.* p^1] || balinei *Bp* : baln- *q et B* [*m. rec.*] || mouerunt *B* : uerterunt *p* || destringant *Bp* : distr- *q* || patresfamiliae *Bq* [-lie *q*] : -lias *p* || uerae *p* : -re *B*.
7 uiuunt *ex* uiunt *B m. corr.* || spectant *Bpq Auen. Érasme Schweighaeuser* : expectant *Pincia* [« *uet. lectio* »] *fere uulg. olim* expetunt *Lipse* || uir erit *pq* : *ex* utrerit *B* || debuerat *ex* debcie- *B* || non ne *Hense* : none *B* non *q Auen.* ne *p uulg. Ax*³ 218 || possit *B* : posit p^1 || eripit [*non* eripiet] *ex* -ipet *B m. corr.* : -ipet *p* eripiet *uulg. ex B cursim lecto.*
8 calentium *Bq uulg.* [*cf. auctore Beltrami Plin. N. h.* 21, 21 aquam calidam infundunt, *huc adice Pall. Agr. III siue febr., tit.* 21, § 2, *Geoponic.* 11, c. 19] : ual- *p* al- *Hense haud recte* || calorum p^2 : colorum *B* p^1 : locorum *Haase Beltrami* ||brumalium florem p^1 brumalium flore *B* [brummalium] p^2 *et sic Haase* bruma lilium florem *coni. Pincia Hense* || expri- : prima int *B* primum p^1 -unt p^2 *unde* primunt *Hense dubitanter coll. Col.* 3, 12 || contra naturam *q dett.* p^2 : conaturam *B et* p^1 || summis *ex*/summisit *B m. corr. et p m.* 2 || siluae *ex* -ue *B m. rec.* : sillae *p* || domuum *dett. Érasme* : domum *Bp* domorum *Mentel. Pincia ex* « *uet, lect.* » *Muret alii* || nutant *q* : mut- *Bp* || inprobe *B* : hinpr- *p* || cacumina *q dett.* : -ne *Bp*.

n'auraient, sans extrême hardiesse, déjà pu s'élever[1] ? Au rebours de la nature ceux qui jettent jusque dans la mer les fondations de leurs thermes[2] et ne croient pas nager assez voluptueusement si leurs bassins d'eaux chaudes ne sont battus du flot et de la tempête ? **9** Ayant pris pour règle de ne vouloir que ce qui va au rebours de la nature, ils finissent par un complet divorce avec elle[3]. « Il fait jour : c'est le temps du sommeil. Tout repose : c'est le moment de commencer nos exercices, de prendre la litière, de déjeuner[4]. Le jour n'est plus loin : c'est l'heure du dîner. Gardons-nous bien de faire comme font les gens[5]. Piètre chose que de suivre dans la vie les voies battues, celles du commun. Le jour est à la masse, laissons-le lui ; faisons-nous un matin[6], qui soit spécialement nôtre ». **10** Ces gens, en vérité, sont à mes yeux comme s'ils n'étaient plus. Combien minime la différence entre la mort[7], voire la mort des enfants, et une vie passée à la lueur des torches et des cierges ? la vie que menaient à une même époque, il m'en souvient, bon nombre d'originaux, entr'autres Acilius Buta[8], ancien préteur : ayant mangé un énorme patrimoine, il avouait sa gêne à Tibère, qui répliqua : « Tu

1. Exploit du luxe : *De Ira*, 1, 21, 1 *nemora suspendere* ; Pline 15, 47 *in tecta —siluae scandunt.* Sén. Rh. 5, 5, 2 y ajoute les piscines où l'on vogue (Lipse) et Cicéron *Fr.* 5, 78 les parcs à huitres *in tegulis.*

2. *In mari.* Stations thermales, auberges du plaisir 89, 21, auparavant terrestres ; mais. v. Suét. *Ner* : 31 le creusement d'une piscine, commencée sous Néron, du cap Misène au lac Averne pour y mettre les eaux thermales de Baïes. — Ces paroles de S. font écho à celles de son maître Fabianus jadis élève du déclamateur : Sen. Rh. 2, 1, 13 *nullis gaudere ueris sciunt, sed aduersus naturam alieno loco aut terra aut mari mentita aegris oblectamenta sunt* (Lipse).

3. *In totum* (*ab natura*) *desciscunt* : cf. 90, 19 init. *a natura luxuria desciuit, quae cotidie ingenio adiuuat uitia* ; v. Tac. *Ann.* 11, 26, Messaline voulant des scandales démesurés (Lipse).

4. *Nunc* : quant à Pétrone, *illi dies per somnum, nox officiis et oblectamentis uitae transigebatur* (Tac. *Ann.* 16, 18).

5. *Quod populus*, parodie d'une règle de morale (ne suivons pas l'exemple du commun) : ép. 7, 6 *subducendus populo est animus*, et cent autres passages sur l'influence du *uulgus.*

6. *Mane fiat* : 83, 14 *hoc* (= *sexta hora*) *eius* (= *L. Pisonis*) *erat matutinum* (Lipse). Cf. supra § 1 fin.

7. *A funere acerbo...* : *De Tr. a.* 11, 7 *immaturas exsequias fax cereusque praecessit* (obsèques d'un enfant).

8. Acilius Buta : nous le connaissons seulement par cette lettre de S.

egissent? Non uiuunt contra naturam qui fundamenta thermarum in mari iaciunt et delicate natare ipsi sibi <non> *ui*dentur nisi calentia stagna fluctu ac tempestate feriantur? **9** Cum instituerunt omnia contra naturae consuetudinem uelle, nouissime in totum ab illa desciscunt. « Lucet : somni tempus est. Quies est : nunc exerceamur, nunc gestemur, nunc prandeamus. Iam lux propius accedit : tempus est cenae. Non oportet id facere quod populus : res sordida est trita ac uulgari uia uiuere. Dies public*us* relinquatur : prop*r*iu*m* nobis ac peculiare mane fiat. » **10** Isti uero mihi defunctorum loco sunt; quantulum enim a funere absunt et quid*em* acerbo qui ad faces et cereos uiuunt? Hanc uitam agere eodem tempore multos meminimus inter quos et Acilium Butam, praetorium, cui post patrimonium ingens consumptum Tiberius paupertatem confitenti :

et delicate *B* p^1 *q* [uel ut *superscr. m.* 2 *in p*] : nec delicate *Pincia* et parum delicate *Castiglioni hi nulla ante* uidentur *negatiua uoce addita* || ipsi sibi non uidentur *Pal. Rom.* 1541. *Vrbino -Rom.* 219 *teste Fickert* : ipsi sibi dentur [ui *superscr. antiq. m.*] *B* ipsi sibi dentur p^1 [detur p^2] sibi ipsi uidentur *q dett.* || nisi *Bp* : ubi *q*.

9 naturae *uulg.* : naturas *B* p^1 : naturam p^2 || cumseetudine B^1 p^2 || desciscunt *dett. uulg. Haase* : deseiscunt/[*non* descisunt] *p* desuiscunt *ex* desciscunt *m. corr. B* disuescunt *Mentel.* desuescunt *Hense* desistunt *q* || nunc gestemur *pq Harl.* [-mus *dett.*] : *om. B suspectum habet Bartsch haud recte cf.* § 15 *extr.* || trita ac *Bq* : trita aut *q dett.* || uia *B* : uita p^2 [*quid fuerit in* p^1 *non liquet*] || publicus *q dett.* : -ces *B unde* -cus *m. rec.* buplices p^1 dupl. p^2 || relinquatur : -antur p^2 || proprium *dett. uulg.* -pius *Bpq* [*non* -prius *p*].

10 a *B* : *om. p* || absunt *B* : *om. q habet p per notam* || quidem : quide *B et* p^1 quid p^2 || acerbo p^1 *Vat. Rom.* 2202 et 2203 *teste Fickert* : -ruo *B et* p^2 || agere : agerere *p* || et acilium *Bp* [etacil- *utrobique, prius* -c̄il- *in B*] : et atilium *q* || butam : *unde* putam *m. recentissima B.*

t'es éveillé trop tard. » **11** Julius Montanus[1] lisait tout haut de ses vers en public, un poète passable que l'amitié, plus tard refroidie, de Tibère avait mis en vue. Il se complaisait à y greffer quantité de soleils levants et de soleils couchants. La lecture ayant duré toute la journée, furieux, un auditeur déclarait qu'il ne fallait plus mettre les pieds aux lectures publiques de cet homme. « Jamais, dit Natta Pinarius, je ne saurais pour l'obliger faire plus : je suis prêt à l'écouter d'un lever à un coucher de soleil. » **12** Montanus avait dit ces vers[2] :

Phébus commence à darder ses flammes ardentes ; le jour à répandre sa clarté vermeille. Déjà « la triste » hirondelle, qui repartira, commence à fournir à sa couvée piailleuse les becquées et à les lui distribuer, ouvrant son bec, délicatement.

Il y avait là Varus[3], chevalier romain, familier de M. Vinicius et amateur inlassable des fins soupers dont sa méchante langue lui méritait l'accès. « Et Buta commence à dormir » s'écria-t-il. **13** Puis à la tirade qui venait tout après :

Voici que les pâtres ont logé leur troupeaux à l'étable. Voici que la nuit paresseuse commence, prodiguant le silence à la terre assoupie.

1. Sur le smyrniote Julius Montanus, poète épique et élégiaque v. Sén. Rh. *Contr.* 7, 1, 27 (et les notes de Bornecque p. 552 n. 51-59). — Pinarius Natta : nom et prénom illustres dans l'histoire. Notre Natta était un protégé de Séjan (Tac. *Ann.* 4, 34).

2. Thème traditionnel parodié par S. (*Apoc.* 2, 3, 4) *Iam Phœbus breuiore uia... Iam medium...* (le soleil de midi), pour égayer le public de Rome après les obsèques de Claude déifié ; repris par S. (l'orient id. 4, 1 v. 25-32) pour louer l'aspect de Néron jeune et César. Ce Montanus trouva jadis virgilienne une ligne de prose sur un coucher de soleil de Cestius Pius : *nox erat concubia et omnia canentia sub sideribus muta erant* (cf. Énéide 8, 26 sq.) ap. Sén. Rh. 7, 1, 27.

3. Quintilius Varus, fils du Varus qui fut défait et tué par Arminius. Il était aux écoles de déclamation vers 9 ap. J.-C. (Bornecque) cf. Sén. Rh. *Contr.* 1, 3, 10 (id.). — M. Vinicius, fils de ce P. Vinicius qui n'avait pas la parole facile (ép. 40, 9). Il avait, lui, de l'esprit « argent comptant » *ingenium in numerato* Sén. Rh. *Contr.* 2, 5, 20 1. f. Époux, depuis 33 apr. J.-C., de Julia Livilla, fille de Germanicus (Tac. *Ann.* 6, 15) ; empoisonné par Messaline. — *Improbitate linguae* (Varus) : cf. 47, 8 « pareille intempérance de langue », cause de réinvitation (Summers).

« Sero, inquit, experrectus es ». **11** Recitabat Montanus I*u*lius carmen, tolerabilis poeta et amicitia Tiberi notus et frigore : ortus et occasus libentissime inserebat. Itaque cum indignaretur quidam illum toto die recitasse et negaret accedendum ad recitationes eius, Natta Pi*n*arius ait : « Numquam possum liberalius agere : paratus sum illum audire ab ortu ad occasum. » **12** Cum hos uersus recitasset

Incipit ardentes Phoebus producere flammas.
Spargere <se> rubicunda dies, iam tristis hirundo
Argutis reditura cibos <in>mittere nidis
Incipit et molli partit*o*s ore ministrat,

Varus eques Romanus, M. Vinicii comes, cenarum bonarum adsectator, quas improbitate linguae merebatur, exclamauit : « incipit Buta dormire ». **13** Deinde cum subinde recitasset

Iam sua pastores stabulis armenta locarunt;
Iam dare sopitis nox pigra silentia terris
Incipit,

Incipit — ministrat *Poet. rom. fr. p.* 355 *Baehr.*

Iam sua — incipit *Poet. rom. fr. p.* 355 *Baechr.*

experrectus *B* : expertus ex expectus p^2 [*quem fugit adiacere in p* recitat *esse emendandum*].

11 iulius *Érasme*^{2} : illius *Bpq* || poeta et B : poetae *p* -te *q* || et frigore : et frequenter *q dett.* || occasus *B ex* occansus : hoccasus *p unde* hoc casus p^2 || inserebat *B* : inse/rabat p^1 [*corr.* p^2] || illum *B* : *ex* illom p^2 || pinarius *q cod. Rehdig. I teste Fickert Harl. cf. auctore Buecheler CIL. X* 1129 : pinna- *Bp* || numquam — agere *codd.* : numquid — agere, *Pincia* [« *uet. lectio* »] || liberalius agere *q Harl.* 2659 : liberaligsagere Bp^1 [*prior* g *expunct. B* -lius- p^2] || ab ortu *B* : *ex* arbor tu p^2.

12 spargere. se *q dett.* p^2 : spargere *B p cf. rursus* 108, 32 (exp)resse *BQ pro* (exp)se || hirundo *p* : *ex* hira indo *B m. rec.* yrundo *q* || inmittere *dett. q* : *ex* mittere *m. recentissima B* mittere *p* || nidis *B* : ndis *p* || incipit et molli partitos : Incipitet molli partitos [*ex* — tus] *m. rec. B* incipiet moli partitus *p* || uarus eques romanus m. uinicii : uaruseqis [-qes *al. m. sed antiqua*] r. m. uinicii *B* uarusq,/s. r. m. uiniciis [s *detersa*] *p* uarusque s. p. r./uinitii [*in mg.* al(iter) eques romanus] *q* || quas improbitate *B* : quasi probitate [qui quasi — p^2] *p* || linguae : lignue *p*.

13 Deinde cum subinde *p* : deinde subinde/*B* demum cum subinde *Beltrami* || armenta *p* : *ex* -to *B m. correctoris.*

Varus interrompit encore : « Que dis-tu ? Déjà la nuit ? J'irai présenter le bonjour à Buta. »

Tout le monde connaissait Buta, son existence qui tournait en sens inverse des autres vies : allure d'existence fréquente, je l'ai dit, alors. **14** Si certains l'adoptent, ce n'est pas que la nuit ait en elle-même un charme particulier pour eux ; c'est que rien ne leur plait de ce qui est ordinaire, c'est que le grand jour pèse aux mauvaises consciences [1], et que celui qui en toute matière convoite ou méprise les choses, selon qu'elles s'achètent plus ou moins cher, est écœuré par la lumière, qui ne coûte rien [2]. En outre les hommes de plaisir veulent que la vie qu'ils mènent occupe, leur vie durant, les propos du monde. N'en dit-on rien ? ils pensent que leur peine est perdue. Aussi n'en mènent-ils pas large chaque fois que la renommée fait faux bond à quelque sottise de leur façon. Beaucoup mangent leur fortune [3], beaucoup ont des maîtresses. Pour se faire un nom en ce milieu-là, la dissipation ne suffit pas, il la faut originale [4]. Dans une ville aussi affairée, les banales folies ne font point jaser. **15** Pedo Albinovanus [5], causeur des plus fins, racontait devant nous qu'il avait occupé un appartement qui dominait la demeure de S. Papinius ; celui-ci appartenait à la bande des hommes-blattes [6]. « Vers neuf heures de nuit,

1. Cf. 77, 17 *quid est quod tibi eripi doleas ? — Solem ? quem si posses extingueres : quid unquam fecisti luce dignum ?*
2. Citons ici *N. q.* 4, 13, 3 *nobis dolet quod solem emere non possumus... Nobis male est quod quicquam a rerum natura in medio positum est !* 4 *adeo nihil* — (*luxuriae*) — *placere nisi carum.*
3. Cf. Mart. 12, 41 *non est, Tucca, satis quod es gulosus / et dici cupis et cupis uideri* (et qu'on le voie) (Friedlaender). V. Sén. 51, 4 (les folies) *quae — luxuria non tantum peccat sed publicat.*
4. Il faut un théâtre aux caprices du luxe comme à ceux de l'ambition ou à ceux de la violence : 94, 71 *scaenam desiderant.*
5. Pedo Albinovanus auteur d'une *Théséide* et d'une épopée sur les événements de son temps dont un morceau, l'arrivée de la flotte de Germanicus aux abord de l'Océan Arctique, se trouve chez Sén. le Père (*Suas.* 1, 15) : quelques traits vigoureux dans cette description (J. Bayet). Deux traits plaisants de ce Pedo *infra* § 16 fin relevés par M. Axelson (*consumebat* et *lychnobius*).
6. *Lucifuga* : composé masculin (comme *perfuga*) signalé par M. Summers dans Apulée, employé aussi par Tert. *Res.* 47, *Vat.* 3. Pareil homme signalé par Cic. *pro Sestio* 9, 20 *qui ne lucem quidem insolitam adspicere posset.*

idem Varus inquit : « Quid dicis ? iam nox est ? ibo et Butam salutabo. » Nihil erat notius hac eius uita in contrarium circumacta ; quam, ut dixi, multi eodem tempore egerunt. **14** Causa autem est ita uiuendi quibusdam, non quia aliquid existiment noctem ipsam habere iucundius, sed quia nihil iuuat solitum et grauis malae conscientiae lux est et omnia concupiscenti aut conte*m*nenti prout magno aut paruo empta sunt fastidio est lumen gratuitum. Praeterea luxuriosi uitam suam esse in sermonibus dum uiuunt uolunt ; nam si tacetur, perdere se putant operam. Itaque <male habent> quotiens faciunt quod excid*a*t fama. Multi bona comedunt, multi amicas habent. Vt inter istos nomen inuenias, opus est non tantum luxuriosam rem, sed not*a*bilem facere : in tam occupata ciuitate fabulas uulgaris nequitia non inuenit. **15** Pedonem Albinouanum narrantem audieramus — erat autem fabulator elegantissimus — habitasse se supra domum S. Papini ; is erat ex hac turba lucifugarum. « Audio, inquit, circa

uarus *B* : -ris [-rus p^2] p^1 || butam *p* : *ex* putam *m. recentissima B* || contrarium *B* [ra *superscr. ead. m.*] : contrium *p*.

14 solitum *q dett.* oblatum *cod. Vat. Rom.* 2205, *Fickert coll. ep.* 123, 3 rebus oblatis hilaris uti, *Beltrami* : oblitum *Bp* obuium *Érasme*[2] publicum *Haase* natura oblatum *Hense* <solis> oblitum *Rossbach* || concupiscenti *q dett.* : *ex* concupiscentis *Bp* || contemnenti [contempn-] *q dett.* : *ex* -tenentis p^2 continenti *indidem B* perperam || male habent quotiens *q dett. Harl.* [quociens *dett.*] *et sic Gronov in notis ad Sen. p.* 245 *Ruhkopf alii* : aliquotiens [aliquo/tiens *B*] *Bp Érasme Fickert* || excidat *q dett. Harl. Gronov cum iisdem edd.* : excidet [-tet p^2] p^1 -tet *B Érasme Fickert* || fama *Gronov cum duobus Palatinis Gruteri* : — mam *Bp* || notabilem *q dett. uulg.* notilem *B et* [*non* notabilem] *p* « notilis *recte formatum ut* potilis, coctilis *sit* » *Hense, an in archet. fuit* Nota *per compend.* [NT *quale in mg. mille codicum recurrit*], *supra u. excipientibus litterulis paucis?*

15 elegantissimus *p* [*fort.* n p^2 *addidit*] : elegat- *B signo* z *in mg. appicto* || s. papini. is *Buecheler recte coll. Tac. Ann.* 6, 40 *et* 49 : spanus/*B* spapinii [s *expunx.* p^2] is *p* || audio inquit circa horam : audio inquid circum. audio/inquid circa horam *B* audio hiquid cir/cum audio inquid circa horam [-quit *ex* -quid *utrobique* p^2] *p* audio inquit cir/cum audio inquit circa horam *q*.

disait-il, j'entends un bruit de coups de fouet; je demande ce que fait l'homme; on me répond qu'il se fait rendre compte des dépenses [1]. Vers douze heures de nuit, disait-il, j'entends un déchaînement de clameurs; je demande ce qui se passe, on me répond qu'il fait ses vocalises. Deux heures après minuit, je demande ce que signifie ce bruit de roues; on me répond qu'il part en voiture. **16** Avant la pointe du jour, grand remue-ménage: on appelle les esclaves; sommeliers et cuisiniers se démènent; je demande ce qui se passe, on me répond qu'il a réclamé son vin miellé et son gruau d'épeautre [2], il sort du bain. Le souper de cet homme, dis-tu, dépassait la longueur du jour? Pas du tout. C'est qu'il vivait très économiquement, ne « dépensait » que les heures de nuit! » Et là-dessus Pedo à ceux qui disaient le bonhomme avare et ladre, répondait : « Dites qu'en son régime l'huile de lampe entrait aussi » [3].

17 Ne t'étonne pas de découvrir dans le vice tant de singularités : il est divers, se présente sous mille faces et échappe à toute classification. La pratique du bien est simple; celle du mal est complexe et comprend des déviations, aussi étranges qu'on voudra. Des mœurs il en va de même. Suit-on la nature, elles ont un air d'aisance et de toute facilité, elles ne comportent que de menues différences; tandis que les mœurs de ces gens-là, parce qu'elles sont toutes contrefaites, font contraste nettement avec celles de tout le monde comme avec celles de même

1. Colère d'un vieillard chiche contre son dépensier. Cf. De *Ira* 3, 33, 3.

2. Hors d'œuvre (Plin. J. 1, 15, 2).

3. On songe à un précepte de la Ménippée Varr. *Menipp. rel.* in *Petronii* ed. Buecheler 1904 p. 224, n° 573 *oleum in licibrationem seruabimus quam in asparagos totum lecyth*<*i*>*um euertamus* (ellipse non insolite de *potius* devant *quam*). En ce texte il est question d'huile à garder pour les heures d'activité nocturne au lieu d'en vider la fiole sur des asperges! Papinius mangeait cette huile. Certain Natta, au lieu de la manger, s'en frottait (Hor. *S.* 1, 6 124).

horam tertiam noctis flagellorum sonum. Quaero quid faciat : dicitur rationes accipere. Audio circa horam sextam noctis clamorem concitatum. Quaero quid sit : dicitur uocem exercere. Quaero circa horam octauam noctis quid sibi ille sonus rotarum uel*it* : gestari dicitur. **16** Circa lucem discurritur, pueri uocantur, cellarii, coqui tumultuantur. Quaero quid sit : dicitur mulsum et halicam poposcisse, a balneo exisse. Excedebat, inqui*s*, *e*ius diem cena? Minime. Valde enim frugaliter uiuebat : nihil consumebat nisi noctem. » Itaque *P*edo dicentibus illum quibusdam auarum et sordidum. « Vos, inquit, illum et lychnobium dicetis. ».

17 Non debes admirari si tantas inuenis uitiorum proprietates : uaria sunt, innumerabiles habent facies, comprendi eorum genera non possunt. Simplex recti cura est, multiplex praui et quantumuis nouas declinationes capit. Idem moribus euenit : naturam sequentium faciles sunt, soluti sunt, exiguas differentias habent; his distorti plurimum et omnibus et inter se

tertiam — accipere. audio circa horam *B* : *om. p* || exercere *B* : -ri *p* || quaero *B* : q;ro/ *p et sic mox* || uelit *cod. Vat. Rom.* 2216 *teste Fickert* : uellet *B pq dett.*

16 coqui *Bp*[1] : coci *m.* 2 *in p et sic q* || mulsum *p* : multum *Bq* || ex/cedebat *B*/excedebat *p uulg.* : extendebat *Haase* exedebat *Paul Thomas coll. iis quae seq. de « consumenda » nocte et de hominis malignitate* || inquis *Summers* : inquit *codd. uulg.* || eius : *sic* [*aut* huius] *dett.* : cuius *Bpq* || diem *B* : dam *p*[2] [*ex* diem] | diem cena minime *Ep* [.minime *distinx. Axelson*[2] 219 *recte*] || itaque pedo *Pincia* : itaque credo *p et sic q dett. Auen Érasme*[1] *Fickert alii* itaque credendo *B Hense non simplicissime* crebo *Érasme*[2] *uulg. olim* i. ridendo [*sc.* cum risu (dicentibus)] *Axelson*[3] 219 *seq. ingeniose* || et lychnobium *Bp* [*i. e. lychnis utentem et ad uidendum et ad uescendum ut et lumen et oleum sibi subministrantibus Ax*[3]. *ibid.*] : lichnobium *q* ἐλλυχνιόβιον *Madvig non percommode* || dicetis *codd.* : dicite *Madvig sed* dicetis *hic idem ual. ac. imperatiuus.*

17 uaria *ex* uicria *B ex* uauaria *p* || comprendi *B* : -prehendi *p* || euenit *B* : etenit *p*[1] *unde* euenit [euentus *ead. alt. m. p*[2] *uel alia superscr.*] *p*[2] || exiguas differentias habent *Bp* : exiguam habent differentiam *q dett.* || his [= hominibus] distorti *Bpq* [*sc.* « *quia mores sunt...* »] *uulg. olim* : his *secl. Haase* uitiis distorti *coll.* § 5 *de uitiorum discordia Beltrami*[1] hinc d. *Beltrami*[2] isti d. *Paul Thomas codice Colon. Gruteri fretus* istis distortis *Gronov C. Busche Phil. W.* 1929 *p.* 1277 *sq.* || et omnibus : *om. q.*

acabit. **18** La grande cause, à mon sentiment, de cette maladie morale c'est toutefois le dédain de vivre comme un chacun. Tranchant sur les autres par leur mise, les raffinements de leurs dîners, l'élégance de leurs équipages, tous ils veulent faire pareillement bande à part jusqu'en la distribution de leur temps. Ils refusent de se livrer à des excès ordinaires ceux qui trouvent la récompense des leurs dans le décri public, — but commun à ces gens qui vivent pour ainsi parler à rebours. **19** Tenons donc, Lucilius, le chemin que nous a tracé la nature ; n'en dévions jamais. Pour qui la suit, tout est facile, simplifié. S'obstiner contre elle dans la conduite de la vie, c'est ramer contre le courant.

LETTRE 123 *

1 Très fatigué du trajet, plus incommode qu'il n'est long, je suis arrivé à ma maison d'Albe fort avant dans la nuit : je n'y trouve rien de prêt que mon appétit ; je me jette donc sur un lit pour me refaire et mets à bon profit ce retard du cuisinier et du boulanger. J'entre en propos avec moi-même précisément sur ce point : combien peu de mésaventures sont pénibles lorsqu'on leur fait accueil d'un

* *Sommaire.* — Sénèque vient d'arriver dans sa villa d'Albe, fatigué. Rien n'était prêt pour le recevoir. Il s'accommode de cette lassitude et de cette pénurie presque totale : il a fait, dans les meilleures conditions, l'épreuve de son âme (1-5). Il constate, à cette occasion, que beaucoup de nos besoins sont artificiels, créés par l'opinion, par la mode (6 sq.) : mécanisme de ce colportage du vice (8-11), illustré par la légende du chant des Sirènes (12 jusqu'à *inlidunt*). Suivons le droit sentier, fermes dans la tâche rude ou la souffrance, résistants lors des tentations, selon la morale stoïcienne (12-14). Méfions-nous du faux stoïcisme, tentateur (15) ; pratiquons en tout le vrai (16 sq.).

dissiden*t*. **18** Causa tam*en* praecipua mihi uidetur huius morbi uitae communis fastidium. Quomodo cultu se a ceteris distinguunt, quomodo elegantia cenarum, munditiis uehiculorum, sic <se> uolunt separare etiam temporum dispositione. Nolunt solita *p*eccare, quibus peccandi praemium infamia est. Hanc petunt omnes isti qui, ut ita dicam, re*tr*o uiuunt. **19** Ideo, Lucili, tenenda nobis uia est quam natura praescripsit, nec ab illa declinandum : illam sequentibus omnia facilia, expedita sunt ; contra illam nitentibus non alia uita est quam contra aquam remigantibus. VALE.

SENECA LVCILIO SVO SALVTEM **123**

1 Itinere confectus incommodo magis quam longo in Albanum meum multa nocte perueni : nihil habeo parati nisi me. Itaque in lectulo lassitudinem pono, hanc coci ac pistoris moram boni consulo. Mecum enim de hoc ipso loquor quam nihil sit graue quod leuiter

dissident *uulg.* : dissiden [*post addita in fine* s *m. antiqua*] B *et sic p* [*addidit* p^2 t].

18 causa tamen *uulg.* : causatam *B et* [am *per notam, uerbis postea separatis*] *p* causa *q dett.* || uitae p^2 : -ta *Bp* || cultu se a *B* : *ex* cult ea p^2 || distingunt *Bpq* || se (uolunt) separare *Hense* separare *p corr.* se separare (— dispositiones) *Érasme*[2] *Fickert* || dispositione *Muret* : coll. dispositiones *Bpq dett.* || peccare *Érasme*[2] : spectare *codd.* || infamia *Bp* : in fama *uel* fama *coni. Pincia* || petu NT *B* : petu In p^1 [petunt p^2 *superscr.*] || ut *om. B* || retro *q et sic coni. Pincia* : recto *Bp Érasme obscure* || facilia expedita *Bp* : facilia et expedita *q cod. Rhedig I teste Fickert* || nitentibus : *ex* nitibus p^2 *m. antiqua B* || remigantibus *ex* -gantis *m. antiqua B* : -gantis *p qui hic desinit.*

Ep. 123, **1** confectus *q dett.* : -estus *B* || lectulo lassitudinem *ex* lectulossitudinem [la *m. corr. ut uid. superscr.*] *B* || hanc coci ac pistoris *B* : hanc/coci hanc pistoris *q et sic Pincia* [« *uet. lectio* »] || excipias, quam *coni. Pincia* et *sic nonnulli codd. Romani teste Fickert et* π, *uulg.* : excipias quod *B dett.*

cœur léger, combien peu méritent notre dépit si nous ne grossissions nous-mêmes par notre dépit la réalité. **2** Mon boulanger n'a pas de pain ; il y en a chez mon régisseur, chez mon homme d'affaires, chez mon métayer [1]. Mauvais pain, dis-tu. Attends : il deviendra bon. La faim te le fera trouver tendre et bien blanc [2]. Donc ne mange pas avant qu'elle te le commande. Eh ! bien j'attendrai, je ne mangerai que lorsque j'aurai commencé à voir du bon pain devant moi ou que je ne serai plus difficile. **3** Il est indispensable d'acquérir l'habitude d'un humble ordinaire [3]. De multiples difficultés de lieux, de temps [4], fussions-nous riches et bien outillés pour le plaisir [5], viendront s'interposer entre nous et l'objet souhaité ! Nul ne peut avoir tout ce qu'il désire, mais il peut ne pas désirer ce qu'il n'a pas et user gaîment de ce qui se présente. Notre indépendance tient pour une bonne part à un estomac bien élevé [6] et que les mécomptes ne rebutent pas. **4** On ne peut concevoir tout le plaisir que je goûte à constater que ma fatigue trouve en elle-même son réconfort [7] : je ne demande ni masseur, ni bain, pas d'autre remède que le temps. Car l'effet fâcheux du surmenage disparaîtra avec le repos ; ce dîner à la fortune du pot m'agréera mieux que tout un banquet d'installation. **5** C'est bien une expérience morale

1. Chacun des trois (série descendante, comme pour la qualité de l'aliment escompté ?) peut-être paraissait à S. comme le gardien du jardin d'Épicure : 21, 10 *te polenta excipiet, hi hortuli famem extinguunt*.

2. Cf. Antiphane in *Com. gr. II* 293 K p. 127 Ἅπανθ' ὁ λιμὸς γλυκέα πλὴν ἑαυτοῦ ποιεῖ ; S. *ep.* 78, 22 *gratior — esurienti cibus*.

3. *Assuescere paruo*, comme la jeunesse italiote Virg. *g.* 2, 472 *exiguoque adsueta*.

4. Ainsi pour S. aux champs : 87, 1 fin — 3.

5. Les *naturalia instrumenta*, comme *ualetudo, membrorum integritas* 92, 14.

6. Cf. 17, 4 *facile est pascere uentres — bene institutos*. Ces deux textes en ce temps-là évoquaient peut-être la Sat. Ménippée, *op. cit.*, p. 224, n° 572 *praesertim cum uentrem meum cœrceam nec murmurari patiar*. Correctif à l'adage d'Antiphane (n. 2).

7. Psychologie de la diète forcée du sage. Celle de cette diète chez gens du monde, 78, 11 *molestum est abstinere cibo... Cupiditas relanguescit ipsis per quae cupimus* (les sens) *fatigatis ac deficientibus : morosus stomachus —, cibiodium*. — « Installation » de haut fonctionnaire.

excipias, qu*am* indignandum *nihil si* nihil ipse indignando adstruas. **2** Non habet panem meu*s* pistor ; sed habe*t* uilicus, sed habet atriensis, sed habet colonus — Malum panem, inquis. — Exspecta : bonus fiet ; etiam illum tenerum tibi et siligineum fames reddet. Ideo non est ante edendum quam illa imperat. Exspectabo ergo nec ante edam quam aut bonum panem habere coepero aut fastidire desiero. **3** Necessarium est paruo adsuescere : multae difficultates *l*ocorum, multae temporum etiam locupletibus et instructis ad uo<lupatem a>b iis opt*atu*m prohibent*es* occurrent. Quidquid uult habere nemo potest ; illud potest, nolle quod non habet, rebus oblatis hilaris uti. Magna pars libertatis est bene moratus uenter et contumeliae patiens. **4** Aestimari non potest quantam uoluptatem capiam ex eo quod lassitudo mea sibi ipsa ac*qui*escit : non unctores, non balineum, non ullum aliud remedium quam temporis quaero. Nam quod labor contraxit quie*s* tollit. Haec qualiscumque cena adi<ti>ali iucundior erit. **5** Ali-

indignandum <nihil si> nihil ipse *Haase P. Thomas* : indignandum/nihil ipse *B* indignandum si nihil ipse *q Rehdig. I Pal. III Gruteri teste Fickert* indignandum nihil nisi ipse *dett.* indignandum nihil <dum nihil> ipse *Beltrami* indignandum nihil quod non ipse *Hense* nihil indignum [*om.* quam] nisi quod ipse *Castiglioni alii aliter.*

2 panem meus *q dett.* : panem meum/*B* || habet[2] : habe *B* || etiam *codd.* : iam *Haase* || tibi tenerum et siligineum *B Fickert* tenerum tibi et siligineum *uulg. olim, Beltrami* || fastidire *B Hense*[1] *intransitiue* : malum fastidire *q dett. uulg. Beltrami* fastidire durum *coni. Hense*[2] *coll.* 18, 7 *et* 119, 13.

3 locorum *q dett. m. recentissima in B* : co/lorum *B* sicut 122, 8 || ad uo<lupatem a> *b* iis opt*atu*m prohibentes *Pr. temptauit R, Durand adsentiente* : /aduobus optantem prohibent et *B q dett.* ad uoluptatem prohibentes *Pincia* [« *exemplar familiare* »] *P. Thomas* a diu optatis prohibentes *coni. Lipse.*

4 acquiescit *Érasme*[2] *alii Axelson*[3] 155 : adsuescit *ex* ac suescit/*B ead. m.* [*fort. quia supra obuersabatur* adsuescere] et *sic* [assu-] *q dett. Érasme*[1] *Schweighaeuser* || quies tollit *det. t. Érasme*[2] : quiextollit *B* quies soluit *Axelson*[2] [*p.* 155 *n.* 32] *proposuit peringeniose, fort. inutilier* || aditiali *Érasme*[1] *in mg.* [adiiciali] *Muret cf.* 95, 41 : adialî *B* Diali *Érasme*[2] *haud insulse* Attali *Pincia* [« *exemplar Fac. et Primit.* »] *Mentel. cf.* 110, 14, 18.

improvisée que je me suis donnée : plus franche par le fait et plus vraie. Lorsque l'âme s'est préparée, lorsqu'elle s'est prescrit la patience, sa véritable capacité de résistance ne se découvre pas aussi bien. Les indices de sa force les plus certains sont ceux que sur le moment elle a fournis, envisageant le contre-temps avec résignation, plus encore, avec sérénité ; ne s'échauffant pas, ne querellant pas, suppléant à ce qu'elle était en droit d'attendre par le retranchement du désir et considérant que si ses habitudes en souffrent, elle-même n'y perd rien. **6** Il est bien des choses dont nous avons compris toute l'inutilité que si elles sont venues à nous manquer. Car nous en usions non parce qu'il fallait que cela fût, mais parce que nous les avions. Et que de choses on se procure parce que d'autres se les sont procurées, parce qu'elles se voient chez presque tout le monde ! Une des causes de nos misères, c'est que nous vivons à l'exemple d'autrui et qu'au lieu de nous régler sur la raison, nous nous laissons égarer par le courant de l'usage [1]. Une chose qui se ferait peu, nous nous interdirions de l'imiter ; la mode s'en généralise-t-elle, persuadés qu'elle gagne en beauté du fait de sa vogue, nous l'adoptons ; et l'erreur nous tient lieu de principe raisonnable en devenant l'erreur de tous. **7** Aujourd'hui l'on ne voyage qu'avec toute une cavalerie d'éclaireurs numides, toute une avant-garde de coureurs [2]. Ce serait scandale de n'avoir point de gens pour jeter hors de la route les piétons que l'on croise, pour signaler par des flots

1. Cf. 81, 29 « des choses on jugera bien en consultant non l'opinion générale, mais la nature... Ce n'est pas parce qu'elles sont désirables qu'on les vante ; on les désire parce que d'autres les ont vantées. L'erreur des particuliers a fait l'erreur générale ; aujourd'hui l'erreur générale fait celle des particuliers ». La crainte aussi est fonction des préjugés, de l'exemple. *De Const.* 19, 2 *inquieta agenda uita...* Cf. 3... *ad publicum se iudicium derigentibus* ; le chagrin 99, 3 *ingemescunt moris causa.* En somme 99, 17 *Sequitur nos hoc uitium, ad plurium exempla componi* ; *De Vita b.* 1, 3 *ad rumorem componimur, — ad similitudinem uiuimus.* — Comme il y a la communion des sages (cf. 109, 1 *an sapiens sapienti prosit* ; 4 *bonus bono proderit* ; 6, 3 *societas honesta cupiendi*) il y a celle des déraisonnables (109, 4 *malus malo nocet facitque peiorem* (*voluptates* etc.) *laudando et tum maxime laborant mali ubi — in unum conlata nequitia est*).

2. Cf. *ep* 87 § 10, t. III, p. 148 n. 1.

quod enim experimentum animi sumpsi subito; hoc enim est simplicius et uerius. Nam ubi se praeparauit et indixit sibi patientiam, non aeque apparet quantum habeat uer*a*e firmitatis : illa sunt certissima argumenta quae ex tempore dedit, si non tantum aecus molestia*s*, sed placidus aspexit; si non excanduit, non litigauit, si quod dari deberet ipse sibi non desiderando suppleuit et cogitauit aliquid consuetudin*i* sua*e*, sibi nihil deesse. **6** Multa quam superuacua essent non intelleximus nisi deesse coeperunt; utebamur enim illis non quia debebamus, sed quia habebamus. Quam multa autem paramus quia alii parauerunt, quia apud plerosque sunt! Inter causas malorum nostrorum est quod uiuimus ad exempla, nec ratione conponimur sed consuetudine abducimur. Quod si pauci facerent, nollemus imitari, cum plures facere coeperunt, quasi honestius sit quia frequentius, sequimur; et recti apud nos locum tenet error ubi publicus factus est. **7** Omnes iam sic peregrinantur ut illos Numidarum praecurrat equitatus, ut agmen cursorum antecedat : turpe est nullos esse qui occurrentis uia deician*t* aut qui honestum hominem uenire

5 aliquod enim *B Schweighaeuser secl. Haase* : aliquod denique *Gertz* a. demum *Beltrami* aliquando enim *dett. uulg. olim* || est simplicius *B* : simplicius *q* || uerae *uulg.* : uere *B* || non tantum aecus *q dett.* [— equus *q*] : *sic ex* non tum aecus *B* [*superscrips. flexum m. non recens quem non uidentes* non stomachosus *sc.* stomachosus *prop. Buecheler alii alia*] || molestias sed *Windhaus Hense* : molestia sed *B* : *molesta sed q dett. et sic coni. Pincia uulg.* molestiam sed *Érasme*[2] || sed *B* : sed etiam *q dett.* || non *ex* no *B m. corr.* || consuetudini suae *q dett.* : /consuetudine sua *B*.

6 essent *ex* esset/*B ead. m.* || nisi deesse *B dett. Fickert Haase, Hense coll.* 63, 9 : nisi cum abesse *q* nisi cum deesse *uulg. olim* [*suffragari Plaut. in Capt.* 143 *posse uidit Ernout*] nisi ubi deesse *P. Thomas* nisi <si> deesse *Beltrami dubitanter* || quod uiuimus *B* : quod quidem uiuimus *q* || recti apud : retuapud/*B* rectum apud *q*.

7 occurrentis *ex* oc/curretis *m. ut uid. correctoris B* || deiciant aut *dett. Haase alii* : deiciantur ut *B unde* deiciant ut *Érasme alii* deiciant et [*superscr.* uel ut uel aut] *q* deiciant *auctore Pincia uulg. olim, recentiore memoria Ruhkopf Castiglioni* || honestum hominem *B* : hominem honestum *q*.

de poussière l'arrivée d'un homme considérable. Aujourd'hui chacun a ses mulets transportant vases de cristal, vases murrhins [1], chefs d'œuvre des artistes de la ciselure. Ce serait scandale de laisser croire que l'on n'a pas dans tout son bagage une seule pièce qui ait à redouter les cahots. On ne met ses pages en voiture [2] qu'après leur avoir enduit le visage d'un ongueunt qui empêchera le soleil, le froid d'offenser leur peau délicate. Vous trouvez honteux de n'avoir, dans vos cortèges de jeunes esclaves, que des visages assez sains pour pouvoir se passer de produit. **8** Refusons d'écouter tous ces gens-là : ce sont eux qui communiquent les vices, qui les vont propageant de place en place. Pire que toutes, pensait-on, l'engeance des colporteurs de médisances [3] : voici des colporteurs du vice [4]. Le langage qu'ils tiennent est très pernicieux. Supposons-le d'abord sans effet, il n'en laisse pas moins des germes dans l'âme. Nous éloignons-nous de telles gens : le mal nous suit, qui plus tard se ravivera.

9 Comme au sortir d'un concert notre oreille emporte avec elle cette musique, ces chants mélodieux, qui, gênant les démarches de la pensée, excluent les spéculations graves, ainsi les propos des flatteurs, des apologistes du

1. La substance des vases murrhins ; la « fluorine » (?) était extraite des profondeurs du sol. Elle était ouvrée. V. au cabinet des médailles Bibl. Nat. un échantillon peut-être, où Claude est représenté en triomphe. Ces vases étaient très appréciés cf. *De Ben.* 7, 9, 3 ; *ep.* 119, 3. La signature des artistes-ciseleurs — qui ne manquait pas sur de belles pièces d'argenterie (cf. *De Tr. a.* 1, 7) — était absente, quelle que fût la matière, quand l'artiste était un Pyrgotélès. Un moindre artiste, Dioscoridès, était à la mode au Iᵉʳ siècle.

2. Cette caravane de pages était « éblouissante », et non seulement par le costume (*pretiosa ueste De V. b.* 17, 2), troublant les « sages » comme S. *id.* 1, 4-8 *dicam quid accidat mihi.*

3. Cf. Hor. *Ep.* 1, 5, 25 *dicta foras* (*eliminare*) ; Sén. 5, 6 *Nemo quod audierit tacebit — qui rem non tacuerit populum faciet* <*certiorem*>.

4. Les agents de la déraison. V. p. précédente n. 1 fin.

magno puluere ostendant. Omnes iam mulos habent qui cr*u*stallina et murrina et caelata magnorum artificum manu portent : turpe est uideri eas te habere sarcinas totas quae t*u*to concuti possint. Omnium paedagogia oblita facie uehuntur ne sol, *ne* frigus teneram cutem laedat : turpe est neminem esse in comitatu *tu*o puerorum cuius sana facies medicamentum desideret. **8** Horum omnium sermo uitandus est : hi sunt qui uitia tradunt et alio aliunde transfe*r*unt. Pessimum genus horum hominum uidebatur qui uerba gestarent : sunt quidam qui uitia gestant. Horum sermo multum nocet; nam etiam si non statim prof*i*cit, semina in animo relinquit sequiturque nos etiam cum ab illis discessimus, resurrecturum postea malum. **9** Quemadmodum qui audierunt synphoniam ferunt secum in auribus modulationem illam ac dulcedinem cantuum quae cogitationes impedit nec ad ser*i*a patitur intendi, sic

iam mulos *B uulg.* [multos *Muret*] : iam famulos *coni. Pincia* famulos *Beltrami dubitanter* || crustalina *Hense coll.* 119, 3 *et cod. Ambr. De Ira* 3, 40, 2 *et* 3 : crist- *B* cryst- *dett. uulg. olim ipse Haase* || sarcinas totas *Bq Mentel. Schweighaeuser alii recte* : sarcinas *Muret uulg. olim* sarcinas, rota *Beltrami peringeniose* [*u. p.* LXXV *eius ed.*] sarcinas solas *Gertz Windhaus Axelson*[3] 156 *apte ad sent. non ad codd.* || tuto *q dett. uulg.* : /toto *B* e toto *Buecheler Haase* || ne sol ne *q dett. Érasme Fickert* : /nesoluene [ne *expunct. m. poster.*] *B* ne sol neue *Schweighaeuser Haase* [*Ioering De particulis Pragae* 1894 *negat se ap. Sen.* neue *usquam inuenisse*] || teneram cutem *A* : teneracutem *B* || laedat *B* : -dant [n *expunct.*] *q* || comitatu tuo *Buecheler* : comitatu [*ex* -tatuo *m. antiqua*] *B et sic q dett. uulg.*

8 transferunt *Pincia* [« *uet. lectio* »] *uulg. cf. Axelson*[3] 156 *sq.* transeunt *Bq dett.* transerunt *Buecheler Hense* [transserunt *Buecheler coll.* semina *et quod mox seq. et* 94, 54 || hominum *B dett. Pincia* [« *vet. lectio* »] : omnium *q* || proficit *q dett. Auen. Érasme*[1-2] *alii Axelson*[3] 157 *n* 1 : profecit *B Haase et rec. ed d.* officit *Pincia* [« *exemplar Diuae Mariae* »] *cod. Pal. II Grüter teste Fickert Muret uulg. olim* || discessimus *B uet. edd. Schweighaeuser* : -esserimus *q dett. uulg.*

9 synphoniam : synf- *B* [*corr. m. recentissima*] || secum in auribus *B* : in auribus secum *q* || dulcedinem *ex* dulcid- *B* || cantuum *B Schweighaeuser* : cantus *q dett. uulg. olim* || quae : que *per notam B* || seria : serta [*ut mihi uid.*] *B unde* serta *A* certa *dett.*

mal gardent en nous des résonances après que nous les avons entendus [1] ; et ce n'est pas sans peine que l'on chasse de son âme de si douces sonorités : elles nous accompagnent, se prolongent et nous reviennent par intervalle. Fermons donc nos oreilles aux paroles perverses, même à leur première insinuation. Car, lorsqu'elles se sont introduites et, trouvant porte ouverte, installées, elles se font plus hardies. **10** De là on vient à nous dire :

« Vertu! philosophie! justice! mots vides et ronflants. L'unique félicité, c'est de faire fête à la vie ; manger, boire, jouir de son bien, cela c'est vivre, c'est ne pas oublier que l'on est mortel. Les jours s'écoulent, la vie achève son cours, irréparable [2]. Et nous hésitons? Que sert d'être sage, et puisque notre âge ne sera pas toujours apte aux plaisirs, de lui infliger la tempérance, tandis qu'il peut les goûter, tandis qu'il les réclame ; devance donc la mort et tout ce qu'elle a l'intention de te prendre aura déjà disparu pour ton profit. Tu n'as point de maîtresse, point de mignon [3] pour rendre jalouse ta maîtresse [4] ; tous les matins tu sors le gosier sec ; tes soupers sont ceux d'un fils

1. Et ainsi les paroles de sagesse que le rythme de la poésie a imprimées en nous (108, 10) et que Sénèque multiplia dans son théâtre pour en prolonger le retentissement. Déjà le mythe des Sirènes (§ 12) est esquissé. Il l'est ailleurs, 31, 2 (v. t. I, p. 137 et notes) ; *De Ben.* 6, 30, 3 le *consensus concentusque falsorum* encerclant l'homme *inter mentientes stupentem ipsaque consuetudine pro rectis blanda audiendi ad ignorantiam ueri perductum*. Il le fut peut-être par Épicharme ἁδοναι δ'εἰσι... « Les plaisirs exercent contre les êtres humains une piraterie sans religion et dès qu'ils ont pris un homme, il est coulé à fond (καταπεπόντισται) », éd. « Loeb » des *Select papyri* III (*Liter. papyr., poetry*) par Page, p. 440 n° 102 *b* v. 4 sq.). V. ep. 52 fin, l'étranglement du voluptueux dans les caresses.

2. Même réminiscence de Virigile ici que chez le moraliste (*De Br.* 9, 2 ; 108, 24) ! même amorce de la leçon par *quid iuuat..?* (V. par ex. *quid iuuat praeteritos dolores retractare* 78, 14 ; 109, 17). Perpétuelle la contrefaçon dans le langage des déraisonnables 101, 11 *debilem facito...*, dit Mécène (t. IV, p. 143 n. 1) ; *sequi deum*, se dit Alexandre (id., p. 84 n. 1 fin) : fouler aux pieds la renommée, devise du juste (81, 20) et du libertin, 123, 11 fin.

3. « Point de mignon » : v. *De Const. s.* 11, 3 le *seruulus* et ses impertinences à l'adresse du maître ; *De V. b.* 17, 2 fin *seruulos* ; Stace *S.* 55, 6.

4. « ta maîtresse ». Telle une épouse soupçonneuse Sén. fr. 49. Haase, *Cur adspiciebas uicinam? quid cum ancillula loquebaris?* V. dans Catulle les mignons disputant aux femmes le cœur du poète.

adulatorum et p*ra*ua laudantium sermo diu*t*ius haeret quam auditur. Nec facile est animo dulcem sonum excutere : prosequitur et durat et ex interuallo recurrit. Ideo cludendae sunt aures malis uocibus et quidem primis. Nam <cum>initium fecerunt admissaeque insunt, plus audent. **10** Inde ad haec peruenitur uerba : « Virtus et philosophia et iustitia uerborum inanium crepitus est : una felicitas est bene uitae facere ; esse, *b*ibere, frui patrimonio, hoc est uiuere, hoc est se mortalem esse meminisse. Fluunt dies et inreparabilis uita decurrit : dubitamus ? Quid iuuat sapere et aetati non semper uoluptates recepturae interim dum potest, du*m* poscit, ingerere frugalitatem, eo mortem praecurre et quidquid illa ablatura est, iam <tibi> interierit ? Non amicam habes, non puerum qui amicae moueat

et praua *q* : /et parua *B* || diutius : *ex* diuitius *antiqua m B* || cludendae *B Mentel. Schweighaeuser* : claudendae *uulg.* recondendae *q* || Nam cum *q dett. uulg. Axelson*[2] *p.* 6 *coll.* 92, 11 *ubi* nam *pro* nam cum *occurrit in B* : Nam *B* quam *A per neglegentiam unde* quom *Buecheler cett. deinceps* || initium *Bq dett. uulg. ante Buecheler et sic nuper Axelson*[2] *p.* 6 : initum *Buecheler cett. deinceps parum ad codd. apte uix ad annaeanum sermonem, abunde utique cum* admissae *sequatur* || admissaeque insunt *ex* ad/missae quem sunt *B ead. m.*

10 uirtus et *B* : uirtus *q* || bene uitae facere *B Schweighaeuser* : bone uite facere omnia *q* bonae uitae, facere omnia (libere) *Érasme*[1-2] || bibere frui patrimonio : liberere frui pa/trimonio *B* libere frui patrimonio *q dett. et sic Schweighaeuser* || dubitamus [*i. e.* esse bibere *ct.*] ? quid iuuat sapere et *codd. Rehdig. I Pal. III Gruteri teste Fickert ipse Fickert* [*iam antea Érasme*[2] *Schweighaeuser*] *Haase* : dubitamus quod/iuuat sapere et *Bq* dubitamus sapere ? quid iuuat [et] *Buecheler* || uoluptates *ex* uoluntates *m. rec. B* || ingerere *B* : uigere [al(iter) ingere *superscr.*] *q* || eo mortem praecurre et *B* : eo mortem praecurrere *Buecheler* || <tibi> interierit *Alex.* : interere *B* : interdicere *Érasme*[2] *alii alia* || amicae : -ce *B.*

qui a l'intention de soumettre à son père ses comptes journaliers ! Ce n'est pas là vivre, c'est regarder vivre [1] les autres. **11** Quelle folie de se constituer l'intendant de son héritier, de se refuser toutes choses, et pourquoi ? pour que ton ample succession te fasse d'un ami un ennemi. Car ta mort fera d'autant plus de plaisir au légataire qu'il aura reçu davantage. Ces gens tristes et sourcilleux qui, censeurs de la vie d'autrui [2], infestent leur propre existence, ces guides de tout le monde, estime-les à moins d'un as et n'hésite pas à préférer bonne vie à bonne renommée. »

12 Ces voix ne sont pas moins à fuir que celles à portée desquelles Ulysse ne voulut passer que lié au mât de son navire. Leur pouvoir est aussi grand. Elles détournent de la patrie, de l'amitié, de la vertu et, tout en vous donnant de l'espoir, se gaussent de votre vie pitoyable d'honteuse inertie. Comme il vaut mieux suivre le droit sentier et se hausser étape par étape au point où l'agréable et l'honnête ne feront plus qu'un pour toi !

13 Nous y pourrons atteindre si nous savons reconnaître deux catégories d'objets, selon qu'ils nous attirent ou nous rebutent. Or dans la première se rangent les richesses, les plaisirs, la beauté, le désir de paraître, toutes les autres choses caressantes et souriantes ; dans l'autre le labeur, la mort, la souffrance, l'ignominie, une

1. Encore une parodie ? Cf. 6, 6 *Cleanthes uitae Zenonis interfuit.* — § 11 *heredis — res procurare* cf. le refrain d'Horace *Ep.* 1, 5, 13 sq. *Parcus ob heredis curam — assidet insano* ; Sen. *De Ben.* 6, 3, 2 fin *hostilis animi successort.*

2. Souvenir de rudes leçons 100, 10 *desideres — contra uitia aliquid aspere dici... Volo — libidinem traduci* ; rappel des vers de Catulle 5, 2, cités ici par Hense, *rumoresque senum seueriorum omnes unius aestimemus assis.* — « ces guides », mot familier au moraliste 89, 13 ; 94, 51 et t. IV, p. 23 n. 3. — § 12 Ulysse, un des Saints ou Pontifes des néopythagoriciens : violation éhontée de l'éternel devoir en mer et dans la vie 95, 51 ; 48, 8 *ad miseros aduocatus es* ; *opem laturum te naufragis, ... egentibus pollicitus es... Omnes rogant ut ex tanta illos uolutatione extrahas, ut disiectis et errantibus clarum ueritatis lumen ostendas...*

inuidiam; cottidie sobrius prodis; sic cenas tamquam eph*e*meridem patri adprobaturus: non est istud uiuere, sed alienae uitae interesse. **11** Quanta dementia est hered*is* sui res procurare et sibi negare omnia ut tibi ex amico inimicum magna faciat hereditas; plus enim gaudebit tua mort*e* quo plus acceperit. Istos tristes et superciliosos alienae uitae censores, suae hostes, publicos paedagogos assis ne feceris nec dubitaueris bonam uitam quam opinionem bonam malle. »

12 Hae uoces non aliter fugiendae sunt quam illae quas Vlixes nisi alligatus praeteruehi noluit. Idem possunt : abducunt a patria, a parentibus, ab amicis, a uirtutibus et inter spem uitam miseram situs turpis inludunt. Quanto satius est rectum sequi limitem et eo se perducere ut ea demum sint tibi iucunda quae honesta.

13 Quod adsequi poterimus si scierimus duo esse genera rerum quae nos aut inuitent aut fugent. Inuitant *autem* diuitiae, uoluptates, forma, ambitio, cetera blanda et adridentia : fugat labor, mors, dolor, ignominia,

prodis sic : *B* [is sic *i. r. et* c *fort. ex* t] || ephemeridem : ephime/redem *B*.

11 heredis : -des *B* || sui res *B Auen. Schweighaeuser* : (heredi) suo *Er.*[1-2] *uulg. olim* || tua morte *q dett.* : tuamor *B* [te *m. recentissima superscr.*] || superciliosos alienae uitae : supercilioso aliae uitae *B* [*post* so *m. rec.* s *add.*] || dubitaueris *B* : -tabis [bis *expunct.*] *q* || *supra* suae *B Muret* : siue *Auen. Érasme*[1-2].

12 praeteruehi *B* : praeterire *q* || et inter spem uitam *B* et in turpem uitam *Harl. q Pincia* [« *exemplar familiare* »], *Érasme uulg. olim* || miseram *codd. duo Gruteri dett.* [*u. Fickert*] *Haase* ac miseram *Érasme*: misera *B* miseramque *dett.* (inturpem uitam) miseros *q Harl. Muret* (inlidunt *Muret*) *uulg. olim* (inerti spe uitae) miseriam (-inludunt) *Beltrami* (inter spem et uitam) miseras (et turpis inlud-) *Madvig* Sireniis (uocibus turpius inlidunt) *Herm. Saftien et Buecheler alii aliter* || situs *Alexander* : situ *Haase* : nisi turpis *B* || inludunt *Bq u. supra* : inlidunt *Harl. Muret alii supra nominati* || eo se *B* : eo *q*.

13 adsequi *ex* ai *uel* at sequi *B* || scierimus *dett. Schweighaeuser* : fecerimus *uulg. olim nuper Beltrami* || fugent *ex* fugient *B* [*m. corr. credo*] || inuitant autem *Hense Beltrami* : inuitant ut (di/uitiae) *B* inuiten ut *q Rehdig. I teste Fickert, Velz. et sic Muecke* innuitent (—, fugent) *Ruhkopf repetitis ut in schola uerbis prior.* inuitant *uulg. olim* || mors *B uulg.* : *om. Velz.* morbus *Cornelissen Windhaus.*

vie de privations. Notre devoir est donc de travailler à ne pas redouter ceci, à ne pas désirer cela. Suivons deux tactiques opposées : arrière devant ce qui nous invite, haut les cœurs devant ce qui va nous frapper. **14** Ne vois-tu pas un contraste entre les deux attitudes selon qu'on descend ou que l'on monte ? Qui suit la pente rejette le corps en arrière ; qui la gravit se porte en avant. Quant à déplacer le centre de gravité vers l'avant à la descente, le ramener à la position contraire dans les montées, c'est, Lucilius, une violation consentie de l'ordre naturel [1]. Qui va aux plaisirs descend, les tâches rudes et difficiles seront une ascension. Ici c'est une poussée en avant qu'il faut au corps ; là un frein.

15 Crois-tu que je veuille dire que ceux là seuls sont funestes à notre oreille qui font des panégyriques du plaisir et impriment en nous les appréhensions de la souffrance, monstres, par eux-mêmes redoutables [2] ? Je vois d'autres gens, non moins nuisibles, qui sous les masques du stoïcisme nous exhortent aux vices. Voici la maxime qu'ils mettent en avant : seul le sage, l'homme éclairé, pratique bien l'amour ; seul il est propre à cet art. De même dans les réunions de buveurs, dans la vie à deux [3] le sage est également incomparable. Voyons maintenant jusqu'à quel âge les jeunes gens peuvent inspirer de l'amour. » **16** Bonnes pour les Grecs, de telles choses, passons. Pour nous, prêtons plutôt l'oreille aux principes que voilà :

1. Sur une « pente ». La loi de pesanteur est vraie de l'âme comme du corps : *De Ira* I, 7, 4 *ut in praeceps datis corporibus nullum sui arbitrium est — ita animus. si in iram, amorem aliosque se proiecit adfectus, non permittitur reprimere impetum* ; *rapiat illum oportet — pondus suum et uitiorum natura procliuis.*

2. Comme les appréhensions de la mort 101, 10 ; 30, 17.

3. Le sens de cette συνουσία ne fait aucun doute ; la doctrine en amour des maîtres grecs du Portique l'impose.

uictus adstrictior. Debemus itaque exerceri ne haec timeamus, ne illa cupiamus. In contrarium pugnemus et ab inuitantibus recedamus, aduersus petentia concitemur. **14** Non uides quam diuersus sit descendentium habitus et ascendentium? qui per pronum eunt resupinant corpora, qui in arduum incumbunt. Nam si descendas, pondus suum in priorem partem dare, si ascendas, retro abducere, cum uitio, Lucili, consentire est. In uoluptates descenditur, in asper*a* et dura subeundum est : hic inpellamus corpora, illic refrenemus.

15 Hoc nunc me existimas dicere eos tantum perniciosos esse auribus nostris qui uoluptatem laudant, qui doloris metus, per se formidabiles res, incutiunt? Illos quoque nocere nobis existimo qui nos sub specie Stoicae sectae hortantur ad uitia. Hoc enim iactant : solum sapientem et doctum esse amatorem. « Solus apt*us* es*t* ad hanc artem : aeque conbibendi et conuiuendi sapiens est peritissimus. Quaeramus ad quam usque aetatem iuuenes amandi sint. » **16** Haec Graecae consuetudini data sint ; nos ad illa potius aures

petentia *B uulg.* : inpetentia *q dett.* impetentia *sc.* « *superba, minantia* » *Lipse* prementia *Pincia proposuit.*

14 ascendentium *ex* scend — [*m corr. ut uid.*] || eunt *ex* e Int [*ead. ut uid. m.*] *B* || ascendas *q dett. ex* esc- *B ead. ut uid. m.* || aspera et dura *q dett. Pincia* [« *uet. lectio* »] : asperas et duras *B* [res *ante* asperas *m. recentissima add. sic. Ér.*] asperas et duras res *uel* a. res et d. *coni. Buecheler.*

15 nunc me *B* : me nunc *q* || doloris *Pincia* : -res *Bq* || formidabiles res *Bq* : -lis rei *Pincia alii* « *contra Senecae sententiam* » *ut monet Hense* || specie *ex* -ciae *B* || aptus est *Rossbach Beltrami* : apte *Bq dett.* [*fuerit in archet. fortasse* apt(us) e(st) *per compend*]. aptus *duo Pal. Gruteri teste Fickert et sic sine* est *Haase* sapit *coni. Buecheler ingeniose post* sapientem, *et dictio* sapit ad *non dura esse uid.* (solus) aeque (ad hanc artem atque combibendi) *coni. H. Steph.* || conuiuendi *B Érasme Haase cf. auctore Beltrami* 104, 21 *De Ben*, 1, 12, 2. [= συνεῖναι] : *ex* conuiuandi *q* conuiuandi *det. Pincia* [« *uet. lectio* »] *uulg. olim* || ad quam usque aetatem *B* : usque/ad quam aetatem *q dett.*

16 haec graecae consuetudini data sint *q dett.* [hec *q Harl.* grece *q dett.*] *uulg.* : *om. B* [*ob similem praeced. sententiae exitum*] *Hense*[1].

« Nul n'est homme de bien par l'effet du hasard[1]; la vertu veut être apprise[2]. Le plaisir est une chose basse, futile et qui doit être prisée moins que rien[3], qui nous est commune avec les bêtes et où volent des êtres infimes et entre tous méprisables. La gloire, je ne sais quoi d'illusoire et d'inconstant, et plus changeant que la brise[4]. La pauvreté n'est un mal que pour qui se débat contre elle. La mort n'est pas un mal. Tu veux savoir ce qu'elle est? L'unique loi d'égalité de ce monde! La superstition est un état de déraison : ceux qu'il faut aimer, elle les redoute; son culte est une profanation. Voit-on réellement une différence entre déshonorer les dieux et les nier? »

17 Apprenons ces préceptes; que dis-je? sachons-les par cœur. Il ne faut pas que la philosophie fournisse complaisamment des excuses au vice. Le cas est désespéré quand un médecin engage son malade à ne se refuser rien.

1. Cf. *nulli sapere casu obtigit* 76, 6; *non promittet se talem in perpetuum qui bonus casu est* 95, 39; v. aussi 90, 46.

2. Cf. Démocrite (Stob. II 31, 71) « L'art ou la sagesse, chose inaccessible si on ne l'apprend pas ». Et la sagesse est un art, Sén. *ep.* 90, 27; 95, 7; *De V. b.* 8, 3 le *uir artifex uitae.* La vertu « s'apprend », mais « ne se désapprend pas » 50, 8.

3. Le sage est le taxateur : de la richesse ou du pouvoir 95, 59 *quae maxima inter nos habentur* (*diuitiae, ... potentia*) *sestertio nummo aestimanda sint*; des bienfaits 81, 8 *Vni sapienti notum est quanti res quaeque taxanda sit*; des délits *De Cl.* 2, 7, 3; de la crainte *timorem tuum taxa* ép. 24, 2; de tout 66, 6 *animus intuens uera, peritus fugiendorum ac petendorum, non ex opinione sed ex natura pretia rebus imponens.*

4. La gloire authentique est ignorée du vulgaire 94, 73; la gloire sûre et durable 21, 3, sans qu'elle doive être recherchée (Cic. *Tusc.* 1, 109) suit la vertu comme son ombre (Sén. 79, 13); la vertu par ex. de Caton de qui le nom est immportel (V. p. 46n. 1). — *malum* 80, 6 *nihil — mali.* Cf. Sén. Rh. *Contr.*2, 1, 12, *O paupertas quam ignotum bonum es*!; Sén. *ad Helu.* 10, 3; 12, 1; *De Prou.* 4, 5; 6, 6. Le pauvre sera notre modèle 17, 4; 82, 11. Les « pauvres » ce sont les riches de ce monde ép. 119, 9. — « La mort »; v. *De Rem. fort.* 2 à 5. — *Ius aequum* : cf. 12. 6; 30, 11; 63, 14; 77, 12; 91, 16 etc. — *Superstitio* : 95, 48 fin; *De Cl.* 2. 5. 1 *religio deos colit, superstitio uiolat*; sur les Dieux 95, 48 fin — 50; *De Ben.* 2, 29, 4 sq.; 30, 1 et 2 etc.

derigamus : « Nemo est casu bonus : discenda uirtus est. Voluptas humilis res et pusilla est et in nullo habenda pretio, communis cum mutis animalibus, ad quam minima et contemptissima aduolant. Gloria uanum et uolu*bile* quiddam est auraque mobilius. Paupertas nulli malum est nisi repugnanti. Mors malum non est; quid <sit> quaeris? sola ius aec*u*m generis humani. Superstitio error insanus est : amandos timet, quos colit uiolat. Quid enim interest utrum deos neges an infames? »

17 Haec discenda, immo ediscenda sunt : non debe*t* excusationes uitio philosophi*a* suggerere. Nullam habet spem salutis ae*ger* quem ad intemperantiam medicus hortatur. VALES.

derigamus *Hense* : dirig *B et sic q uulg.* || minima *B* : minima imma *q* minima ima *nonnulli codd. Rom. teste Fickert « an* minima immo? » *Beltrami* || uolubile *q dett. Pincia* [« *uet. lectio* »] *Fickert* [*in B infra uides et b superuacuas*] : uolue *B unde* uolatile *m. recentissima* uolatile *dett. Érasme alii multi* uolucre *Schweighaeuser* || auraque mobilius : auraque Inmobilib(us) *ex* aura quemmob- *B* || paupertas *B* : usus paupertatis *q dett. propter* us *syllabam praeced.* || quid quaeris *B Er. recte* : quid sit/quaeris *q dett. Pincia* [« *uet. lectio* »] *uulg. Beltrami* « quid » quaeris (« illa »)? *Hense dubitanter* || sola ius *Bq dett.* : illa? ius *prop. Hense* || aecum *Hense Beltrami* : aecuum *B* aequum *q dett. uulg.* || insan̄us *q et dett. alii* error insanus *Barker Axelson*[3] 158 *sq.* ; er/ror insanandus *B* error infantis *Pincia* [« *exemplar Francisc.* »] *Fickert Haase* e. insanientis *Schweighaeuser* e. infandus *Windhaus* e. insaniae uicinus *Madvig* e. insani *Bartsch Gemoll* e. insanae indolis *Beltrami omnes parum apte ad codd.* e infamana [infamantis *malit Hense*] deos *Io. Mueller peringeniose sed tautologice cum seq.* || amandos — uiolas *B* : *om. q*.

17 immo ediscenda *B* : *om. q* || debet — philosophia *Muret edd. deinceps* : debes — philosophiae *Bq edd. nonnulli ut Auen. Érasme*[1-2] || aeger *q dett.* [eger] : aeque *B ex archet. ubi* aeq' *uel* aec' *pro* aeg' *fuerit.*

LETTRE **124** *

1 « Je puis te rapporter maints préceptes des anciens, s'il ne t'ennuie pas, s'il ne te rebute, de faire connaissance avec des soins menus [1]. »

Non, cela ne te rebute pas ; aucune minutie ne t'effraie. Ton goût éclairé sait ne pas s'attacher exclusivement aux grands sujets, comme aussi je te loue de tout rapporter au progrès moral, de n'être choqué jamais que de la subtilité extrême quand elle ne mène à rien. A éviter cet inconvénient possible, à présent même je m'efforcerai. La question est de savoir si c'est par les sens ou par l'intelligence que nous saisissons le Bien. Considération annexe sur cette notion : chez le simple animal et chez le nouveau-né elle n'existerait pas.

2 Tous ceux qui font du plaisir le principe souverain estiment que le bien est un objet sensible ; pour nous, au contraire, qui en faisons l'apanage de l'âme, c'est un objet intelligible. Si les sens étaient juges du bien, nous ne rejetterions aucun plaisir puisqu'il n'en est aucun qui n'ait son attrait, son charme. Et de par la loi des contraires, jamais nous ne nous exposerions volontairement à la douleur, puisque toute douleur blesse la sensibilité. **3** De plus on ne serait en droit de blâmer ni ceux qui aiment trop le plaisir ni ceux qui appréhendent par-dessus tout la

* *Sommaire.* — Sénèque va examiner cette question : le bien est-il perçu par les sens ou l'intelligence ? (1). Il réfute l'hédonisme (y compris celui d'Aristippe) pour lequel le bien est perçu par les sens, plus précisément par le toucher (2-5). Le bien suppose la raison et ne peut donc exister pour les animaux et pour les enfants (6-8). Pas plus que l'absence de raison, la raison en voie de perfectionnement ou la raison à venir ne peuvent chez l'enfant tenir lieu de raison (9 sq.). Parabole du bien qu'on dit être, à la saison, chez la plante et du bien où l'homme peut atteindre (11). Le bien parfait, le bien « intelligible » ne semble réellement exister chez l'homme, à aucun âge de la vie ; tout au plus en la vieillesse et encore après une vie d'étude (12). Le

1. Un élégant préambule virgilien (*G.* 1, 176) dans le goût de Lucilius.

SENECA LVCILIO SVO SALVTEM 124

1 Possum multa tibi ueterum praecepta referre,
Ni refugis tenuisque piget cognoscere curas.

Non refugis autem nec ulla te subtilitas abigit : non est elegantiae tuae ta*ntu*m magna sectari, sicut illud probo quod omnia ad aliquem profectum redigis et tunc tantum offenderis ubi summa subtilitate nihil agitur. Quod ne nunc quidem fieri laborabo. Quaeritur utrum sensu conprendatur an intellectu bonum? huic adiunctum est in mutis animalibus et infantibus non esse. 2 Quicumque uoluptatem in summo ponunt sensibile iudicant bonum, nos contra intellegibile qui illud animo damus. Si de bono sensus iudicarent, nullam uoluptatem reiceremus, — nulla enim non inuitat, nulla <non> delectat — et e contrario nullum dolorem uolentes subiremus; nullus enim non offendit sensum. 3 Praeterea non essent digni reprehensione quibus nimium uoluptas placet quibusque summus est doloris

Possum — curas *VERG. G.* 1, 176 *sq.*

Ep. 124, **1** ni *ex* m *B* || elegantiae : elig- *B* || tantum magna *Pincia edd. plerique deinceps* : tam magna *B dett. Érasme Hense* [*cf. Hauck Komment. p.* 38 *sq.*] — *argutius ut uid.* tam multa *q* || sicut illud *q* sicut hoc sic et illud *uel* sed et illud *Schweighaeuser* sicut illud (probo, ita hoc) *Hermes* (sectari) secure illud probo *Buecheler coll. Pers.* 3, 61 *sq.* scilicet illud probo *Rossbach* sic illud *Beltrami* || ne nunc quidem *B* : nec nunc quidem *q dett.* || intellectu *ex* -tum *B*.
2 mutis : multis *Bq dett.* || nulla non *q dett.* : nulla/*B* || subiremus *ex* ibiremus/*m.*, *u. uid.*, *corr. B.*

douleur. Or nous condamnons les gourmands, les libertins, et nous méprisons ceux qui par crainte de la souffrance [1] ne se risqueront en gens de cœur à rien. Et en quoi pèchent-ils, s'ils obéissent aux sens, c'est-à-dire aux juges du bien et du mal, car c'est ceux-là que vous avez laissés arbitres souverains de ce qui est à rechercher ou à fuir? **4** Mais à cette distinction il va de soi que c'est la raison qui préside. Comme elle prononce en matière de bonheur, en matière de vertu, en matière de moralité, elle prononce aussi en matière de bien et de mal. Quant à ces gens-là, chez eux, c'est à la faculté la plus vile qu'est laissée toute décision sur ce qui vaut mieux : de cette façon qui prononcera sur la question du bien? La sensation, moins prompte chez l'homme que chez les autres animaux et qui de soi est inintelligence, obtusion! **5** Et si quelqu'un s'avisait de substituer le tact à la vue pour le discernement d'objets menus [2]? A cet effet, aucun sens n'a plus de pénétration que la vue; même avec un surcroît d'acuité, nous rendrait-elle possible la distinction du bien et du mal? Tu vois dans quelle ignorance de la vérité il se meut, comme il a brutalement ravalé le sublime et le divin, ce philosophe chez qui, à l'égard du bien absolu, du mal absolu le juge c'est le toucher!

6 L'on me dit : « De même que toute science et toute technique doit avoir quelque donnée évidente, saisissable aux sens pour tirer de là ses principes et son développement, de même le bonheur a pour base et pour point de

bien de la plante, le bien de la bête ne sont que façons de parler (13). Il n'y a d'être raisonnable que l'homme et Dieu (14 sq.). La bête est définitivement imparfaite : des trois parties du temps, seul le présent lui est dévolu (elle n'a du passé que de rares souvenirs). Le bien est donc exclu de cette nature imparfaite (autrement il serait admissible chez la plante) (16-18). Elle n'a que des inclinations, donc un bien tout relatif (16-20). Utilité de cette discussion; elle est une honnête occupation; elle montre aussi à Lucilius quelle est sa nature propre, quel est son vrai bien (21 sq.), dans quelle direction il ne trouvera pas le bonheur (21 sq.), dans quelle direction il le trouvera (23). La félicité du monde, se dira-t-il alors, est le contraire du bonheur (24).

1. Le sage y est sensible (v. 71, 29 *tremet et expallescet* et t. III, p. 26 n. 5) mais il ne la craint pas.
2. Il suffit, je crois, de penser à Aristippe le Cyrénaïque en se reportant à Cic. *Ac.* 2, 20 et 26, pour comprendre le passage.

timor. Atqui inprobamus gulae ac libidini ad*di*ctos et contemnimus illos qui nihil uiriliter ausuri sunt doloris metu. Quid autem peccant si sensibus, id est iudicibus boni ac mali, parent? his enim tradidistis adpetitionis et fugae arbitrium. **4** Sed uidelicet ratio isti rei praeposita est : illa quemadmodum de beat*a* uita, quemadmodum de uirtute, de honesto, sic et de bono maloque constitui*t*. Nam apud istos uilissimae parti datur de meliore sententia, ut de bono pronuntiet sensus, obtunsa res et hebes et in homine quam in aliis animalibus tardior. **5** Quid si quis uellet non oculis sed tactu minuta discernere? Subtilior ad hoc acies nulla quam oculorum; et intentior d*a*ret bonum malumque dinoscere? Vides in quanta ignorantia ueritatis uersetur et quam humi sublimia ac diuina proi*e*cerit apud quem de summo bono malo iudicat tactus. **6** « Quemadmodum, inquit, omnis scientia atque ars aliquid debet habere manifestum sensuque conprehensum ex quo oriatur et crescat, sic beata uita fundamentum et initium a

3 gulae *ex* gol- *m. corr. B* || addictos *B* : adiect- [*superscr.* uel aduinctos] *q*.

4 isti rei *B* : istius rei *q* || praeposita est *B* : praeposita illis est *q* || illa *Haase* (— constituit) : /illi *B om. q Érasme*[2] *alii* (— constitui) || de beata uita *Madvig* : debeat deuita *ex* — debita *m. corr. B unde* debeat de uita *Érasme alii* debeat uita *Mentel.* || constituit *Haase* -tui *B Érasme* || meliore *ex* -res *m. corr. B* || in homine/*B* [in *m. corr. supra u.*].

5 quid si *codd. Rom. teste Fickert Muret* : quod si *Bq* [quid *ex* quod *ead- m. q*] *dett. Érasme* || tactu minuta *ex* tactum inuta *B m. corr.* || ad hoc *m. corr. B dett. uulg.* : adhoc *B Hense ut uox id. ualeat atque* adhuc || daret *A casu et B ex* deret *m. recentissima dett. quod cum* dinoscere *coniungendum uidit P. Thomas* : deberent *dett.* -ret *q* et dederit [*sc.* « *acies oculorum* »] *Beltrami* debet *Vat.* 2201 *teste Fickert et sic Rossbach* <reformi> daret *Madvig alii aliter* || proiecerit *ex* proic- *recentissimama m. B* || malo *pr. B* [*unde* bono malo *per asund. Buecheler*] : /mali *m. corr. B* [maloque *m. recentissima dett.*] *an* (de summo boni) mali?

départ des données évidentes, un élément qui tombe sous les sens. Vous dites vous-mêmes, n'est-il pas vrai ? que le bonheur tire son commencement d'objets palpables [1] ». **7** Nous disons que le bonheur n'est que dans les biens conformes à la nature. Or la conformité à la nature apparaît au grand jour et sur-le-champ, comme le fait qu'un objet est entier, mais ce qui est suivant la nature, ce qui est dévolu à l'être dès sa naissance, je ne le dis pas bien, mais commencement du bien : vous, vous gratifiez du bien souverain, du plaisir, la première enfance, et de la sorte l'individu naissant part du point auquel aboutit l'homme achevé. Vous mettez la cime de l'arbre où sont les racines. **8** Supposons que quelqu'un soutienne que la créature enfouie au sein maternel, dont le sexe même est indécis, toute tendre, inachevée, informe est dès lors en possession effective d'un bien : on se dirait qu'évidemment il erre du tout au tout. Or comme elle est petite la différence entre l'enfant qui vient juste de recevoir la vie et l'autre, fardeau du ventre maternel où il est encore enfoui ! Tous deux, pour ce qui est de l'intelligence du bien et du mal, sont au même point de maturité ; et chez le petit enfant, le bien, pour l'instant, ne peut pas plus loger qu'en un arbre ou chez une bête brute quelconque. Et pourquoi, en l'arbre ou la bête brute, le bien n'habite-t-il pas ? parce que la raison n'y habite pas davantage. C'est pour cela que chez le petit enfant le bien n'habite pas non plus, car lui non plus n'a pas la raison. Il n'arrivera au bien qu'une fois arrivé à la raison. **9** Il y a l'animal irraisonnable, l'animal qui n'est pas raisonnable encore, et celui qui est raisonnable, mais imparfaitement. Chez aucun d'eux le bien n'existe : la raison l'apporte avec elle. Quelles sont donc les différences entre les catégories que je viens d'énumérer ? Chez l'être irraisonnable le bien n'existera jamais.

1. Argument ? Plutôt jeu d'esprit sur « ce qui tombe sous les sens » et sur « *manifestum* ». — § 8 fin *ad bonum*... : ou au mal, cf. Arnim *S. V. F.* III, p. 128, 3 et 7 : 3 ἀρρωστήματα τῆς ψυχῆς εἰς ἃ μὴ πέφυκε παιδία ἐμπίπτειν ὅσα τὸν λόγον μηδέπω συμπεπλήρωκεν... 7 οὐδὲν τῶν παθῶν πίπτει εἰς τὰ μηδέπω συμπεπληρωκότα τὸν λόγον παιδία. L'homme adulte est « créature privilégiée » § 13 (cf. 76, 9) : cela éclaire son devoir (cf. p. 101 n. 3 fin).

manifestis ducit et eo quod sub sensum cadat. Nempe uos a manifestis beatam uitam initium sui capere dicitis. » **7** Dicimus beata esse quae secundum naturam sint ; quid autem secundum naturam sit palam et protinus apparet, sicut quid sit integrum. Quod secundum naturam est, quod contingit protinus nato, non dico bonum, sed initium boni. Tu summum bonum, uoluptatem, infantiae donas ut inde incipiat nascens quo consummatus homo peruenit : cacumen radicis loco ponis. **8** Si quis diceret illum in materno utero latentem, sexus quoque ince*r*ti, tenerum et inperfectum et informem iam in aliquo bono esse, aperte uideretur errare. Atqui quantulum interest inter eum qui cum [que] maxime uitam accipit et illum qui maternorum uiscerum latens *o*nus est ? Vterqu*e*, quantum ad intellectum boni ac mali, aeque maturus est, et non magis infans adhoc boni capax est quam arbor aut mu*t*um aliquod animal. Quare autem bonum in arbore animalique muto non est ? quia nec ratio. Ob hoc in infante quoque non est ; nam et huic deest. Tunc ad bonum perueniet cum ad rationem peruenerit. **9** Est aliquod inration<al>e animal, est aliquod nondum rationale, est rationale sed inperfectum : in nullo horum bonum, ratio illud secum adfert. Quid ergo inter ista quae rettuli distat ? In eo quod inrationale est, numquam erit

6 manifestis *ex* ti *m. ut uid. corr. B* || eo *B* : ab eo *q dett. Schweighaeuser.*

7 sint *B Fickert* : sunt *q cod. Pal I Gruteri teste Fickert uulg. olim* || contigit *B* : -tingit *q* || inde *ex* deinde *B.*

8 sexus quoque/incerti *pr. B q Velz Érasme*[2] s. q. incepti *B m. corr.* uixque inceptum *Ér. in adn.* || iam in *B* : iam *q* || qui cum maxima *Érasme*[2] : quicumq. maxi/me *B* qui tum [*susperscr.* uel cum *paulo poster. m.*] *q* || onus *Érasme*[2] : unus *B* intus *q* [*superscr.* uel uermis *paulo poster. m.*] uermis *Érasme*[1] *in mg. et Pincia* [« *exempl. familiare* »] || ad hoc [-huc *m. rec.*] *B* ad hoc *dett. Auen. Érasme*[1-2] *Hense* : adhuc *q Muret uulg.* || quam arbor : arbor/[quam *superscr. m. corr.*] *B* || mutum *q dett.* : mult- *B.*

9 est aliquod inrationale animal *edd. q* [irrat- *q*] : est aliquod in ratione animal *bis B* || nondum rationale *ex* n. rationele *B.*

Chez celui qui n'est pas encore raisonnable, le bien ne peut exister à cette heure. Chez celui qui est raisonnable, mais imparfaitement l'existence du bien est virtuelle, non actuelle. **10** Lucilius, je te le répète, le bien ne se rencontre pas en n'importe quel corps, à n'importe quel âge. Il est aussi loin de l'enfance que le terme l'est du début ; que de l'achèvement les premières ébauches. Donc, il n'est pas non plus dans un corps chétif et tendre, juste en train de se former. Il n'y est pas, c'est indubitable : non plus qu'il n'était dans le germe. **11** On pourrait énoncer la chose ainsi : dans l'arbre, dans la plante nous reconnaissons la présence d'un certain bien ; ce bien n'est pas dans la première pousse qu'on voit seulement poindre et percer le sol. Le blé renferme un certain bien ; ce bien n'existe pas encore dans l'herbe en lait [1] ni à l'instant où le mol épi se dégage de son fourreau, il existe quand l'été et le point de développement exigé par la nature ont mûri le froment. Comme toute production naturelle ne fait paraître le bien qui la caractérise qu'au terme de sa croissance, ainsi l'homme n'entre en possession du bien qui est propre à l'homme, que lorsque la raison en lui est parfaite [2]. **12** Et ce bien quel est-il ? Ceci : une âme indépendante, droite, qui met toutes choses au-dessous d'elle, et rien au-dessus. D'un tel bien la première enfance est si peu susceptible que l'enfance n'en a point la perspective, laquelle en

1. *In herba lactente* : cf. Virg. *Georg.* I, 315 *lactentia frumenta.*
2. Cette formule de naturaliste se retrouvera § 23 sq. : « Toi-même l'amènes-tu à sa fin, plus haut point de développement où elle est en mesure de parvenir ? » Cf. 76, 11.

bonum; in eo quod nondum rationale est, tunc esse bonum non potest; <in eo quod rationale est> sed inperfectum, iam potest bonum <esse>, sed non est. **10** Ita dico, Lucili : bonum non in quolibet corpore, non in qualibet aetate inuenitur et tantum abest <ab> infantia quantum a primo ultimum, quantum ab initio perfectum; ergo nec in tenero, modo coalescente corpusculo est. Quidni non sit? non magis quam in semine. **11** Hoc si*c* dicas : aliquod arboris ac sati bonum nouimus; hoc non est in prima fronde quae emissa cum maxime solum rumpit. Est aliquod bonum tritici; hoc nondum est in herba lactente nec cum folliculo se exerit spica mollis, sed cum frumentum aestas et debita maturitas coxit. Quemadmodum omnis natura bonum suum nisi consummata non profert, ita hominis bonum non est in homine nisi cum ill*i* ratio perfecta est. **12** Quod autem hoc bonum? Dicam : liber animus, erectus, alia subiciens sibi, se nulli. Hoc bonum adeo non recipit infantia ut pueritia non speret, adulescentia

potest sed *codd. Rehdig. I et Pal. Rom.* 1542 *teste Fickert ipse Fickert Haase* : potest, esse *Buecheler*/potest/*B* || in eo quod rationale est *hi duo dett. Schweighaeuser* : *om. B* [*cui post* est *iuxta* sedin — *obuersatur*] *Érasme*[1-2] *uulg. olim* [*ita quidem ut sequentia corrigerentur ab Erasmo*[2] *sic*, sed imperfectum iam post esse bonum, sed non potest *obscure a Mureto aliisque olim sic* : in imperfecto iam potest esse bonum sed non est] || bonum esse sed *q* bonum sed *B et sic Hense cett.* : esse bonum sed *dett. uulg.*

10 ab infantia *q dett. et sic praeeunte Erasmo edd.* [*Beltrami auctore Ein. Loefstedt concinnioris clausulae causa*] : infantia *B adstipulatur Baehrens Beitr.* p. 241 || nec in *B Érasme* : non/in *q dett.* || modo *B uulg.* : et modo *Vat.-Roma.* 2216 *teste Fickert* ac modo *Madvig.*

11 Hoc sic dicas *Rossbach* : hoc sidicas *B Hense subobscure* (in semine) hoc esse dicas (aliquod) *Madvig* || cum maxime *B* : tum maxime *q* || solum *B* : terram *q* || folliculo se *edd.* : -losae/*B addito* z *signo* || natura *ex* -ram *B* || bonum suum *B* : suum bonum *q* || illi *dett. Auen. Érasme Fickert alii deinceps* : illa *B dett.* in illo *q Muret uulg. olim.*

12 aute(m)/hoc bonum *B Érasme Schweighaeuser* : autem hoc sit bonum *q dett. Muret uulg. olim* || erectus *B Schweighaeuser* [et er-] *Fickert* [er-] : ac rectus *q dett. uulg. olim* || bonum adeo *B nulla littera superscr.* [*u. Hense*].

l'adolescence est chimérique ; la vieillesse a de la chance, si, moyennant une étude longue et obstinée, elle a pu atteindre à ce bien [1]. Si c'est là le bien, du même coup il est de nature intellectuelle.

13 « Tu as dit, réplique-t-on, qu'il y a un bien de l'arbre, qu'il y a un bien de la plante. Donc il peut y avoir aussi un bien de la petite enfance. » Le vrai bien n'existe ni dans l'arbre ni chez la bête ; l'espèce de bien qui est en eux on l'appelle par grâce un bien [2], « Mais, dis-tu, qu'est-il ? ». Ce qui est conforme à la nature de chacun [3]. Quant au bien véritable, il n'est aucunement accessible à la bête. Il est propre à une créature mieux partagée, meilleure. Où la raison n'a point place, le bien n'existe pas. **14** Il y a quatre sortes de natures : celle de l'arbre [4], celle de l'animal, celle de l'homme, celle de Dieu : deux êtres, ces derniers qui sont raisonnables, ont même nature, il y a en ceci opposition entre eux : l'un est immortel, l'autre mortel. Ainsi, un privilège de nature vaut à l'un la perfection de son bien, très évidemment à Dieu ; à l'autre c'est l'effort, à l'homme. Les autres êtres, en qui n'est pas la raison, sont parfaits dans les limites de leur nature [5] et non pas selon la vérité. Car il n'y a de parfait que ce qui est parfait selon l'ordre universel des choses ; or l'ordre universel des choses est raisonnable. Les autres êtres ne peuvent avoir

1. Loi psychologique (et semi-confidence) : le progrès par degrés vers la sagesse n'est presque jamais totalement effectué (75, 8–13).

2. *Precaria bona*. Cf. 74, 15 *multa quae bona uideri uolunt*. Simples *commoda* aux yeux du sage 74, 17.

3. « Ce qui est conforme à la nature de chacun », comme la raison à la nature de l'homme 76, 9 ; ce pour quoi il naît (cf. Cic. *De Fin*. 5, 41 *ea sequi* — *ad quae nati sumus*) et qui lui donne son prix 76, 8 fin. Le début de la lettre 121 qui inquiéta sans doute Lucilius (*litigabis*...) acheminait l'ami à ces considérations 121, 3 *tum* — *intelleges quid faciendum cum didiceris quid naturae tuae debeas. Cadere in* chez S. parfois signifie « cadrer avec » ; ici, plutôt « être le lot de », cf. πίπτει εἰς p. 99, n. 1, l. 5.

4. S. a situé plus d'une fois le règne végétal dans la hiérarchie des êtres 58, 1 ; 76, 9 ; quelque part (*N. q*. 6, 16, 1) il l'a presque magnifié comme buvant l'âme (*anima*) du sol où il a ses racines.

5. La bête brute, *mutum animal*, a un nom limitatif ζῷον ἄλογον. Cf. Cic. *De Off*. 1, 11, la bête n'ayant pour guide que la sensation ne s'adapte qu'aux choses présentes et qui sont devant ses yeux sans être touchée que bien faiblement « ni du passé ni de l'avenir ».

inprobe speret; bene agitur cum senectute si ad illud longo studio intentoque peruenit. Si hoc est bonum et intellegibile est.

13 Dixisti, inquit, aliquod bonum esse arboris, aliquod herbae; potest ergo aliquod esse et infantis. » Verum bonum nec in arboribus nec in mutis animalibus : hoc quod in illis bonum est, precario bonum dicitur. « Qu*i*d est? » inquis. Hoc quod secundum cuiusque naturam est. Bonum quidem cadere in mutum animal nullo modo potest : felicioris meliorisque naturae est. Nisi ubi rationi locus est, bonum non est. **14** Quattuor hae naturae sunt, arboris, animalis, hominis, dei : haec duo, quae rationalia sunt, eandem naturam habent, illo diuersa sunt quod alterum inmortale, alterum mortale est. Ex his ergo unius bonum natura perficit, dei scilicet, alterius cura, hominis. Cetera ta*ntu*m in sua natura perfecta sunt, non uere perfecta, a quibus abest ratio. Hoc enim demum perfectum est quod secundum uniuersam naturam perfectum, uniuersa autem natura rationalis est : cetera

hoc est bonum *Rossbach* : hoc et bonum/*B q dett. uulg. olim.* **13** Animalibus *B Fickert* : -bus est *q uulg. olim* || precario *ex* praecatio *B* [*m. non rec. sed uid. corr.*] *Muret* : predicatione [*superscr.* precario *paulo poster. m.*] *q unde* precario animalis predicatione *Mentel.* praedicatione *Auen. Érasme*[1-2] || quid est *Velz. recte* : quod est *B uulg.* || cuiusque naturam *B* : naturam cuiusque *q*.

14 dei : di *B i. e. fort.* dei *per compend.* [*ante pos. m. recentissima* et] || haec duo quae *B uulg.* : haec duo qua *Theod. Matthias* || illo *Schweighaeuser* : illa *B q dett. uulg. olim* || scilicet *codd. edd.* : *secl. Haase* || tantum in sua *Harl. et sic Schweighaeuser* : tam in/sua *B* [*cf.* § 1 tam *pro* tantum] *et sic dett. multi* in sua tantum *cod. Ottobon.* — *Rom.* 1670 *teste Fickert* in sua *Pincia* [« *uet. lectio* »] tamen in sua *Érasme*[2] || perfectum est *B uulg.* : perfectum *ed. Veneta a.* 1490, *Auen.* || uniuersam naturam *B* naturam uniuersam *q* || perfectum *B Fickert* : perfectum est *q uulg. olim* est perfectum *Schweighaeuser.*

qu'une perfection relative à leur propre espèce. **15** L'être en qui ne peut se trouver le bonheur ne saurait avoir non plus ce qui produit le bonheur. Or ce qui produit le bonheur c'est un ensemble de biens effectifs. Le bonheur comme ce qui produit le bonheur est absent chez la bête ; donc le bien est absent chez la bête.

16 La bête a une sensibilité qui lui fait percevoir les réalités présentes. Elle a souvenir du passé [1] quand est survenu tel incident qui rappelait à la sensibilité quelque chose. Par exemple un cheval se ressouvient de la route au moment où on l'a approché du point où elle commence. A l'écurie en vérité, il n'a nulle mémoire de la route qu'il a cent fois battue. La troisième division du temps, le futur, ne compte pas pour la bête. **17** Comment donc attribuer une nature parfaite à des êtres qui n'ont du temps qu'une perception imparfaite ? Le temps, en effet, comprend trois parties, le passé, le présent, le futur. A l'animal est dévolu seulement ce qui est le plus bref et passe en courant, le présent [2]. Quant au passé il n'en a que de rares souvenirs, qui jamais ne lui reviennent qu'à la rencontre de choses présentes. **18** Par conséquent le bien, qui appartient à la

1. du passé : un peu, en route, dans quelque tournant, nous dit S. Cf. § 17 fin. De l'avenir ? point, dit S. (même si, à l'occasion de l'aliment avalé, 72, 8, le chien happant chaque morceau lancé vers sa gueule escompte le suivant, *integrum* (*frustum*) *deuorat et semper ad spem uenturi hiat*).

2. S. applique ici à l'animal ce qu'il applique d'ordinaire à la durée *De Br. u.* 10, 6 *praesens tempus — in cursu semper est* ; *Ep.* 1, 2 *uita transcurrit* (si l'on ne sait prendre possession de chaque jour) ; cf. *De Ben.* 5, 6, 4 (*luna*) *in transcursu* devant le soleil.

possunt in suo genere esse perfecta. **15** In quo non potest beata uita esse, nec id potest qu*o* beata uita efficitur : beata autem uita bonis efficitur. In muto animali non est beata uita <nec id, quo beata uita> efficitur. <Igitur> in muto animali bonum non est.

16 Mutum animal sens*u* conprendit praesentia; praet<er>itorum reminiscitur cum id incidit quo sensus admoneretur : tamquam <e>quos reminiscitur uiae cum ad initium eius admotus est. In stabulo quidem nulla illi uiaest quamuis saepe calcatae memoria. Tertium uero tempus, id est futurum, ad muta non pertinet. **17** Quomodo ergo potest eorum uideri perfecta natura, quibus usus perfecti temporis non est? Tempus enim tribus partibus constat, praeterito, praesente, uenturo. Animalibus tantum quod breuissimum est <et> in transcursu datum, praesens; praeteriti rara memoria est nec umquam reuocatur nisi praesentium occursu. **18**. Non potest ergo perfectae naturae

esse perfecta *B* : perfecta esse *q uulg. usque ad Ruhkopf.*

15 quo[2] *q dett. uulg.* : quod *B* || nec id quo beata uita *Pal. Rom.* 1541 *teste Fickert, recepit Haase* : *om. Bq et sic Pincia* [« *exemplar scholast.* »] *uulg. olim sed ante* beata uita[2] *addunt* quo || Igitur in muto *Ottobon-. Rom.* 1570 *teste Fickert* : (efficitur/) In muto *B edd. uet. Érasme*[1-2] *Hense* In muto ergo *Pincia* « *exempl. scholast.* » *uulg. olim* In muto igitur *q dett.* ergo in muto *dett.*

16 sensu : sum *B* || praeteritorum *q dett.* : praetito- *B* || cum id : *ex* cumcum id *B* cum in id *malit Hense* || admoneretur *B Haase* : remouerentur *q* [*superscr.* uel renouaretur uel admoneretur *m. paulo poster.*] admonetur *m. rec. A et sic uulg. olim* || equos *Rossbah* : quos *B* quoque *q dett.* equuus *uulg.* || reminiscitur : -scitur/ -scitur *B* || admotus *Érasme*[2] : -tum est *Bq dett.* || uiaest *B* [*haud suspectum*] *Hense* : uiae *q Pincia* [« *uet. lectio* »] [uie *q*] *uulg. Beltrami spectantes ad* — memoria. est || calcatae *B Érasme* : -arit *q* -auerit *Rehdig. I teste Fickert* || memoria *Vat. Rom.* 2207 *teste Fickert, Buecheler Hense* memoria est *q dett. uulg. Beltrami* || tertium uero — non pertinet *traici post occursu* [§ 17 *ex.*] *uult Bartsch sed cf. Albertini p.* 194 *in adn.* || uero [r *in ras. m. corr.*] *B.*

17 potest eorum *B* : eorum potest *q* || uenturo *B Schweighaeuser* : et futuro *q Rehdig. I teste Fickert uulg. olim* || breuissimum *q dett. uulg. Axelson*[3] *p.* 159 : grauissimum *B Buecheler* || et *Madvig* || in transcursu *dett.* : intra cursum *B* : si non transcurritur *Buecheler.*

nature parfaite[1], ne peut se trouver dans une nature imparfaite, ou si une telle nature le possède, la plante le possède aussi !

Ce n'est pas que j'aille nier que la bête n'ait, à l'endroit de ce qui paraît conforme à la nature, de puissantes et vives inclinations ; mais elles sont incohérentes et tumultueuses ; or jamais le bien n'est incohérent ou tumultueux. **19** « Eh quoi ! répliques-tu, dans les mouvements de la bête il n'y a que désordre et dérèglement ? ». Je la dirais désordonnée, déréglée dans ses mouvements, si sa nature comportait l'ordre[2]. Mais elle se meut selon les tendances de sa nature. Il n'y a, en fait, de déréglé que ce qui peut aussi, dans certains cas, être conforme à la règle ; il n'y a inquiétude que là où il peut y avoir tranquillité. N'est vicieux que celui qui a la possibilité d'être vertueux. Chez la bête les mouvements ci-dessus désignés sont conformes à sa nature.

20 Mais enfin, pour ne pas te tenir trop longtemps, il y aura donc chez la bête un certain bien, une certaine vertu, une certaine perfection, mais ce bien, cette vertu, cette perfection, n'ont rien d'absolu. L'absolu ici est prérogative d'êtres raisonnables[3], à qui il a été donné de connaître le pourquoi de l'acte, ses limites, les voies d'exécution[4]. Ainsi, le bien n'existe que chez l'être où il y a la raison.

21 Tu me demandes quel est l'intérêt présent d'une pareille dicussion, en quoi elle profitera à ton âme ? Je te

1. Ce bien, c'est l'ordre rationnel établi dans une existence. Cette idée ressort nettement du passage parallèle de Cicéron, *De Off.* 1, 11 sq. qui se résume ainsi : l'homme, être raisonnable, perçoit les trois parties du temps et par là, prévoyant l'avenir et se rappelant le passé, organise sa vie (*homo — quod rationis est particeps per quam consequentia cernit, causas rerum uidet earumque — antecessiones, non ignorat, — rebus — praesentibus annectit futuras.*

2. V. n. 1.

3. Cf. 66, 11 *Satorum — animaliumque — uirtutes cum mortales sint fragiles quoque caducaeque sunt et incertae. Exsiliunt residuntque et ideo non eodem pretio aestimantur : una inducitur humanis uirtutibus regula. Vna enim est ratio recta simplexque...*

4. Cf. 95, 5 *sciat quando et in quantum — et quemadmodum* (cf. 109, 5 *uias rerum*) *et quare.*

bonum in inperfecta esse natura, aut si natura talis [habet] hoc habet, habent et sata.

Nec illud nego, ad ea quae uidentur secundum naturam magnos esse mutis animalibus impetus et concitatos, sed inordinatos ac turbidos; numquam autem aut inordinatum est bonum aut turbidum. **19** « Quid ergo?, inquis, muta animalia perturbate et indisposite mouentur? » Dicere*m* illa perturbate et indisposite moueri, si natura illorum ordinem caperet : nunc mouentur secundum naturam suam. Perturbatum enim id est quod esse aliquando et non perturbatum potest; sollicitum est quod potest esse securum. Nulli uitium est nisi cui uirtus potest esse : mutis animalibus talis ex natura sua motus est.

20. Sed ne te diu teneam, erit aliquod bonum in muto animali, erit aliqua uirtus, erit aliquid perfectum, sed nec bonum absolute nec uirtus nec perfectum. Haec enim rationa*l*ibus solis contingunt quibus datum est scire quare, quatenus, quemadmodum. Ita bonum in nullo est nisi in quo ratio.

21 Quo nunc pertineat ista disputatio quaeris et quid animo tuo profutura sit? Dico : et exercet illum et acuit

18 natura talis [habet] hoc habet *Buecheler apte ad sent.* : naturalia habet hoc habet *B* mutum [*superscr.* natura *paulo poster. m.*] habet hoc habet quod non [non *expunct.*] *q* natura habet, hoc habet quod *Érasme*[1-2] natura habet hoc, habet quod *alii* muta animalis habent hoc *Haase* || habent et sata *B* : habent sata *q* || autem aut *B uulg. olim* : autem *Pal. Rom.* 1545 *teste Fickert Bartsch edd. deinceps.*

19 dicerem illa *dett.* : dicerem illo *q* dicere illa *B* || moueri *ex* moue *m. corr. B* || perburbatum enim id est quod *B* : perturbatur [-bantur *q*] enim idem quod *q dett.*

20 erit aliquod *coni. Bartsch et sic Harl.* 2659 [aliquod erit *Érasme*[2]] : est aliquod *Ottob.-Rom.* 1670 *teste Fickert* erit aliquando *Bq dett.* aliquando erit *Auen. Érasme*[1] erit aliquando aliquod *Haase* || bonum *ex* bonom *B m. corr.* || erit aliqua uirtus *B* : erit aliquando uirtus *q dett.* || rationalibus *q dett. Érasme*[1] *Ruhkapf alii* : rationabilibus *B dett. Érasme*[2] *alii ante Görtzii adn. in dial.* VII 13, 5 || scire quare *ex* scire si quare *B m. corr.* || nisi in quo ratio *B* : in quo ratio non est *q dett.*

dirai qu'elle exerce l'âme, qu'elle l'affine et que, faute de mieux, elle applique à une occupation honnête ses velléités d'action. Et elle est utile aussi lorsqu'elle arrête l'empressement de l'homme vers le mal. Mais je te dirai encore autre chose : je ne puis mieux te servir qu'en te montrant ton vrai bien, en te séparant de la bête, en te mettant en la compagnie de Dieu [1]. **22** Pourquoi, dirai-je, nourris-tu et cultives-tu tes forces corporelles ? Il est des animaux domestiques ou sauvages à qui la nature en octroya de plus grandes [2]. Pourquoi ce soin extrême d'un extérieur avenant ? Fais tout ce que tu voudras, et après ? des bêtes te surpasseront en beauté [3]. Pourquoi ces minuties sans fin quand tu peignes ta chevelure [4] ? Porte-la défaite à la mode des Parthes, nouée à la façon des Germains ou éparse comme font les Scythes : sur un cheval, le premier venu, on verra flotter crinière plus riche que la tienne ; se hérisser au cou des lions crinière bien plus belle. Entraîne-toi à la vitesse : un levraut arrivera premier. **23** Bien vite abandonne un terrain où tu auras forcément le dessous, aspirant à ce qui n'est pas pour toi ; et retourne au bien qui t'est propre. Quel est-il ? Sans nul doute une âme épurée et sans tache, émule de Dieu, s'efforçant à monter au-dessus des choses humaines, ne plaçant hors d'elle-même rien d'elle-même. Tu es un animal doué de raison. Quel est donc le bien qu'il est en toi d'atteindre ? la raison

1. Cf. 66, 12 *Ratio — nihil aliud est quam in corpus humanum pars diuini spiritus mersa* ; 92, 27 *Ratio — dis hominibusque communis.*

2. 74, 15 *uirium maior — et aequabilior firmitas* ; *De Ben.* 2, 29, 1 *magnitudine corporum — elephantos* ; — *impetu tauros...* ; 76, 9 *in his — uincitur homo* : vieux thème de la nature marâtre pour nous, maternelle aux bêtes Lucr. 5, 218-234, cf. Plin. 7, 1 *init.*, 2-5, Plut. ap. *Stob. flor.* 53. 14. μητρυῖαν δὲ (φύσιν) τῶν ἀνθρώπων, μητέρα δὲ τῶν ἀλόγων ζῴων...

3. Spontanéité des mouvements ; sonorité, — gravité, — ou douceur et flexibilité de la voix 76, 9 ; l'élégance ou le moelleux du pelage chez les daims et les castors *De Ben.* 2, 29, 1 ; la beauté (du paon) 76, 9.

4. V. *De Br. u.* 12, 3 les *occupati inter pectinem speculumque* ; minutie exigée du coiffeur, délibération à propos de chaque poil ou de la raie, etc. — *Germanorum modo* : *De Ira* 3, 26, 3 *rufus crinis et coactus in nodum* ; Tac. *Germ.* 38, 3 (éd. J. Perret) ce chignon. — *Ad uelocitatem* : *Ep.* 76, 9 le cheval ; *De Ben.* 2, 29, le cerf.

et utique aliquid acturum occupatione honesta tenet. Prodest autem etiam quo<*m*> moratur ad praua properantem. Sed <et> illud dico : nullo modo prodesse possu*m* magis quam si tibi bonum tuum ostendo, si te a mutis animalibus separo, si cum deo pono. **22** Quid, inquam, uires corporis alis et exerces? pecudibus istas maiores ferisque natura concessit. Quid excolis formam? cum omnia feceris, a mutis animalibus decore uinceris. Quid capillum ingenti diligentia comis? cum illum uel effuderis more Parthorum uel Germanorum modo uinxeris uel, ut Scythae solent, sparseris, in quolibet equo densior iactabitur iuba, horrebit in leonum ceruice formonsior. Cum te ad uelocitatem paraueris, par lepusculo non eris. **23** Vis tu, relictis in quibus uinci te neceese est dum in aliena niteris, ad bonum reuerti tuum? Quod est hoc? animus scilicet emendatus ac purus, aemulator dei, super humana se extollens, nihil extra se sui ponens. Rationale animal es.

21 honesta tenet *ex* honestatem et *B m. corr.* || etiam *B Schweighaeuser* : *om. dett. uulg. olim* || quom *Hense*[2] *dub.* : quo *Bq dett.* [quo (mo/ratur) *B*] *Hense* qua *Beltrami dubitanter* quod *dett. uulg.* || -tem sed *q dett. uulg.* properantis et *Hense* [*sed dubitanter*] *coll. De Tr.* 3. 3 ruentis : -ti [*ex* te *m. corr.*] sed *B* [m *superscr. m. recentissima*] -tem sed et *Schweighaeuser cum Harl.* || et illud *q dett. uulg.* : illum *B* || possum magis : possunt magis *B* magis possunt *q* || mutis *q dett.* : multis *B.*

22 exerces *ex* ejerces *B m. ut uid. corr.* || istas *q dett.* : ista *B* || concessit *ex* cencessit *B ead. m.* || cum omnia *ex* cumnia *m. corr. Bq* : omnia *det.* || feceris/*B* : sic confeceris *q* || a mutis *B* : *om. q* || capillum *dett. uulg.* : eapull- *B* || illum *B* : *om. q* || effuderis *uulg* : effund- *B* || modo *Bq dett.* : *om. « uet. lectio » Pinciani* nodo *coll. Mart. Spect.* 3 *f.* [*huc addere potuit Tac. Germ.* 38 *Sen. De Ira* 3, 26, 3] *coniecit Pincia peringeniose concinnitate quidem periodi fort. imminuta* || uel ut scythae : uel scytae/[ut *superscr. m. corr.*] *B* || equo : aequo *B* || formonsior *B* [n *m. rec. deleuit*].

23 relictis *ex* -ctus *B* || in aliena intueris *commendat Haase Sen. Op. III p.* XXVII || quod est hoc *B* : quid est hoc *q Rehdig. I teste Fickert.*

parfaite [1]. Toi-même l'amènes-tu à l'accomplissement de sa fin, au plus haut point de développement où elle est en mesure de parvenir [2] ? **24** Ne te juge heureux que le jour où toutes tes joies naîtront de toi-même, où voyant les objets que les hommes s'arrachent, convoitent, devant lesquels ils montent la garde [3], tu ne trouveras rien qui soit digne, je ne dis pas de tes préférences mais simplement de ton désir. Je vais te donner en deux mots une formule qui te fera mesurer ton progrès, prendre cette fois conscience de ta perfection :

Le jour où tu tiendras ton vrai bien sera celui où tu reconnaîtras que les plus malheureux des hommes, ce sont les heureux [4].

LETTRE *125* *

2 Je n'ai pas à me faire juge et censeur du génie, ni des écrits de Sénèque, en général ; mais les jugements qu'il porta sur M. Cicéron, et Q. Ennius et P. Virgile est un fait dont je soumettrai la qualité à votre examen [5].

3 Dans le XXIIe livre de ses lettres morales à Lucilius,

* *Sommaire.* — Jugement sévère porté par Sénèque sur les goûts littéraires d'Ennius (3 sq.), sur Cicéron prosateur et poète (6-9), sur Virgile (10).

1. *Ratio — dis hominibusque communis est* 92, 27.
2. 92, 27 *ratio — in nobis consummabilis* ; 49, 11.
3. Cf. *De Ben.* 6, 3, 2 *quae ferreis claustris custoditis armati.*
4. Bonheur sans assiette 98, 1 ; illusion 121, 4 ; masque arboré 80, 6 ; écœurement *De Br. u.* 6, 3 (*perosi*) ; misère extrême 94, 7. Le Bonheur se passe de la « chance » 90, 34.
5. Cette lettre est la 125e de nos *Lettres à Lucilius*, mais elle appartient à un livre perdu, le XXIIe dont un extrait est chez Aulu-Gelle (*N. a.* 12, 2), à qui nous laissons la parole.

Quod ergo in te bonum est? perfecta ratio. An tu ad suum finem hanc euocas, in quantum potest plurimum crescere? **24** Tunc beatum esse te iudica, cum tibi ex te gaudium omne nascetur, cum uisis quae homines eripiunt, optant, custodiunt, nihil inueneris, non dico quod malis, sed quod uelis. Breuem tibi formulam dabo qua te metiaris, qua perfectum esse iam sentias : tunc habebis tuum cum intelleges infelicissimos esse felices. VALE.

SENECAE AD LVCILIVM EPISTVLA EX LIBRO VICESIMO SECUNDO AB GELLIO EXCERPTA in *N. a.* 12, 2 — 13 [*ed.* Hosii].

2 Mihi de omni eius ingenio deque omni scripto iudicium censuramque facere non necessum est; sed quod de M. Cicerone et Q. Ennio et P. Vergilio iudicauit, ea res cuiusmodi sit, ad considerandum ponemus.

3 In libro enim uicesimo secundo epistularum mora-

an tu *B dett. Buecheler* : hanc tu *q Vat.-Rom.* 2201 *teste Fickert uulg. Axelson*[2] *p.*24 || hanc *codd. Buecheler omisit uulg.* : hinc *Axelson*[2] *ibid.* || euocas *ex* -ca *m. correctoris Buecheler* euoca *q dett. uulg. Axelson*[2], *ibid.* || in *B uulg.*, sine in *Axelson*[2] *ibid.* || crecere? *B m. corr.* [*ut in omni distinctione*] *Buecheler.*

24 beatum esse te *B* : beatum te esse *q* || ex/te gaudium *q et sic dett. Pincia* [« *uet. lectio* »] *uulg. ipse Hense in Hermes LXII* 107 *et Beltrami* ex ea gaudium *Pal. Rom.* 1541 *et Pal. IV Gruteri teste Fickert et sic Hense* : ex gaudium/*B* [ex *expunct. m. corr.*, te *post* ex *m. recentissima add.* || uisis quae *B dett. Érasme*[1] *Hense* : uisis his quae *q* in his quae *dett. uulg.* in istis quae *Haase* || perfectum esse *B* : te p. e. *q* p. e. te *dett.* || tuum *B dett. Auen. Schweighaeuser* : tuum bonum *q dett. Érasme*[1-2] bonum tuum *dett.* bonum (tunc habebis) tuum *Pincia* [« *exemplar domesticum* » || infelicissimos *ex* -mus *B* || *Post uerba* explicit liber XX *est in B* incipit *nec quidquam aliud in pagina, quae maxima ex parte uacua est.*

Ep. *ex* l. XXII ab A. Gellio excerpta.

2 eius *sc.* Senecae.

il dit qu'Ennius au sujet de Céthégus [1], un grand homme de jadis, écrivit ces vers « tout à fait ridicules » :

« Par ses compatriotes, les hommes qui vivaient en ce temps-là et menaient leur existence, il était appelé fleur exquise du peuple et la moelle de la Persuasion ; »

4 après quoi au sujet de ces vers il a encore écrit ces mots : « Je m'étonne que les plus grands maîtres d'éloquence aient pu, même engoués d'Ennius, louer comme excellentes des choses ridicules. Ce qu'il y a de sûr, c'est que Cicéron cite [*Br.* 58] parmi les bons vers du poète ceux-ci mêmes ».

5 Et de Cicéron il dit encore : « Je ne suis pas surpris qu'il se soit trouvé un homme capable d'écrire de tels vers puisqu'il s'en est trouvé un pour les louer ; mais peut-être que Cicéron, avocat consommé, plaidait sa propre cause, partant, voulait que ces vers fussent jugés bons. »

6 Puis il ajoute, par dessus le marché, cette remarque bien saugrenue : « Chez Cicéron lui aussi, tu trouveras jusqu'en sa prose des locutions qui te prouveront qu'il n'a pas perdu sa peine en lisant Ennius. ». **7** Il marque ensuite ce qu'il blâme chez Cicéron, comme venant d'Ennius, ainsi le fait d'avoir écrit dans le traité de la République [5, 11] : « Ménélas de Sparte avait dans la douceur exquise de son parler (*suauiloquens*) un agrément particulier » et d'avoir écrit en un autre passage : « Qu'il cultive comme orateur le parler bref (*breuiloquentiam* [2]) ». **8** Et là notre diseur de riens sollicite en faveur des bévues de Cicéron notre indulgence : « Non, dit-il, ce n'était pas faute de goût de la

1. M. Cornélius Céthégus, consul avec C. Tuditanus pendant la 2e g. punique ; M. Caton fut questeur sous leur consulat (*a.* 204 av. J.-C.).

2. Le philosophe juge Cicéron ici au nom de la Rhétorique — « une branche de la logique ou philosophie rationelle (*Ep.* 89, 17) » : qu'ont à faire les sages, ou leurs auditeurs, de mots « archaïques » ou « forgés » (58, 4 sq. ; 108, 35...) ? — Novatus, frère de S., — déjà « Gallion » —, lui non plus, n'aimait pas Ennius (*De Ira*, 3, 37, 5). Au surplus, parmi les archaïsants il y avait Claude surtout (v. Tables lyonnaises CIL XIII, 1, 1 *Lugud.* 1668). Aulu-Gelle, lui, né sous Hadrien, était en sympatie avec eux. (V. d'ailleurs Bardon. *Le Génie latin*, pp. 116 sq.) Sénèque, lui, usant parfois d'archaïsmes dans son théâtre, employait timidement *opitulari* ép. 17, 2. Lucilius devait être moins scrupuleux.

lium quas ad Lucilium composuit, deridiculos uersus Q. Ennium de Cethego, antiquo uiro, fecisse hos dicit :

Is dictust ollis popularibus olim
Qui tum uiuebant homines atque aeuum agitabant,
Flos delibatus populi suadae<que>medulla.

4 Ac deinde scripsit de isdem uersibus uerba haec : « Admiror eloquentissimos uiros et deditos Ennio pro optimis ridicula laudasse. Cicero certe inter bonos eius uersus et hos refert. » **5** Atque id etiam de Cicerone dicit : « Non miror, inquit, fuisse qui hos uersus scriberet, cum fuerit qui laudaret ; nisi forte Cicero, summus orator, agebat causam suam et uolebat hos uersus uideri bonos. » **6** Postea hoc etiam addidit insulsissime : « Aput ipsum quoque, inquit, Ciceronem inuenies etiam in prosa oratione quaedam ex quibus intellegas illum non perdidisse operam quod Ennium legit. » **7** Ponit deinde quae apud Ciceronem reprehendat quasi Enniana, quod ita scripserit in libris de republica : « Vt Menelao Laconi quaedam fuit suauiloquens iucunditas » et quod alio in loco dixerit : « Breuiloquentiam in dicendo colat. » **8** Atque ibi homo nugator Ciceronis errores deprecatur et : « Non fuit,

ENN. *poesis rel. p.* 46 *Vahlen* (*u.* CIC. *Br.* 58 *s.*)

3 dictust ollis *codd. Gellii* [-us tollis] : dictus *codd.* « *Bruti* » || agitabant : agebant *codd.* « *Bruti* » || suadaeque medulla *codd.* « *Bruti* » : suada medulla *codd. Gellii.*
4 refert CIC. *Br.* 58.
7 CIC. *De Rep.* 5, 11.

part de Cicéron, mais le goût de l'époque ; il fallait bien employer ce langage puisque les originaux se lisaient. » **9** Et là-dessus il vient encore dire <en sa lettre> que « Cicéron sema précisément ces taches en ses écrits pour échapper au lourd grief d'être un orateur trop maniéré et trop brillant ».

10 Sur Virgile aussi, au même endroit, il s'exprime en ces termes : « Notre Virgile, à son tour, s'il intercala <dans son poème> des vers durs [1] ou bien outrepassant règle et mesure, c'était afin que la multitude des admirateurs d'Ennius retrouvât dans une œuvre moderne un vernis d'antiquité ».

11 Mais les propos de Sénèque commencent à me lasser ; pourtant je n'omettrai pas ces facéties de cuistre inconsidéré : « Il y a tant d'envergure en certaines pensées d'Ennius que bien qu'écrites pour une ambiance qui puait le bouc, elles seraient pourtant susceptibles de plaire chez nos Romains parfumés <après le bain> ». Et ayant censuré les vers, cités plus haut, sur Céthégus, il déclare : « Ceux qui aiment les vers de ce goût — la chose devrait te sembler évidente — sont les mêmes qui se passionnent pour les lits de Sotéricus [2] ».

12 L'on ne peut, convenons-en, que trouver Sénèque digne d'être lu, étudié par les jeunes, puisqu'il ne fait point de différence entre l'éclat et le ton du vieux langage et le style des lits de Sotéricus ! — où il ne voit, bien entendu, que meuble sans grâce, démodé, méprisable. Écoute cependant mention et citation de quelques heureux traits qui ne laissent pas d'être de Sénèque lui-même : tel celui-là visant l'homme cupide et d'une avidité sans limite et que tourmente la soif de l'or : « Qu'importe combien tu en possèdes ? Il y en a bien plus que tu n'as pas. »

1. Libertés prosodiques ? — *Enormes...* : hypermètres.
2. Sotéricus nous est inconnu : artisan de jadis ? propriétaire rural de jadis (cf. Cic. *pro Balb.* 56) ?

inquit, Ciceronis hoc uitium, sed temporis ; necesse erat haec dici cum illa legerentur. » **9** Deinde adscribit Ciceronem haec ipsa interposuisse ad effugiendam infamiam nimis lasciuae orationis et nitidae.

10 De Vergilio quoque eodem in loco uerba haec ponit : « Vergilius quoque noster non ex alia causa duros quosdam uersus et enormes et aliquid supra mensuram trahentes interposuit quam ut Ennianus populus adgnosceret in nouo carmine aliquid antiquitatis. »

11 Sed iam uerborum Senecae piget ; haec tamen inepti et insubidi hominis ioca non praeteribo : « Quidam sunt, inquit, tam magni sensus Q. Ennii ut, licet scripti sint inter hircosos, possint tamen inter unguentatos placere » ; et cum reprehendisset uersus quos supra de Cethego posuimus : « Qui huiuscemodi, inquit, uersus amant, liqueat tibi eosdem admirari et Soterici lectos. »

12 Dignus sane Seneca uideatur lectione ac studio adulescentium, qui honorem coloremque ueteris orationis Soterici lectis compararit, quasi minimae scilicet gratiae et relictis iam contemptisque. **13** Audias tamen commemorari ac referri pauca quaedam, quae idem ipse Seneca bene dixerit, quale est illud quod in hominem auarum et auidum et pecuniae sitientem dixit : « quid enim refert quantum habeas ? multo illud plus est quod non habes. »

11 tamen inter : « *an* tamen et inter ? » *Hense* || juiuscemodi : iusmodi *cod. Petauianus Noctium Atticarum.* || et[2] *om. Faider.*
12 comparatit : -parauit *Haase.*

INDEX NOMINVM[1]

1. Vltima huius uol. epistula hic numeratur *125*.

Ce volume,
le cent soixante-seizième
de la série latine
de la Collection des Universités de France,
publié aux Éditions Les Belles Lettres,
a été achevé d'imprimer
en février 2022
sur les presses
de La Manufacture Imprimeur
52202 Langres Cedex, France

N° d'éditeur : 10179
N° d'imprimeur : 220139
Dépôt légal : février 2022